蘇東坡詩選集(上)

텅 비니 만 가지 경지가 다 담기네

숭실대학교
한국문예연구소
학술총서 ⑯

蘇東坡詩選集(上)

텅 비니 만 가지 경지가 다 담기네

曹圭百 역주

學古房

역자서문

一

소동파(본명 蘇軾, 1036-1101)는 중국 북송조 최고수준의 문인으로 정치가·예술가이기도 하다. 또한 그는 자연을 애호하여 새로운 곳으로의 여행을 좋아했으며, 경학(經學), 요리 만들기, 술의 제조, 차의 품평, 서예, 그림, 그리고 예술감식 등 다방면에 걸쳐 뛰어난 최고의 지성인이다. 그는 '독만권서(讀萬卷書)'와 '행만리로(行萬里路)'를 실천하였다. 그는 일기를 쓰듯 편지를 쓰듯 시를 지었다. 그만큼 기록을 중시한 문인이다.

컴퓨터를 모르던 시절인, 20년 전쯤에 카드에다 동파시를 초역해 놓았는데, 꽤나 두툼했다. 후에 제주의 목요한문강좌에서 동파시를 강(講)하게 되면서 그때그때 컴퓨터에 입력해 놓았다. 그것을 정리한 것이 이 원고이다. 원래 3권의 분량으로 준비하다가 후에 두 권으로 만들었다.

二

당시(唐詩)와 대비할 때, 송시(宋詩)는 1. 철학적, 논리적임, 2. 서술의 섬세화, 3. 자기 생활에의 밀착, 4. 산문화의 경향, 5. 시의 평담화, 등의 특징이 있다.(김학주 譯著, 『宋詩選』, 명문당, 2003, 30-60쪽) 소동파시는 이러한 송시의 특징을 한 몸에 두루 갖추고 있다. 이러한 전제하에, 소동파 시의 특징은 다음과 같다.

첫째, 순간순간의 진실한 감정이 자연발로되고 있다. 또한 대상에 대한 순간적 형상을 적확히 표현하는데 뛰어났다.

둘째, 전고가 다양하여 고금의 삼라만상을 아우르고 있어 효과적으로 의미를 전달할 수 있었지만, 후대의 독자입장에서는 그만큼 난해하기도 하다.

셋째, 자아를 표현하였으며, 지속적으로 자기 자리 찾기[得其所] 작업을 추구하고 있다.

넷째, 읽는 시로서의 경향이 강해 암송하거나 노래하기가 쉽지 않다.

다섯째, '시가의 표현이 생활의 원모습과 일치되어'(王水照說), 생활에의 밀착적인 경향이 있다.

여섯째, 그의 시에는 1. 문제의 발생으로 인한 비애과 고뇌가 생김, 2. 거시적인 시야로 문제의 실체 파악, 3. 발상의 전환을 통해 초월, 달관을 지향함 등이 있는데, 이 세 가지는 순환적인 구조를 지니고 있다. 고뇌의 주체가 극복의 주체가 되어 정신적인 평형상태를 유지시킨다. 그는 어느 시나 또는 다른 일련의 시에서 그 문제에 대한 해답을 얻고자 탐색하고 있으며, 궁극적으로 그 해결을 이룬 경우가 많다. 한 수 시에서 어떤 문제를 제기하고는, 그 시 안에 혹은 일련의 시 안에 그 해결점도 함께 마련해 놓고 있다.

일곱째, 그의 시는 구심력과 원심력, 긴장과 이완, 출사와 은퇴, 강직함과 유연함, 예리함과 소탈함 등의 이원적(二元的) 구조로 이루어져 있다. 곧 현실지향과 낭만지향이라고 대표할 수 있는 이 양자가 팽팽히 내적긴장을 이루며, 궁극적으로는 조화를 이루고 있다.

　이외에도 동파는 어떤 대상을 묘사함에 있어 그 핵심을 한 마디로 압축하여 표현하는 경우가 많다. 대체로 그 평가가 함축적이고 타당성을 지니고 있다.

三

　청대(淸代)의 평론 3조(條)를 통해 동파의 문학, 특히 시의 특징을 살펴보자.

1. 심덕잠(沈德潛)은 소동파시문의 특징에 대해 다음과 같이 평하였다.

> 　소자첨(蘇子瞻)의 가슴에는 커다란 용광로가 있어 금, 은, 납, 주석 등이 모두 그 안에서 용해된다. 그 붓이 초광(超曠)하여 천마(天馬)가 굴레를 벗어나고 하늘을 나르는 신선이 노니는 듯 종잡을 수 없이 변화무쌍하여 마치 의중에 있는 것이 나오려고 하는 바와 같다.
> 　蘇子瞻胸有洪爐, 金銀鉛錫, 皆歸鎔鑄. 其筆之超曠, 等於天馬脫羈, 飛仙遊戱, 窮極變幻, 而適如意中所欲出.
> 　　　　　　　　　　　　　　(沈德潛,『說詩晬語, 卷下』)

　여기서 그는 소동파의 가슴이 커다란 용광로와 같아 무엇이든지 용해시켜 자기의 것으로 만들 수 있으며, 더욱이 그 필세가 초광(超曠)하여 천마(天馬)·비선(飛仙)과 같아 한계가 없이 변화무쌍하게 자유자재로 노닌다고 하였다.

2. 동파의 천재적인 재주와 식견에 대하여 쓴 왕십붕(王十朋)의 평론을 보자.

    동파선생의 뛰어난 재주와 빼어난 식견은 우뚝 일세(一世)에 으뜸이다. 평생 경전(經典)을 헤아렸고, 자서(子書)와 사서(史書)를 관통하였으며, 아래로 소설·잡기(雜記)·불경·도서(道書)·고시(古詩)·방언(方言) 등을 모두 궁구하지 않은 것이 없었다. 그러므로 비록 천지(天地)의 조화(造化)나 고금(古今)의 흥망, 풍속의 성쇠(盛衰) 및 산천(山川)·초목·금수(禽獸)·어패(魚貝)·곤충 등까지 모두 그 기틀을 통찰하고 그 묘리(妙理)를 관통하여 흉중에 쌓인 문장이 되어, 장강대하와 같이 깊고 넓게 펼쳐 저 만상의 변화를 알아낸다. 한 번 읊조리는 사이에 파란(波瀾)이 되어 흘러나오는 시를 어찌 한 두 사람의 학식으로 그 끝을 헤아릴 수 있겠는가?
  東坡先生之英才絶識, 卓冠一世, 平生斟酌經傳, 貫穿子史, 下至小說·雜記·佛經·道書·古詩·方言, 莫不畢究. 故雖天地之造化, 古今之興替, 風俗之消長, 與夫山川·草木·禽獸·鱗介·昆蟲之屬, 亦皆洞其機而貫其妙, 積而爲胸中之文, 不啻如長江大河, 汪洋閎肆, 變化萬狀, 則凡波瀾于一吟一詠之間者, 詎可以一二人之學而窺其涯涘哉.
                    (王十朋,『集註分類東坡先生詩序』)

위에서 왕십붕(王十朋)은 소동파시를 주석한 경험을 통해, 동파가 요즘으로 말하면 인문과학, 자연과학에 해당하는 학문전반에 통달한 뛰어난 재주와 식견의 보유자임을 인정하고 있다. 이렇게 왕십붕은 동파의 당시까지의 모든 서책(書冊)에 박통하며 천지의 조화, 고금의 흥망, 풍속의 성쇠 등의 기틀을 통찰하고 묘리를 관통하고 있어, 그것이 가슴속에 쌓여 시로 표현하니, 한 두 사람의 학식으로는 그 한계를 헤아릴 수가 없다고 토로하고 있다.

3. 이제 조익(趙翼)의 견해를 살펴보자.

> 산문으로 시를 쓰는 경향[以文爲詩]은 한유(韓愈)로부터 시작되었으며, 소동파에 이르러서 더욱 그 말을 크게 부려 새로운 국면을 열어서 일대의 장관을 이루었다.
> 이제 평심(平心)으로 그의 시를 읽어보니, 그는 재사(才思)가 넘쳐흘러 부딪치는 곳마다 생기가 일어나고, 흉중에 서권(書卷)이 가득하여 그 때 그 때 두루 응용할 수 있어 뜻대로 되지 않는 것이 없다. 더욱이 따를 수 없는 것은 천부적(天賦的) 건필(健筆) 한 자루가 상쾌하기가 말릉(秣陵)의 애씨 집안[哀家]에 있던 맛 좋은 배와 같고, 예리하기는 병주산(幷州産) 가위와 같아서, 은미한 구석까지 다 도달하고 드러내지 못할 사정이 없다. 이런 까닭에 이백(李白)과 두보(杜甫)의 뒤를 계승하여 대가가 될 수 있었다.
> 그러나 이백·두보와 같지 않은 곳도 역시 여기에 있다. 대개 이백의 시는 높은 구름이 허공을 노니는 것 같고, 두보의 시는 교악(喬嶽)이 하늘에 치솟아 있는 것 같으며, 소동파의 시는 물이 대지를 흘러 내려가고 있는 것 같다. 시를 읽는 자가 이런 곳에 착안하게 되면 가히 이 세 분의 진면목을 알 수 있을 것이다.
> 以文爲詩, 自昌黎始. 至東坡益大放厥詞, 別開生面, 成一代之大觀. 今試平心讀之, 大槪才思橫溢, 觸處生春, 胸中書卷繁富,

> 又足以供其左旋右抽, 無不如志. 其尤不可及者, 天生健筆一枝,
> 爽如哀梨, 快如幷剪, 有必達之隱, 無難顯之情. 此所以繼李杜後
> 爲一大家也. 而其不如李杜處亦在此. 蓋李詩如高雲之游空, 杜詩
> 如喬嶽之矗天, 蘇詩如流水之行地, 讀詩者於此處着眼, 可得三家
> 之眞矣.　　　　　　　　　　　　　(趙翼, 『甌北詩話』, 권5.)

조익(趙翼)은 한유(韓愈)에게서 시작된 시의 산문화[以文爲詩] 경향을 동파에 이르러 발전시켜 하나의 새로운 상황을 열어, 일대의 장관을 이루었다고 하였다. 송대(宋代)에는 부정적인 각도로 평론된 적이 있던 '이문위시(以文爲詩)'를, 그는 긍정적 측면에서 재조명하였다.

이어서 소동파시는 가슴 속의 서권기(書卷氣)가 배어 나와, 그 이미지가 신선하고 생동하다고 하였다. 그리고 창의성, 풍부성, 학력(學力), 재주 등이 넘쳐 작품이 뜻대로 이루어지고 있으며, 은미한 구석까지 다 도달하여 드러내지 못할 것이 없다고 하였는데, 이는 동파 자신이 언급한 바 있는 '진의(盡意: 뜻을 다함)'적 성향을 보다 생동적으로 표현한 것이다. 그리고 이러한 특성이 바로 소동파가 대가가 된 까닭이라고 하였다. 아울러 소동파의 시를 이백의 시·두보의 시와 대비하여 이 3인의 핵심을 포착하고 있다.

四

소동파는 고려·조선시대의 한문학(漢文學)에 가장 큰 영향을 준 중국문인 중의 한 사람이다. 특히 『동인시화(東人詩話)』 권상(卷上)에서, 서거정(徐居正)은 "고려 문인은 오로지 동파를 숭상하여, 과거 급제자의 방이 나붙을 때마다, 사람들이 말하길, '33인의 동파가 나왔구나'라고 하였다(高麗文士專尙東坡, 每及第榜出, 則人曰: '三十三東坡出矣!)'" 이를 통해 고려시대 문인이 소동파를 학문과 문장의 최고 모범으로 삼았음을 반증하고 있다. 이는 "고려시대 문인들이 과거 급제 전에는 과거시험 준비 때문에 풍월을 일삼을 겨를이 없다가, 과거 합격 후에야 부담 없이 시 짓기를 배우는데 그 가운데 소동파의 시를 더욱 좋아하게 된다"(李奎報,「答全履之論文書」)라는 말과 관련되어, 당시 소동파 문학의 유행도를 상징한 것이기도 하다. 또한 고려 고종(高宗) 23년 몽고 침입의 와중에서 전주(全州)에서 소동파문집을 중각(重刻)했던 사실에서도 당시의 소동파 열기를 짐작하게 해 준다.

조선시대에 이르러서도 많은 문인이 소동파의 「적벽부(赤壁賦)」를 애호하여 각지에서 "적벽선유(赤壁船遊)"의 기풍을 재현한 점이나, 조선후기 일단의 시인들이 "배파회(拜坡會: 소동파를 숭배하는 모임)"를 성립시켜 소동파의 생일을 기념하는 시회(詩會)를 개최하고 있다는 사실은 당시 문인의 소동파 애호 풍조를 실증하고 있다.

五.

가르침을 주신 고(故) 연청(硏靑) 오대영(吳大泳) 노사(老師)와 그 아드님 오규근(吳圭根) 선생님께 감사드린다. 제주의 목요한문강좌에서 여러 해 동안 동파의 시와 사(詞), 그리고 산문을 강(講)할 기회를 주시고 물심양면으로 도와주신 김익수(金益洙) 강장(講長)님과 그 회원분들께도 감사드린다. 숭실대 조규익 학장님과 독자 김인숙 여사님께서도 자주 격려해 주시었다. .... 생활이 어렵긴 하지만 인생을 즐겁게 살 수 있게 한 분들이다.

　작년 이맘때 성균관대 대학원 강의에서 대학원생들과 함께 소동파시의 전반부를 읽었던 순간들도 시종 재미있었다. 원고를 출판해준 출판사 관계자 여러분들께도 고마움을 표한다. 착오와 미흡한 점이 있다면 모두 역자의 책임이다. 부족한 점에 대해서는 제현(諸賢)의 질정(叱正)과 관심을 기다린다.

2010년 3월 22일

방배(方背)우거(寓居)에서
조규백 쓰다

범례(凡例)

1. 상편(上篇)의 역주는 소동파의 전기(前期) 시 가운데 127제(題), 161수를 정선(精選)하였는데, 각 시기의 체제와 내용, 풍격에 있어 대표성을 띤 작품을 포괄하고 있다.

2. 본 역주의 저본은 (淸) 王文誥 輯註, 孔凡禮 點校, 『蘇軾詩集(全8冊)』(1982 第1版, 1987 2刷)에 의거하는 것을 원칙으로 한다. 이를 따르지 않을 경우, 주석에 『소식시집(蘇軾詩集)』의 시어를 명시한다. 수록 작품은 창작연대순으로 배열하고, 창작연대를 알 수 없을 경우에는 대략의 연대를 참작하여 배열한다. 그리고 각 시의 원시(原詩) 말미에 『蘇軾詩集(全8冊)』의 권수(卷數)를 표기하기로 한다.

3. 「해제(解題)」에서는 상당수 타인의 설을 인용하였는데, 그 출처(出處)는 다음과 같이 약칭(略稱)한다.

    - 孔凡禮, 劉尙榮 選注, 『蘇軾詩詞選』, 中華書局, 2005.(略稱 : 孔劉)
    - 徐續 選注, 『蘇軾詩選』, 三聯書店香港分店, 1986.(略稱 : 徐)
    - 徐永年, 曹慕樊 主編, 西南師範大學 中文系 古典文學敎硏室 選注, 『東坡選集』, 四川人民出版社, 1987. (略稱 : 『東坡選集』)
    - 吳鷺山, 夏承燾, 蕭湄 合編, 『蘇軾詩選註』, 百花文藝出版社, 1982.(略稱 : 吳夏蕭)
    - 王水照 選注, 『蘇軾選集』, 上海古籍出版社, 1984 第1版, 1999 3刷.(略稱 : 王1)
    - 王水照 著, 曹圭百 譯, 『中國의 文豪 蘇東坡』, 月印, 2001. 4.(略稱 : 王2)
    - 王水照, 王宜瑗 選注, 『蘇軾詩詞選注』, 上海古籍出版社, 1990.(略稱 : 王王)

- 曾棗莊, 曾濤 選注, 『三蘇選集』, 黑龍江人民出版社, 1993.(略稱 : 曾曾)

4. 「原詩題目 韓譯」, 「原詩題目」, 「번역시」, 「原詩」, 「주석」, 「해제」의 순서로 배열한다.

5. 書名 표시 :『   』, 作品 표시 :「   」

6. 각 시기는 7항목으로 분류하였는데, 그곳으로의 부임행로도 포함한다.

   - 「부록」으로 「소동파 연보(年譜)」, 「소동파의 관직 이동표」, 「소동파 시 작품 색인」을 두어 참고하기에 편하도록 한다. 연보(年譜)는 王水照, 『蘇軾選集』(上海古籍出版社, 1984). 近藤光南, 『蘇東坡』(集英社, 昭和58年). 石川忠久, 『漢詩をうせ蘇東坡』(NHK文化, 1990) 등을 참고하여 작성했다.

7. 작품이해의 편의상 번역시 전체와 원시 일부분에서 칸 띄우기를 시도하였다.

목차(目次)

❖ 역자 서문 _ 5
❖ 범례 _ 13

一. 수도 변경(汴京)을 향해 _ 31
  1. 처음 가주를 향해 떠나며
    初發嘉州 ·· 33
  2. 밤에 우구에 정박하여
    夜泊牛口 ·· 36
  3. 강물 위에서 산을 보며
    江上看山 ·· 38
  4. 선도관에 시를 남기어
    留題仙都觀 ·· 40
  5. 선도관 사슴
    仙都山鹿 ·· 42
  6. 강가에서 눈을 만나다. 구양수체를 본받아, 눈(雪)을 '소금, 옥, 학, 백로, 버들개지, 나비, 날다, 춤추다'의 류로 비유하지 않고, '희다(皓), 희다(白), 깨끗하다(潔), 희다(素)' 등의 시어를 쓰지 않기로 제한하여, 자유의 시에 차운하다
    江上値雪, 效歐陽體, 限不以鹽玉鶴鷺絮蝶飛舞之類爲比, 仍不使皓白潔素等字, 次子由韻 ························· 44
  7. 굴원탑
    屈原塔 ·· 48

8. 황우묘
   黃牛廟 ··· 51
9. 삼유동을 노닐며
   遊三游洞 ·· 52
10. 형주10수, 其十
    荊州十首, 其十 ·· 53
11. 이양을 아침 일찍 떠나며
    浰陽早發 ·· 56
12. 밤 행로에 별을 보고서
    夜行觀星 ·· 58

二. 봉상첨판(鳳翔簽判) 시절 _ 61
  1. 신축년 11월 19일, 정주 서문 밖에서 자유와 헤어진 뒤, 말 위에서 시 한 편을 지어 그에게 부친다
     辛丑十月十九日, 旣與子由別於鄭州西門之外, 馬上賦詩一篇寄之 ··· 63
  2. 자유의 '면지에서 옛 일을 회상하며'에 화답하여
     和子由澠池懷舊 ·· 66
  3. 봉상팔관, 병서
     鳳翔八觀, 幷敍 ·· 69
     3-3. 왕유와 오도자의 그림
          王維吳道子畵 - 鳳翔八觀, 八首, 其三 ················· 70
     3-6. 진흥사의 누각
          眞興寺閣 - 鳳翔八觀, 八首, 其六 ························ 76
  4. 자유가 섣달 그믐날 부쳐온 시에 차운하여
     次韻子由除日見寄 ·· 79

16 텅 비니 만 가지 경지가 다 담기네

5. 태백산 아래에서 새벽에 길 떠나 횡거진에 이르러 숭수원
   벽에 쓰다
   太白山下早行, 至橫渠鎭, 書崇壽院壁 ·· 83
6. 미오성
   郿塢 ·· 85
7. 석비성
   石鼻城 ·· 87
8. 자유의 기하 시에 차운하여, 其七, 물고기
   次韻子由岐下詩, 21首, 其七, 魚 ··· 88
9. 9월 20일 작은 눈발에 아우 자유를 그리며, 2수, 其一
   九月二十日微雪懷子由弟, 二首, 其一 ······························ 90
10. 병중에 자유가 어명을 받고도 상주에 부임하지 않기로 했
    다는 소식을 듣고서, 3수
    病中聞子由得告不赴商州, 三首 ··· 92
    10-1. 其一 ·· 92
    10-3. 其三 ·· 93
11. 세모에 서로 선물을 보내고 문안드리는 것을 '궤세(饋歲)'라
    하고, 술과 음식을 차려 놓고 서로 초청하는 것을 '별세(別歲)'
    라 부르며, 섣달 그믐밤에 새해 아침까지 잠을 자지 않고
    밤을 새우는 것을 '수세(守歲)'라 한다. 촉 지방의 풍속이 이와
    같다. 내가 기하(岐下)에서 관직에 있어 세모에 고향에 돌아가
    고프나 갈 수 없으므로, 이 세 수의 시를 아우 자유에게 부친다.
    歲晩, 相與饋問爲饋歲, 酒食相邀呼爲別歲, 至除夜達旦不眠爲
    守歲. 蜀之風俗如是. 余官於岐下, 歲暮思歸而不可得, 故爲此
    三詩, 以寄子由. ··· 95
    11-1. 세모 선물

其一, 饋歲 ·· 95
　11-2. 묵은 해를 보내다
　　　其二, 別歲 ·· 98
　11-3. 밤을 새워 새해를 맞이하다
　　　其三, 守歲 ··· 100
12. 자유의 답청시에 화답하여
　　和子由踏靑 ·· 102
13. 자유의 「누에시장[蠶市]」 시에 화답하여
　　和子由蠶市 ·· 104
14. 보계현의 사비각에 쓰다
　　題寶雞縣斯飛閣 ·· 106
15. 내가 장차 종남산의 태평궁 계당으로 가서 도가서를 읽고
　　자 한다는 이야기를 듣고 쓴 자유의 시에 화답하여
　　和子由聞子瞻將如終南太平宮溪堂讀書 ············ 108
16. 부풍의 천화사
　　扶風天和寺 ·· 113
17. 12월 14일 밤, 눈이 조금 내렸는데, 그 다음날 새벽 남계로
　　가 술을 조금 마시고 저녁까지 늦어졌다
　　十二月十四日夜, 微雪, 明日早, 往南溪, 小酌至晚 ·········· 115
18. 서예를 논한 자유의 시에 차운하여
　　次韻子由論書 ··· 117
19. 자유가 추위에 고생하며 부쳐준 시에 화답하여
　　和子由苦寒見寄 ·· 122
20. 동전의 이별시에 화답하여
　　和董傳留別 ·· 125
21. 여산, 절구 3수

21. 驪山, 三絶句 ··· 128
  21-1. 其一 ·· 128
  21-2. 其二 ·· 129
22. 석창서의 취묵당
  石蒼舒醉墨堂 ·· 131
23. 이른 봄을 노래한 양포의 시에 차운하여
  次韻楊褒早春 ·· 137

三. 항주통판(杭州通判) 부임행로 _ 141

1. 수도를 나와 진주(陳州)로 올 때 타고 있던 배에 짧은 시 여덟 수를 써 놓은 것이 있었는데, 누군지 모르지만 내 마음에 느낌을 주는 바가 있어서 아쉬운 대로 화답하다
  出都來陳, 所乘船上有題小詩八首, 不知何人, 有感於余心者, 聊爲和之 ······································· 143
  1-1. 其二 ·· 143
  1-8. 其八 ·· 144
2. 진주(陳州)을 지날 때 양식이 떨어졌음을 노래한 유자옥의 시에 차운하여, 2수, 其二
  次韻柳子玉過陳絶糧, 二首, 其二 ······················· 145
3. 구양수가 나더러 자신이 소장하고 있는 돌병풍을 대상으로 시를 지으라고 하다
  歐陽少師令賦所蓄石屛 ····································· 147
4. 영주에서 처음으로 자유를 이별하고, 2수
  潁州初別子由, 二首 ··· 150
  4-1. 其一 ·· 150
  4-2. 其二 ·· 153
5. 영구를 나와 처음 회산을 보고, 이날 수주에 도착하다

出潁口初見淮山, 是日至壽州 ················ 158
6. 사주의 승가탑
泗州僧伽塔 ···························· 160
7. 구산
龜山 ································ 163
8. 금산사에서 노닐며
遊金山寺 ····························· 165
9. 금산에서 배를 띄워 초산에 이르다.
自金山放船至焦山 ······················ 170

四. 항주통판(杭州通判) 시절 _ 175
1. 납일에 고산을 유람하고 혜근, 혜사 두 스님을 방문하다
臘日遊孤山訪惠勤惠思二僧 ·············· 177
2. 자유를 희롱하며
戱子由 ······························· 181
3. 잠 저작랑을 전송하며
送岑著作 ····························· 186
4. 길상사에서 모란을 감상하다
吉祥寺賞牡丹 ·························· 188
5. 길상사의 스님이 누각의 이름을 지어 달라고 하여
吉祥寺僧求閣名 ······················· 189
6. 채준 낭중이 나를 불러 서호에서 노닐며 지은 시에 화답하여, 3수
和蔡準郞中見邀遊西湖, 三首 ·············· 191
  6-1. 其一 ····························· 191
  6-2. 其二 ····························· 193
7. 6월 27일 망호루에서 술에 취해, 절구 5수를 쓰다

20 텅 비니 만 가지 경지가 다 담기네

六月二十七日望湖樓醉書五絶 ·················· 195
   7-1. 其一 ··· 195
   7-2. 其二 ··· 196
   7-5. 其五 ··· 197
8. 망해루의 저녁 경치, 절구 5수
   望海樓晩景五絶 ·································· 199
   8-1. 其一 ··· 199
   8-2. 其二 ··· 200
   8-3. 其三 ··· 201
9. 범천사에서 수전 스님의 짤막한 시를 보니 맑고 아름답고 사랑스러워, 이에 차운하다
   梵天寺見僧守詮小詩, 清婉可愛, 次韻 ·········· 202
10. 이날 수륙사에서 묵으며 북산의 청순 스님에게 부치다, 2수
   是日宿水陸寺, 寄北山清順僧, 二首 ············ 204
   10-1. 其一 ·· 204
   10-2. 其二 ·· 205
11. 육화사 충 스님이 산의 계곡 물을 막아 물가 정자[水軒]를 만들다
   六和寺冲師閘山溪爲水軒 ························ 207
12. 희롱삼아 시를 써서 드리다
   戲贈 ··· 208
13. 오중의 농부 아낙네의 탄식
   吳中田婦歎 ··· 209
14. 손신로에게 주다, 절구 7수
   贈孫莘老七絶 ······································ 213

14-1. 其一 ··· 213

14-2. 其二 ··· 214

14-3. 其三 ··· 215

15. 수주 보본선원의 고향스님 주지승 문장로

秀州報本禪院鄕僧文長老方丈 ······················· 216

16. 왕복 수재의 거처에 있는 두 그루의 느티나무, 2수, 其二

王復秀才所居雙檜, 二首, 其二 ······················ 217

17. 법혜사의 횡취각

法惠寺橫翠閣 ·· 219

18. 호수 가에서 술을 마시는데 처음에는 날이 쾌청하다가 나중에 비가 내리다

飮湖上初晴後雨, 二首 ································· 222

18-1. 其一 ··· 222

18-2. 其二 ··· 223

19. 보조사에서 나와 두 암자를 유람하고

自普照遊二庵 ·· 224

20. 신성 길에서, 2수

新城道中, 二首 ·· 226

20-1. 其一 ··· 226

20-2. 其二 ··· 228

21. 산촌, 절구 5수

山村, 五絶 ·· 230

21-1. 其一 ··· 230

21-2. 其二 ··· 231

21-3. 其三 ··· 232

21-4. 其四 ··· 232

22. 호수가에서 밤에 돌아가며
    湖上夜歸 ·· 233
23. 떠나는 님에게 드리다
    贈別 ·· 236
24. 차운하여 작별의 정을 표하는 것을 대신하다
    次韻代留別 ·· 238
25. 진술고가 이 말을 듣고 이튿날 즉시 오다. 좌중에서 다시
    지난번의 운자를 써서 함께 짓는다
    述古聞之, 明日卽至, 坐上復用前韻, 同賦 ········· 239
26. 오잠령 조숙 과거합격 동기생의 야옹정
    於潛令刁同年野翁亭 ·································· 240
27. 오잠 스님의 녹균헌
    於潛僧綠筠軒 ·· 243
28. 오잠의 여인
    於潛女 ·· 245
29. 청순 스님이 수은정을 새로 짓다
    僧淸順新作垂雲亭 ····································· 248
30. 이별하는 자리에서 다른 사람을 대신해서 떠나는 사람에게
    지어주다, 3수
    席上代人贈別, 三首 ·································· 251
    30-1. 其一 ··· 251
    30-2. 其二 ··· 252
31. 당도인이 말하길, 천목산에서 천둥치는 가운데 비 내리는
    것을 굽어보니, 큰 번개 천둥 칠 때마다 구름 속에서 애기
    울음소리만 들리고 천둥소리는 들리지 않는다 하네
    唐道人言, 天目山上俯視雷雨, 每大雷電, 但聞雲中如嬰兒聲,

殊不聞雷震也 ·· 253

32. 입추날 기우제를 지내고 영은사에서 주빈, 서속 두 현령과
   함께 잠자다
   立秋日禱雨宿靈隱寺, 同周徐二令 ················ 255

33. 병든 몸 이끌고 조탑원을 노닐며
   病中遊祖塔院 ·· 257

34. 유미당의 폭우
   有美堂暴雨 ·· 258

35. 8월 15일 조수를 보다, 절구 5수
   八月十五日看潮五絶 ·· 261
   35-3. 其三 ·· 261
   35-4. 其四 ·· 262
   35-5. 其五 ·· 263

36. 해회사에서 자며
   宿海會寺 ·· 265

37. 쌍죽사 담 스님의 방에 쓰다
   書雙竹湛師房二首 ·· 267
   37-1. 其一 ·· 267
   37-2. 其二 ·· 268

38. 겨울 모란을 노래한 술고의 시에 화답하여, 4수, 其一
   和述古冬日牡丹四首, 其一 ····························· 269

39. 밤에 영락에 있는 문장로의 절에 이르렀는데, 문장로는 이
   때 와병중이라 절에서 물러났다
   夜至永樂文長老院, 文時臥病退院 ················ 271

40. 제야에 상주성 밖 들판에서 자며, 二首
   除夜野宿常州城外二首 ···································· 273

24 텅 비니 만 가지 경지가 다 담기네

40-1. 其一 ·· 273

　　40-2. 其二 ·· 274

　41. 초산의 윤장로의 벽에 쓰다

　　書焦山綸長老壁 ·· 276

　42. 상주·윤주 길에서 전당[杭州]이 생각나서 술고에게 부치다,
　　　5수, 其二

　　常潤道中, 有懷錢塘, 寄述古, 五首, 其二 ················ 278

　43. 무석 길에서 수차를 읊다

　　無錫道中賦水車 ·· 280

　44. 영락 마을을 들르니, 문장로께서 이미 서거하시다

　　過永樂, 文長老已卒 ·· 282

　45. 영은사의 고봉탑을 유람하며

　　遊靈隱高峯塔 ·· 285

　46. 청우령 높고 빼어난 곳에 작은 절이 있는데, 인적이 드물다

　　靑牛嶺高絶處有小寺, 人迹罕到 ·························· 288

　47. 내 초상화를 그려준 하충수재에게 드리다

　　贈寫眞何充秀才 ·· 289

五. 밀주지주(密州知州) 시절 _ 293

　1. 눈 온 후에 북대의 벽에 쓰다

　　雪後書北臺壁二首 ·· 295

　　1-1. 其一 ·· 295

　　1-2. 其二 ·· 296

　2. 자유의 시에 화답하여, 4수, 其二. 봄을 보내며

　　和子由, 四首, 其二, 送春 ································ 299

　3. 서재

　　西齋 ·· 301

목차(目次) 25

4. 서호를 그리워하여 조미숙 동년에게 부치다
   懷西湖寄晁美叔同年 ··· 303
5. 상산에서 제사지내고 돌아오다가 사냥하다
   祭常山回小獵 ··· 307
6. 양천의 정원과 작은 못에 대해 지은 문여가의 시에 화답하여, 30수
   和文與可洋川園池, 三十首 ··· 309
   6-1. 호수의 다리
       其一, 湖橋 ·· 309
   6-8. 망운루
       其八, 望雲樓 ·· 310
   6-13. 이은정
       其十三, 吏隱亭 ·· 311
   6-18. 계광정
       其十八, 溪光亭 ·· 312
   6-24. 운당곡
       其二十四, 篔簹谷 ··· 314
   6-29. 남원
       其二十九, 南園 ·· 315
7. 묽고 묽은 술, 2수
   薄薄酒二首, 幷引 ··· 317
   7-1. 其一 ··· 318
   7-2. 其二 ··· 322
8. 칠월 오일, 2수
   七月五日, 二首 ··· 325
   8-1. 其一 ··· 325

26 텅 비니 만 가지 경지가 다 담기네

8-2. 其二 ··· 327
9. 과거 합격 동기생 조단언이 구월 구일에 보내준 시에 화답
   하여
   和晁同年九日見寄 ··· 328
10. 동무의 유배석(流杯石)을 이별하여
    別東武流杯 ··· 330

六. 서주지주(徐州知州) 시절 _ 333

1. 제야에 큰 눈이 내려 유주에 머물렀는데, 설날 아침 맑게 개
   여 드디어 떠났다. 도중에 다시 눈이 내렸다.
   除夜大雪, 留濰州, 元日早晴, 遂行, 中途雪復作 ··············· 335
2. 한간의 「목마도」에 쓰다
   書韓幹牧馬圖 ··· 337
3. 공밀주의 칠언절구 5수에 화답하여, 其三, 동쪽 난간의 배꽃
   和孔密州五絶, 其三, 東欄梨花 ······························· 342
4. 사마광의 독락원
   司馬君實獨樂園 ··· 343
5. 양관사, 3수, 其三, 중추절의 달
   陽關詞, 三首, 其三, 中秋月 ··································· 347
6. 한간의 말 열네 필
   韓幹馬十四匹 ··· 349
7. 맹교의 시를 읽고, 2수, 其一
   讀孟郊詩二首, 其一 ··· 352
8. 속여인행
   續麗人行, 幷引 ··· 355
9. 변재법사가 다시 상천축사로 돌아갔다는 이야기를 듣고, 시
   를 지어 희롱삼아 묻는다

聞辯才法師復歸上天竺, 以詩戲問 ······ 359
10. 정호조를 보내며
　　送鄭戶曹 ······ 362
11. 한가위 대보름 달밤에 자유에게 보내다, 3수
　　中秋月寄子由, 三首 ······ 367
　　11-1. 其一 ······ 367
　　11-2. 其二 ······ 369
12. 9월 9일 황루에서 짓다
　　九日黃樓作 ······ 371
13. 이사훈이 그린 '장강의 외딴 섬' 그림
　　李思訓畫長江絶島圖 ······ 375
14. 운룡산에 올라
　　登雲龍山 ······ 378
15. 백보홍, 2수, 병서(幷敍)
　　百步洪, 二首, 幷敍 ······ 380
　　15-1. 其一 ······ 381
16. 석탄
　　石炭, 幷引 ······ 386
17. 참료스님을 보내며
　　送參寥師 ······ 388
18. 대두사에서 달빛 아래 걸으며 인(人)자 운(韻)을 얻다
　　臺頭寺步月得人字 ······ 393
19. 달빛 밝은 봄밤에 손님과 살구꽃 아래에서 술을 마시다
　　月夜與客飲杏花下 ······ 394
20. 설재
　　雪齋 ······ 396

21. 서주지주를 마치고 남경으로 갈 때, 말위에서 붓을 달려 자유에게 부치다, 五首, 其一
   罷徐州, 往南京, 馬上走筆寄子由, 五首, 其一 ·················· 398

七. 호주지주(湖州知州) 시절과 오대시안(烏臺詩案) _ 401
1. 배 가운데서 밤에 일어나
   舟中夜起 ··· 403
2. 단오절에 여러 절을 유람하고 선(禪)자 운을 얻다
   端午遍遊諸寺得禪字 ··· 405
3. 왕랑 형제 및 아들 소매가 성을 돌아 연꽃을 감상하고, 현산사에 올랐다가 저녁에 비영사로 들어갔는데, 운을 나누어 '月明星稀' 네 글자를 얻다, 其四
   與王郞昆仲及兒子邁, 遶城觀荷花, 登峴山亭, 晩入飛英寺, 分韻得 '月明星稀' 四字, 其四 ······································· 409
4. 나는 사건으로 어사대 감옥에 붙들려 갔는데, 옥리에게 조금 욕을 보았다. 스스로 헤아려보니 감당할 수 없어, 옥중에서 죽는다면 아우 자유와 한번 작별인사를 할 수가 없을 것이다. 그러므로 두 수의 시를 지어 옥졸 양성에게 주어 자유에게 남긴다, 2수, 其一
   予以事繫御史臺獄, 獄吏稍見侵, 自度不能堪, 死獄中, 不得一別子由, 故作二詩授獄卒梁成, 以遺子由, 二首, 其一 ·········· 411
5. 12월 28일, 황제의 은혜를 입고 검교수부원외랑황주단련부사(檢校水部員外郞黃州團練副使)를 책수(責授)받아, 다시 앞 시의 운(韻)을 쓰다, 二首, 其一
   十二月二十八日, 蒙恩責授檢校水部員外郞黃州團練副使, 復用前韻二首, 其一 ·· 413

목차(目次) 29

❖ 부록 _ 417
  • 소동파 연보(蘇東坡 年譜) ·· 419
  • 소동파(蘇東坡)의 관직이동표(官職移動表) ························ 424
  • 소동파시 작품 색인 ·· 426

❖ 主要參考文獻 _ 434

❖ 저자 소개 _ 436

❖ 역자 소개 _ 437

一. 수도 변경(汴京)을 향해

1. 처음 가주를 향해 떠나며
初發嘉州

아침에 배타고 떠나니 북소리 둥둥
서풍에 채색 깃발 나부낀다.
고향을 표연히 이미 멀리 뒤에 두고
앞으로 갈 뜻 아득해 끝이 안보이네.

금수는 가늘어 보이지 않고
만강은 물이 맑아 사랑스럽다.
물결은 용솟음치며 낙산대불 앞을 지나니
넓고 너른 평평한 강물 된다.

시골시장에서는 한 스님이
낚시터에서 저녁 안개 찾고 있겠지.
(그는 나와) 만날 약속해 먼저 도착해서
오래도록 서서 잔잔히 흐르는 강물 바라보겠지.

朝發鼓闐闐, 西風獵畫斾.
故鄕飄已遠, 往意浩無邊.
錦水細不見, 蠻江淸可憐.
奔騰過佛脚, 曠蕩造平川.
野市有禪客, 釣臺尋暮煙.
相期定先到, 久立水潺潺.

(『蘇軾詩集』, 卷1)[1]

주석

✿ 初發嘉州(초발가주) : 중국 사천대학(四川大學) 증조장(曾棗莊)교수는 "처음 가주를 향해 떠나며"라고 해석하고 있다. 유내창(劉乃昌)은 '가주로부터 출발한다'고 했다. 여기서는 증조장의 견해를 따른다.

✿ 嘉州(가주) : 지금의 사천성 낙산시(樂山市). 미주(眉州)에서 가주(嘉州)까지의 거리는 120리이다.

✿ 闐闐(전전) : 북 치는 소리. 둥둥. 당송(唐宋)시대에는 북소리를 배의 출발신호로 삼았다.

✿ 獵(렵) : 흔들다.

✿ 畵旃(화전) : 채색한 깃발.

✿ 故鄕飄已遠, 往意浩無邊(고향표이원, 왕의호무변) : 고향은 훨훨 이미 멀어져, 앞으로 갈 뜻 아득해 끝이 안보이네.

✿ 錦水(금수) : 금강(錦江). 민강(岷江) 지류의 하나.

✿ 蠻江(만강) : 청의강(青衣江). 일명 평강수(平羌水).

✿ 佛(불) : 낙산대불(樂山大佛). 낙산(樂山) 능운산(凌雲山)의 석각대불(石刻大佛). 낙산대불은 민강(岷江)이 시작되는 부근에서 강을 보고 있는 자세로 위치하고 있다. 민강의 치수를 염원하여 713년 시작해 90년에 걸쳐 완성되었다. 전체 높이가 71m, 머리 부분의 높이가 14.7m, 폭 10m이며 두 명의 사람이 들어갈 수 있을 정도의 눈을 가지고 있다.

✿ 禪客(선객) : 스님. 여기서는 소동파의 고향 스님 종일(宗一)을 가리킨다.

---

1) 以下, 卷수만 기록하겠다.

❀ **釣臺**(조대) : 조어대(釣魚臺). 능운산(凌雲山) 뒤 석당계(石堂溪) 가에 있다. 이 구절은 고향스님 종일(宗一)이 저녁 무렵 조어대(釣魚臺)에서 기다리고 있음을 묘사하고 있다.
❀ **潺潺**(잔잔) : 물이 흐르는 소리. 졸졸.

해제 이는 소동파가 24세(嘉祐4년, 1059년) 10월, 아우 소자유(蘇子由 : 蘇轍)와 함께 부친 소순(蘇洵)을 따라 경사(京師)로 가게 되는데, 그 초입길인 가주(嘉州)를 지날 때 지은 것이다. 이어서 남행(南行)하여 그 형주(荊州)까지는 수로로 가게 되고, 그 뒤에는 육로로 경사(京師 : 開封)로 가게 된다. 이 시의 첫 4구는 아침에 미주(眉州)로부터 가주(嘉州)를 향해 출발하는 모습을 묘사하였고, 중간 4구는 배가 낙산대불 아래를 지나며 본 경치를 묘사하고 있다. 끝 4구는 스님 종일(宗一)과 조어대(釣魚臺) 아래에서 만나 이별하는 것을 묘사했다. 지금 많은 논자들이「초발가주(初發嘉州)」를 가주(嘉州)에서 출발하여 형주(荊州)로 향한다고 해석하고 있다. 그러나 '조발고진진(朝發鼓闐闐)', '조대심모연(釣臺尋暮煙)'의 구가 있는 것으로 봐서, 조대(釣臺)는 가주(嘉州)에 있고, 아침부터 저녁까지 하루를 배로 달리는데 어떻게 한 지역에서 움직이지 않을 수 있겠는가? 그러므로 「초발가주(初發嘉州)」는 마땅히 처음 가주를 향해 출발한다고 해석해야 한다.(曾曾)

2. 밤에 우구에 정박하여
夜泊牛口

해 떨어지자 붉은 저녁놀 안개 생기는데
배를 매어놓고 우구에서 묵는다.
마을 주민들은 짝 찾아 서로 모여들고
서너 집이 오래된 버드나무에 의지해 있다.

땔나무 지고 깊은 골짜기를 벗어나서
나그네보고 기뻐하며 나무를 판다.
나물을 삶아 저녁밥 삼으니
어찌 고기와 술을 알겠는가?

북쪽 바람이 초가집에 들이치니
부서진 벽 틈으로 북두칠성이 보인다.
아녀자들은 재잘거리며
또한 내내 즐거워한다.

인생살이 본래 아무 일 없는데도
세상맛에 유혹되어 괴로워라.
부귀는 내 앞에서 번쩍거리고
빈천은 홀로 지키기 어려워라.

누가 알리오, 깊은 산골에 사는 이들
사슴과 벗해 사는 것 달게 여김을.

몸이 황무지 오랑캐 땅에 떨어져도
살아가는 뜻 누추하게 여기지 않는다.

지금 나는 어인 일로
급급히 벼슬살이 찾아 분주히 헤매나.

> 日落江霧生, 繫舟宿牛口.
> 居民偶相聚, 三四依古柳.
> 負薪出深谷, 見客喜相售.
> 煮蔬爲夜飧, 安識肉與酒.
> 朔風吹茅屋, 破壁見星斗.
> 兒女自咿嚘, 亦足樂且久.
> 人生本無事, 苦爲世味誘.
> 富貴耀吾前, 貧賤獨難守.
> 誰知深山子, 甘與麋鹿友.
> 置身落蠻荒, 生意不自陋.
> 今予獨何者, 汲汲强奔走.
> (卷1)

주석

✿ 牛口(우구) : 사천성 남부에 있는 마을 이름.

✿ 咿嚘(이우) : 중얼중얼. 웅얼웅얼. 분명치 않게 말하는 소리.

✿ 汲汲强奔走(급급강분주) : 급급하게 벼슬살이 찾아 헤매는가.

해제 이는 소동파가 24세(嘉祐4년, 1059년) 10월, 아우 소자

유(蘇子由 : 蘇轍)와 함께 부친 소순(蘇洵)을 따라 남행(南行)하여
형주(荊州)를 향해 갈 때, 의빈(宜賓)을 지나다가 우구저(牛口渚)
에 배를 대고 묵으면서 지은 시이다. 근검하고 순박하게 사는 현지
주민들의 생활상을 그리고, 이어서 그들과 대비해서 벼슬길 찾아
분주하게 헤매고 있는 자신의 모습을 표현하고 있다. 여기서 출사
와 은퇴간의 원초적 갈등이 드러나고 있다.

3. 강물 위에서 산을 보며
江上看山

배 위에서 산을 보니 달리는 말 같아
눈 깜짝할 사이에 수백의 산봉우리를 지나간다.
앞산은 들쭉날쭉 홀연히 모습 변하고
지나친 봉우리는 어지러이 뒤엉켜 놀래 달아나는 듯하다.

위로 보니 좁은 산길 비스듬히 구불구불하고
산 위에는 행인 있어 높고 아스라이 멀다.
배 안에서 손들어 그 행인과 얘기하고 싶건만
외로운 돛단배는 나는 새처럼 남쪽으로 가는구나.

    船上看山如走馬, 倏忽過去數百羣.
    前山槎牙忽變態, 後嶺雜沓如驚奔.

38 텅 비니 만 가지 경지가 다 담기네

仰看微逕斜繚繞,　上有行人高縹緲.
舟中擧手欲與言,　孤帆南去如飛鳥.
(卷1)

주석

- **倏忽**(숙홀) : 순식간에. 아주 빨리.
- **槎牙**(사아) : 얽히고설킨 모양. 가지런하지 않은 모양. 울퉁불퉁. 여기서는 산세(山勢)의 기복(起伏)을 가리킨다.
- **雜沓**(잡답) : 섞이어 어지러운 모양. 혼잡하다. 소란스럽다.
- **繚繞**(요요) : 꾸불꾸불 빙빙 돌다. 둘러싼 모양. 맴돌다.
- **縹緲**(표묘) : 멀고 어렴풋하다. 가물가물하고 희미하다. 어렴풋하여 뚜렷하지 않은 모양.

해제　이 시 역시 소동파가 24세(嘉祐4년, 1059년) 10월, 아우 소자유(蘇子由 : 蘇轍)와 함께 부친 소순(蘇洵)을 따라 남행(南行)하여 수로(水路)로 형주(荊州)로 갈 때 지은 시이다. 장강 상류에서 하류로 빨리 달리는 배 위에서 강 연안의 산을 보면서 그 변화하는 경치를 묘사하고 있다. 순식간에 비동(飛動)하는 경관의 순간 형상을 포착하여 강한 동태적 분위기를 자아내고 있다. 작자는 산 위의 행인과 대화하고 싶으나 자신이 탄 배가 나는 새처럼 지나가 버리는 데서 일말의 아쉬움도 남기고 있다. 주체는 동태적이고 객체는 정태적이다.

4. 선도관에 시를 남기어
留題仙都觀

산 앞에는 강물이 넓고 넓게 흐르고
산 위에는 푸릇푸릇 소나무 잣나무 늙어간다.
배에 탔던 나그네들 이리저리 흩어져 가 버렸으니
과거와 현재가 뒤바뀌는 것은 가을 풀 시드는 것 같구나.

빈 산에 누대는 얼마나 높이 솟아있는가?
왕원과 음장생이라는 진인(眞人)이 도를 닦았던 곳이라.
부절을 날리고 기세를 부려 온갖 신령들에게 조회 받고
도를 깨치고는 다시는 『황정경』 같은 도가의 책은 외지 아니했다.

용 수레 범 수레를 타고 내려와 맞이하니
떠날 때의 신속함은 회오리바람이 하늘로 치솟는 것 같다.
진인(眞人)은 인간세상 싫어해 돌아보지 않나니
인간의 생사란 아침저녁이 바뀌는 것 같다.

신선술을 배워 인간세상을 건너려는데 어찌 그런 사람이 없으리
노을을 먹고 곡식을 끊어 오랫동안 고생스레 참고 견뎠던 것.
어찌 홀로 소요군을 쫓아
가벼이 바람 타고 뜬구름을 수레 삼을 수 있을까
세상을 초월한 이 없어도 나는 하겠다.

山前江水流浩浩,　山上蒼蒼松柏老.
舟中行客去紛紛,　古今換易如秋草.
空山樓觀何崢嶸,　眞人王遠陰長生.
飛符御氣朝百靈,　悟道不復誦黃庭.
龍車虎駕來下迎,　去如旋風搏紫淸.
眞人厭世不回顧,　世間生死如朝暮.
學仙度世豈無人,　餐霞絶粒長苦辛.
安得獨從逍遙君,　泠然乘風駕浮雲,
超世無有我獨存.
(卷1)

　주석

❂ 留題(유제): 참관이나 유람을 통해 얻은 감상을 써놓다.
❂ 仙都觀(선도관): 사천성 풍도현(酆都縣)의 평도산(平都山)에 있던 도관(道觀).
❂ 眞人(진인): 도가(道家)에서 참된 도를 체득한 사람을 일컫는 말.
❂ 王遠(왕원): 후한 때의 진인(眞人).
❂ 陰長生(음장생): 후한 때의 진인.
❂ 御氣(어기): 기운을 다루어. 기세를 부려.
❂ 百靈(백령): 백가지 신령. 온갖 신령.
❂ 黃庭(황정): 황정경(黃庭經). 도교의 경전.
❂ 紫淸(자청): 하늘 위 누대 이름.
❂ 逍遙君(소요군): 아무런 구속도 받지 않고 유유자적하는 사람.『장자(莊子)』,「소요유(逍遙遊)」, "막고야산에 신인이 살았는데, 살갗은 눈처럼 희고 예쁜 모습이 처녀 같다고 하며 오곡을 먹지 않고 바람과

이슬을 마시며, 구름을 타고 비룡을 몰아 이 세상 바깥에서 노닐었다
(藐姑射之山, 有神人居焉, 肌膚若冰雪, 綽約若處子. 不食五穀, 吸風飲露,
乘雲氣, 御飛龍, 而游乎四海之外)."
- 泠然(영연) : 경묘(輕妙)한 모양. 경쾌하고 묘한 모양.

해제　　이는 소동파가 24세(嘉祐4년, 1059년) 10월, 아우 소자유(蘇子由 : 蘇轍)와 함께 부친 소순(蘇洵)과 함께 강물을 따라 남행(南行)하여 형주(荊州)로 갈 때 지은 시이다. 도가 사찰 선도관을 들러 옛날에 그곳에서 득도했다던 진인(眞人)인 왕원(王遠)과 음장생(陰長生)을 연상하며, 자신도 그 경지에 들어 이 세상을 초월하고 싶은 바램을 표현하고 있다.

5. 선도관 사슴
仙都山鹿

세월은 어쩌면 이다지도 빨리 지나 가는가
인간세상은 구속당하기 마련.
신선은 천상의 집으로 가버려 자취도 없고
옛 산엔 흰 사슴만 남겨 놓았다.

신선이 이미 가버리자 집 잃은 사슴만이
외로이 깃들며 층층 구름 노을을 슬피 바라본다.

지금까지 동굴 구경 오는 나그네 있으면
밤이면 사슴이 강가 저자에 와 모래 위를 울며 헤매는 소리 듣는다.

키 큰 천 그루 소나무는 바람에 쓸쓸하니
선궁엔 사람 떠나도 지척처럼 가까이 느껴진다.
밤에 울부짖는 하얀 사슴은 어디에 있는가?
온 산엔 가을 풀 덮여 자취를 찾을 길 없구나.

　　　　日月何促促,　塵世苦局束.
　　　　仙子去無蹤,　故山遺白鹿.
　　　　仙人已去鹿無家,　孤棲悵望層城霞.
　　　　至今聞有遊洞客,　夜來江市叫平沙.
　　　　長松千樹風蕭瑟,　仙宮去人無咫尺.
　　　　夜鳴白鹿安在哉,　滿山秋草無行迹.
　　　　(卷1)

 주석

✿ 局束(국속) : 구속(받다).
✿ 塵世苦局束(진세고국속) : 인간세상은 여유가 없고 구속당한다.

해제　이는 소동파가 24세(嘉祐4년, 1059년) 10월, 아우 소자유(蘇子由 : 蘇轍)와 함께 부친 소순(蘇洵)을 따라 남행(南行)하여 장강(長江)을 따라 수로(水路)로 형주(荊州)로 갈 때, 선도관(仙都觀)을 들러 그곳에 있는 흰 야생 사슴을 보고 그 느낌을 표현한 시이다.

6. 강가에서 눈을 만나다. 구양수체를 본받아, 눈(雪)을 '소금, 옥, 학, 백로, 버들개지, 나비, 날다, 춤추다'의 류로 비유하지 않고, '희다(皓), 희다(白), 깨끗하다(潔), 희다(素)' 등의 시어를 쓰지 않기로 제한하여, 자유의 시에 차운하다
江上値雪, 效歐陽體, 限不以鹽玉鶴鷺絮蝶飛舞之類爲比, 仍不使皓白潔素等字, 次子由韻

추운 밤 얼어 움츠린 거북이처럼 목을 움츠리고 잠을 청하다가
나만이 밖에 눈 내리고 있음을 먼저 알았다.
새벽에 일어나니 강가에는 온 세상이 하얀 눈빛이고
찬바람이 불어 나무 끝을 세게 흔들고 있다.

청산은 마치 청춘시절같이 푸릇푸릇 하더니
하룻밤 새에 수염처럼 온통 하얗게 변했다.
바야흐로 알겠네, 따뜻한 봄기운이 강물에 흘러내려 오고 있음을.
모래톱에는 눈이 한 자나 쌓였는데 강물은 소리 없이 흐른다.

공중에는 눈송이가 바람 따라 뒤집히며 어지러이 날고
골짜기에 가득 쌓여 높은 언덕도 위태롭다.
텅 빈 강과 너른 들에는 눈이 떨어지자 곧 녹아 사라지고
문으로 날아 들어온 눈발이 솜털처럼 가벼워라.

자세히 보니 조각해 놓은 듯한 눈송이가 옷에 묻어 있으니

어찌 하나하나 눈꽃송이는 조물주의 솜씨가 아니랴
순식간에 온 천지가 눈으로 덮이니
아! 이 놀라운 능력 누구의 솜씨일까?

세상에 즐거움과 괴로움이 그 얼마냐
지금 나는 다행이 방에 있어 눈송이에 살갗 젖는 것은 면했다.
나무꾼은 단지 나뭇짐 무거운 것만 알지
술을 들고 구성지게 노래하는 기생을 어찌 알리요.

천자는 마루에 앉아 올해 풍년 알리는 서설이라 기뻐하고
재상은 천자께 술잔 올리며 제때 눈 온다고 기뻐하리라.
읊조리는 시인의 붓끝이 얼어붙어 꺾어지려 하는 이 추운 밤
가난한 집 아낙네는 휘장도 치지 않은 채 옷감 짜고 있다.

은사는 나막신 신고 찬 눈얼음 위를 밟고 지나니
머리에 쓴 두건이 바람에 날리는 모습은 참으로 신선의 자태.
시골 스님이 길에서 눈을 치우려고 문을 나서는데
추위에 얼어붙은 코에선 콧물이 줄줄 흐른다.

눈발이 도포자락에 뿌려 옷소매까지 들어가고 신발까지 젖었는데
또한 판대기 들고 계단 뜰의 눈을 부지런히 치운다.
배 가운데 나그네(나)는 무엇을 좋아하나?
사냥 말 잡아타고 바람 속을 달리고 싶어진다.

추위 속에 토끼가 풀 섶 속에서 부스럭거리자
공중을 빙 돌며 나는 매가 내려와 덮치니 많은 사냥꾼들 달려
간다.

얼음 깨뜨려 사슴고기 구워 먹으니 가장 즐거워라.
내 비록 술 마실 줄 모르나 억지로 술잔을 기울인다.

예로부터 초나라 사람은 사냥을 좋아했다는데
누구라도 사냥에 앞장서면 나도 따르려네.
어지러이 날리는 눈송이 실컷 얼굴에 맞아보리
급히 붓 잡고 이 멋진 정경을 시로 읊는다.

縮頸夜眠如凍龜,　雪來惟有客先知.
江邊曉起浩無際,　樹杪風多寒更吹.
靑山有似少年子,　一夕變盡滄浪髭.
方知陽氣在流水,　沙上盈尺江無澌.
隨風顚倒紛不擇,　下滿坑谷高陵危.
江空野闊落不見,　入戶但覺輕絲絲.
沾裳細看若刻鏤,　豈有一一天工爲.
霍然一揮遍九野,　吁此權柄誰執持.

世間苦樂知有幾,　今我幸免沾膚肌.
山夫只見壓樵擔,　豈知帶酒飄歌兒.
天王臨軒喜有麥,　宰相獻壽嘉及時.
凍吟書生筆欲折,　夜織貧女寒無幃.
高人著屐蹈冷冽,　飄拂巾帽眞仙姿.
野僧斫路出門去,　寒液滿鼻淸淋漓.
灑袍入袖濕靴底,　亦有執板趨堦墀.

舟中行客何所愛,　願得獵騎當風披.
草中咻咻有寒兎,　孤隼下繫千夫馳.

敲冰煮鹿最可樂, 我雖不飮强倒巵.
楚人自古好弋獵, 誰能往者我欲隨.
紛紜旋轉從滿面, 馬上操筆爲賦之.
(卷1)

◉ 歐陽體(구양체) : 일찍이 구양수는 「설(雪)」시의 제목 아래 자주(自注)에서, "당시 영주(潁州)에서 지었다. 옥(玉), 월(月), 배[梨], 매화(梅), 연(練), 서(絮), 백(白), 춤추다[舞], 거위[鵝], 학(鶴), 은(銀) 등의 글자는 모두 사용하지 말라."고 했다.(『歐陽文忠公集』卷54)
◉ 澌(시) : 다하다. 얼음이 녹아 없어짐. 소리의 형용.
◉ 堦墀(계지) : 계단 계. 지대 뜰 지(址臺 위의 땅).
◉ 咻咻(휴휴) : 씩씩. 숨 쉬는 소리.
◉ 馬上(마상) : 급히. 즉시.

이는 소동파가 24세(嘉祐4년, 1059년) 겨울, 아우 소자유(蘇子由 : 蘇轍)와 함께 부친 소순(蘇洵)을 따라 장강을 따라 남행(南行)하는 도중에 지은 시이다. 예리한 관찰력으로 강가의 설경(雪景)을 포착하여, 눈(雪)에 대한 상용자를 사용하지 않고도, 또 아우 소철의 시에 차운까지 하며, 눈 내리는 정경을 멋들어지게 묘사하고 있다.
 전체 시는 세 단락으로 나뉘는데, 앞 16구는 눈이 내림을 묘사하고 있고, "세간고락지유기(世間苦樂知有幾)"14구는 눈이 내리는 가운데 인간세상의 고락(苦樂)이 불평등함을 묘사하고 있다. "주중행객하소애(舟中行客何所愛)"10구는 자신이 눈 내리는 가운데 사냥을 즐기는 것을 묘사하고 있다.(曾曾)

一. 수도 변경(汴京)을 향해 47

7. 굴원탑
屈原塔

초나라 사람이 굴원을 슬퍼했는데
천년이나 그 뜻이 다하지 않았네.
혼백이 표연히 어느 곳에 떠돌까?
늙은이들 공연히 목메어 운다.

지금까지 푸른 강가에서는
밥 던져 굴원의 기갈을 구해 주고
옛날부터 이어온 풍습으로 용선(龍船) 경주하는데
구슬픈 부르짖음 초 땅의 산이 찢어질 듯하구나.

굴원은 옛날의 절개 있는 선비로서
죽음에 임하여 뜻 더욱 매서웠네.
세속에서 그 뜻 어찌 알았으리.
주상 그리며 차마 결단치 못했음을

남빈(南濱)은 옛날에 초(楚) 나라에 속한 곳
산 위에 옛 탑이 남아 있다.
응당 부처님 모시는 사람이
그대의 자취 없어질 까봐서 세운 것이리라.

이일은 고증할 수는 없어도
그 뜻은 실로 간절하다.

옛사람 뉘라서 죽지 않았으랴?
왜 굳이 목숨의 길고 짧음 비교할 필요 있을까.

명성은 참으로 끝이 없고
부귀는 잠시 끓는 물 같거늘
대부 굴원은 이 이치를 알고서
죽음으로서 절개를 지킨 것이라.

楚人悲屈原,　千載意未歇.
精魂飄何處,　父老空哽咽.
至今滄江上,　投飯救飢渴.
遺風成競渡,　哀叫楚山裂.
屈原古壯士,　就死意甚烈.
世俗安得知,　眷眷不忍決.
南賓舊屬楚,　山上有遺塔.
應是奉佛人,　恐子就淪滅.
此事雖無憑,　此意固已切.
古人誰不死,　何必較考折.
名聲實無窮,　富貴亦暫熱.
大夫知此理,　所以持死節.
(卷1)

주석

❋ 屈原(굴원) : 대략 BC340-BC278년. 초(楚)나라의 삼려대부(三閭大夫), 위대한 애국시인. 참소를 입어 멱라강에 빠져 죽었다.

✪ 滄江(창강) : 푸른 강물. 널리 '강물'을 가리킨다.
✪ 投飯(투반) : 오균(吳均)의 『속제해기(續齊諧記)』에, "굴원이 5월 5일에 멱라강에 빠져 죽었는데 초나라 사람이 그를 애도하여 이 날이 되면 대나무 통에 쌀을 담아 물 속에 던져서 제사지냈다"라는 기록이 있다.
✪ 競渡(경도) : 『형초세시기(荊楚歲時記)』에, "5월 5일에 강 건너기 경주를 하는데, 세속에서는 굴원이 멱라강에 투신하던 날을 정해 그의 죽음을 애도하였다. 그러므로 아울러 배를 타고 가서 그를 건지도록 명령하였다"고 했다. 지금도 중국에서는 음력 5월 5일 단오절이 되면 용선(龍船) 경기가 열린다.
✪ 南賓(남빈) : 지금의 충주(忠州).
✪ 考折(고절) : 장수(長壽)와 요절(夭折).

해제 이는 소동파가 24세(嘉祐4년, 1059년) 겨울, 아우 소자유(蘇子由 : 蘇轍)와 함께 부친 소순(蘇洵)을 따라 장강을 따라 남행(南行)하는 도중에 충주(忠州)의 굴원탑(屈原塔)에 들러 지은 시이다. 동파의 자주(自注)에, "(굴원탑은) 충주(忠州)에 있다. 원래 이곳에 굴원의 비석과 탑이 서 있음은 옳지 않다. 아마 후세 사람들이 그를 추모하여 세운 것일 것이다(在忠州, 原不當有碑塔於此, 意者後人追思, 故爲作之)."라고 추정하고 있다. 굴원의 헌신적인 정신을 칭송함과 동시에, 죽음으로써 절개를 지킨 행적을 추모하고 있다. 인간에게 귀한 것은 명예와 절조에 있다. 부귀는 눈을 스쳐 가는 연기와 구름 같은 것이다. 굴원이 멱라수에 몸을 던진 것은 바로 절개를 굳게 지킨 결과였다.(王2)

8. 황우묘
黃牛廟

강가의 석벽 너무 가파러 오를 길 없는데
그 위에 황소 한 마리 있어 수레를 끌지 않는다.
황소사당 앞에선 나그네들이 참배하고 또 춤추는데
북 치고 피리 불며 흰 염소 잡아 제사지낸다.

저 산 아래 밭가는 소는 돌 자갈밭에서 낑낑 대는데
두 뿔로 벼랑에다 비비니 네 발굽 땀으로 흥건하다.
소가 먹을 푸른 꼴은 반 묶음뿐이라 오래도록 굶주림에 시달리니
사당집의 황소를 우러러 봐도 어찌 소용 있으랴.

> 江邊石壁高無路,　上有黃牛不服箱.
> 廟前行客拜且舞,　擊鼓吹簫屠白羊.
> 山下耕牛苦磽确,　兩角磨崖四蹄濕.
> 青芻半束長苦飢,　仰看黃牛安可及.
> (卷1)

주석

● 服箱(복상) : 수레를 끌다.
● 磽确(교각) : 토지가 척박하다. 돌이 많은 메마른 땅.

해제 이는 소동파가 24세(嘉祐4년, 1059년) 겨울, 아우 소자유(蘇子由 : 蘇轍)와 함께 부친 소순(蘇洵)을 따라 장강을 따라 남행(南行)하는 도중에 삼협(三峽)을 지나며 지은 시이다. 황우묘(黃牛廟)는 호북성 의창현(宜昌縣) 서북 80리의 황우협(黃牛峽) 위에 있는데, 돌의 형세가 사람이 소를 끄는 모양을 닮아서 그렇게 명명하였다. 이 시는 전후 각 4구로 나뉘는데, 사당의 황소와 산 아래의 경작하는 소를 선명하게 대비시켜 노동하지 않고도 사는 것에 대해 풍자하고 있다.(曾曾)

9. 삼유동을 노닐며
遊三游洞

부슬부슬 내리는 진눈깨비 눈 반 비 반 이어서
구경꾼은 신발이 얼어 푸른 이끼에 미끄러진다.
이불 안고 가 바위 밑에서 자는 것을 마다하지 않으나
동굴 어귀에 구름이 짙어 밤에 달을 볼 수 없다네.

凍雨霏霏半成雪,　遊人屢凍蒼苔滑.
不辭攜被巖底眠,　洞口雲深夜無月.
(卷1)

주석

✲ 三游洞(삼유동) : 호북성 의창현(宜昌縣) 서북쪽 협주(峽州)에 있는 동굴. 일찍이 당대(唐代)에 백거이(白居易)가 충주자사(忠州刺史)를 제수(除授)받고, 백행간(白行簡)·원진(元稹)과 함께 이 동굴에서 노닐며 각기 고시 20운(韻)을 지어 석벽에 써 놓았기 때문에 그 이름을 얻었다.

✲ 不辭攜被巖底眠(불사휴피암저면) : 이불을 안고 가 바위 밑에서 자는 것을 마다하지 않으나. 이불을 안고 가 바위 밑에서 잤다는 의미이다.

해제   이는 소동파가 24세(嘉祐4년, 1059년) 겨울, 아우 소자유(蘇子由 : 蘇轍)와 함께 부친 소순(蘇洵)을 따라 장강을 따라 형주(荊州)로 남행(南行)하는 도중에 지은 시로, 진눈깨비 내리는 겨울 날씨에 삼유동(三游洞)을 구경하고 그 감회를 읊은 것이다.

10. 형주10수, 其十
荊州十首, 其十

유문(柳門)은 서울 가는 길
화창한 봄날 말을 달린다.
들에 쥐불을 놓아 마른풀을 태우니

一. 수도 변경(汴京)을 향해 53

봄바람은 푸른 새싹 움트게 한다.

북으로 가면 허주(許州) · 등주(鄧州) 땅이 연이어 졌고
남으로 가면 형산(衡山) · 상강(湘江) 땅까지 이르네.
초(楚)나라 국토가 천하에 가로놓여 광대한데도
회왕(懷王)은 참으로 나약하고 무능한 왕이었구나.

　　　柳門京國道, 　驅馬及春陽.
　　　野火燒枯草, 　東風動綠芒.
　　　北行連許鄧, 　南去極衡湘.
　　　楚境橫天下, 　懷王信弱王.
　　　(卷2)

주석

❁ 柳門(유문) : 형주(荊州) 성문의 하나.
❁ 野火燒枯草, 東風動綠芒(야화소고초, 동풍동녹망) : 이는 백거이(白居易)의 시 「부득고원초송별(賦得古原草送別)」의 "들불에 태워도 다 없어지지 않고, 봄바람이 불면 또 돋아난다(野火燒不盡, 春風吹又生)"의 구절을 변형시킨 것이다.
❁ 許(허) : 허주(許州), 지금의 허창(許昌).
❁ 鄧(등) : 등주(鄧州), 지금의 남양(南陽).
❁ 衡(형) : 형산(衡山).
❁ 湘(상) : 상강(湘江).
❁ 懷王(회왕) : 전국시대 말기 초(楚)나라의 왕. 애국시인 굴원을 소원히 하고 정수(鄭袖)를 총애하였으며, 장의(張儀)의 유세에 이용당해

결국 진(秦)나라에서 객사하였다.

해제 소동파 삼부자가 수로(水路)로 남행(南行)을 하여 형주(荊州)에 도착하였고, 형주(荊州)에서부터는 육로를 따라 수도 개봉(開封)을 향해 길을 떠난다. 1-4구는 초봄의 경치를 묘사하고 있다. 5-8구에서는 이곳이 옛날 전국시대 초나라의 옛 땅으로서, 북으로는 허주(許州)·등주(鄧州)에 이르고 남으로는 형산(衡山)과 상강(湘江)에까지 이른다고 하였다. 당시 초(楚)의 회왕(懷王)은 이러한 광대한 영토를 소유하고도 애국자 굴원을 멀리하고 황후 정수(鄭袖)를 총애하였고, 더욱이 또 진(秦)나라의 모사 장의(張儀)에게 속아 마침내 진(秦)나라에서 객사하였다. 그리하여 '그는 참으로 나약하고 무능한 임금이었구나!'라고 묘사하였다. 이는 당시 '현재 송(宋)의 영토는 그때보다 더욱 넓은데 할 바를 모르고 있으니, 분발하여 강성함을 추구하지 않는 것은 어째서인가'라고 연상하게 한다. 이 시구에서 동파의 타오르는 정치적 포부를 엿볼 수 있다.(王2)

기윤(紀昀)은 "편장(篇章)과 자구(字句)가 고법(古法)을 많이 포함하고 있으니, 이는 동파가 두보(杜甫)의 작품을 모의(模擬)하려고 고심한 것으로 구상이 순전히 두보(杜甫)의 「진주잡시(秦州雜詩)」 그것이다."라고 했다.

11. 이양을 아침 일찍 떠나며
浰陽早發

부귀는 본래 정해진 것이 아니거늘
세상 사람들이 스스로 영화롭게 되거나 시들게 된다.
요란스럽게 명성을 사모하는 마음
아! 어찌 유독 나에게만 없을 손가?

물러나 위축될 수는 없으나
단지 조급하게 앞으로 나아감을 경계한다.
나의 행로는 서쪽 고향을 그리워하나
이미 황폐해진 전원과는 멀어졌다.

남쪽으로 온 것 마침내 무엇 때문인가?
변변찮게 상인의 수레 따라왔다.
나의 나아감 진실로 나라에 보탬이 없다면
이는 게으르고 어리석기 때문이다.

인생은 의기를 소중히 여기는 법
출사와 은퇴가 어찌 헛된 장난이겠는가?
길이 강양의 노인을 사모하나니
연뿌리 심어 봄이면 호수에 가득하리.

富貴本无定, 世人自榮枯.

囂囂好名心,　嗟我豈獨無.
不能便退縮,　但使進少徐.
我行念西國,　已分田園蕪.
南來竟何事,　碌碌隨商車.
自進苟無補,　乃是懶且愚.
人生重意氣,　出處夫豈徒.
永懷江陽叟,　種藕春滿湖.
(卷2)

❂ **洌陽**(이양) : 호북성 종상현(鍾祥縣)에 있던 고을. 여양(麗陽).

❂ **但使進少徐**(단사진소서) : 다만 나아감을 조금 서서히 하겠다.

❂ **江陽**(강양) : 미주(眉州). 소동파의 고향.

형주(荊州)에서부터는 육로를 따라 수도 개봉(開封)을 향해 길을 떠난다. 이는 호북성 이양(洌陽)을 떠나면서 지은 시이다. 고향을 그리워하나 자신은 이미 출사의 길을 선택하여 고향 전원과는 멀어졌다. 인생은 의기를 소중히 여기는데, 여기서는 출사의 길을 향하여 가면서도 고향에 은거할 마음이 내재되어 있다.

12. 밤 행로에 별을 보고서
   夜行觀星

하늘은 높고 밤기운 냉냉한데
수많은 별들 자기 자리를 지키고 있다.
큰 별은 빛을 우리에게 쏘고
작은 별은 끓어오르듯 반짝반짝.

하늘과 사람은 본래 상관 않는 것이니
아! 저 별들이 도대체 무슨 일인가.
세속에서는 상상력을 발휘하여 그것들을 가리키어
하나하나 이름을 붙여 주었다.

남쪽의 기성(箕星)과 북쪽의 북두칠성은
원래 가정에서 쓰는 그릇이름에서 유래한다
하늘에도 어찌 그런 것이 있을까
아마 우리 세인들이 그렇게 불렀을 뿐인 것을.

만약 별 가까이 가서 관찰해보면 어떨까
멀리서 보고 상상하니 우연히 비슷한 점이 있는 것
천도는 광대무변하여 우리가 알 수 없는 것이라
나로 하여금 긴 한숨 쉬게 하는구나.

　　　　天高夜氣嚴,　列星森就位.

大星光相射,　小星鬧若沸.
天人不相干,　嗟彼本何事.
世俗强指摘,　一一立名字.
南箕與北斗,　乃是家人器.
天亦豈有之,　無乃遂自謂.
迫觀知何如,　遠想偶有似.
茫茫不可曉,　使我長歎唱.
(卷2)

주석

❋ 箕(기) : 28수(宿)의 하나. 키.
❋ 北斗(북두) : 북두칠성. 국자 모양의 별.

해제 이는 밤길에 별을 보고 미지의 우주에 대한 느낌을 이지적으로 읊은 시이다. 별이라는 우주의 형상까지 시의 제재가 확대되고 있다. 작자는 자기 자리를 지키고 빛을 발하는 별을 관찰하여 그 형상을 사실적으로 기록하고 있다. 그리고 하늘과 사람은 서로 간여하지 않는 것인데, 사람들이 상상력을 발휘하여 별들의 이름을 붙여 주었다고 하고 있다. 사람과 하늘의 관계 여부는 여기서 논할 바가 아니나, 전반적으로 당시로서는 상당히 건전한 상식에 근거한 이성적 사유를 견지하고 있다. 또한 그는 광대무변한 우주의 세계는 알 수 없는 것이라고 하여 불가지(不可知)의 것에 대한 판단은 유보하고 있다.

二. 봉상첨판(鳳翔簽判) 시절[2]

---

2) 이 시기는 편의상 봉상첨판으로의 부임도중과 이후 봉상첨판을 마치고 수도로 돌아가는 행로, 그리고 이후 수도[汴京]에 있을 때의 기간을 모두 포괄한다.

1. 신축년 11월 19일, 정주 서문 밖에서 자유와 헤어진 뒤, 말 위에서 시 한 편을 지어 그에게 부친다
辛丑十月十九日, 旣與子由別於鄭州西門之外, 馬上賦詩一篇寄之

술도 아니 마셨거늘 어찌 취한 듯 얼떨떨할까!
내 마음 이미 말 타고 되돌아가는 그대를 쫓고 있네.
돌아가는 그대는 그래도 아버님을 생각하겠지만
난 지금 이 적막한 가슴을 무엇으로 달래리오.

높은 곳에 올라 머리 돌려 바라보니 언덕이 가려서
그대가 쓴 검은 모자만이 언뜻언뜻 나타났다가 다시 사라진다.
심한 추위에 네 얇은 가죽외투가 마음에 걸리누나.
홀로 야윈 말 타고 새벽 달빛 밟고 가는 그대 뒷모습.

왕래하는 행인들은 노래하고 집에 있는 이들은 즐거운데
나만 유독 서글퍼한다고 머슴이 의아해 하네.
나 역시 안다네, 인생행로에 결국 이별이 있음을.
다만 세월이 훌쩍 떠나가 버릴까 두렵다네.

아우여 기억하는가? 예전 어느 밤 차가운 등불아래 서로 마주하던 때를.
밤비 내리던 소슬한 그 정경을 언제 다시 들을 수 있을까?
그대는 우리의 옛 언약을 잊지 않았겠지?

높은 벼슬에 마음 뺏기지 말자고 했던!

不飮胡爲醉兀兀,　此心已逐歸鞍發.
歸人猶自念庭闈,　今我何以慰寂寞.
登高回首坡壟隔,　但見烏帽出復沒.
苦寒念爾衣裘薄,　獨騎瘦馬踏殘月.
路人行歌居人樂,　童僕怪我苦悽惻.
亦知人生要有別,　但恐歲月去飄忽.
寒燈相對記疇昔,　夜雨何時聽蕭瑟.
君知此意不可忘,　愼勿苦愛高官職.
(卷3)

주석

❂ **辛丑**(신축) : 인종(仁宗) 가우(嘉祐)6년, 1061년. 당시 동파는 첨서봉상부판관(簽書鳳翔府判官)으로 임명되어 부임하는 길이었다. 당시 아우 소철(蘇轍)은 상주추관(商州推官)에 임명되었으나 부친 소순(蘇洵)이 경사(京師 : 북송의 수도 汴京)에서 예서(禮書)를 편수(編修)하고 있었기 때문에 경사에 머물러 부친을 시봉(侍奉)하였다. 소철은 정주(鄭州)까지 동파를 전송하고 경사(京師)로 돌아갔다. 일설에 정주서문(鄭州西門)은 변경(汴京) 서성(西城)의 신정문(新鄭門)이 있어 속칭 정문(鄭門)이라고 하는데, 이를 가리킨다고도 한다.

❂ **子由**(자유) : 소철(蘇轍), 자(字)는 자유(子由).

❂ **兀兀**(올올) : 술에 취해 머리가 멍한 모양.

❂ **庭闈**(정위) : 부모가 거주하는 곳. 여기서는 부친 소순(蘇洵)을 가리킨다.

❋ 居人(거인) : 집에 거주하는 사람.

❋ 疇昔(주석) : 이전. 옛날.

❋ 夜雨何時聽蕭瑟(야우하시청소슬) : 동파의 자주(自注)에 "일찍이 비 내리는 밤에 침상을 마주하고 정답게 지내자는 언약이 있었다. 그러므로 이와 같이 말한 것이다(嘗有夜雨對床之言, 故云爾)." 당(唐) 위응물(韋應物)의 「전진과 원상에게 보이다(示全眞元常)」시에 "어찌 알았으리요, 눈보라 몰아치는 밤에, 다시 여기서 함께 침상을 마주하고 밤을 보낼 수 있게 될까(寧知風雪夜, 復此對床眠)." 동파 형제는 회원역(懷遠驛)에서 위응물(韋應物)의 이 시를 읽었는데, 이 구에 이르러, "서글피 느낀바가 있어 일찌감치 은퇴하여 한거(閑居)의 즐거움을 갖기로 약속했다(惻然感之, 乃相約早退爲閑居之樂)."(蘇轍, 「逍遙堂會宿」詩序)

해제 26세(嘉祐6年, 1061년)에 지었다. 이는 동파가 첫 임지인 봉상(鳳翔)으로 부임하는 도중에 경사(京師 : 開封)로부터 멀리 떨어진 정주(鄭州) 서문 밖까지 전송 나온 아우 소철(蘇轍)과 첫 이별을 하며 마상(馬上)에서 지은 시이다.

이 시는 세 단락으로 나눌 수 있다. 제1단락(1-8구)은 이별 직후 심화된 격절심정의 토로이다. 첫 이별로 인해 술도 안 마셨는데도 취한 듯 얼떨떨함 속에 앞길을 향해 차마 떠나지 못하고 가슴 속 깊이 스며드는 적막감을 해소하려고 언덕에 오른다. 뒤돌아보니 자신(소동파)을 바래다주고 되돌아가는 아우(소철)의 검은 모자만이 아스라이 언덕에 가려 보이다 사라지다 한다. 홀로 야윈 말 타고 새벽달빛을 밟고 되돌아가는 아우의 뒷모습을 보며, 혹심한 추위에 얇은 아우의 옷이 마음에 걸리는 농도 깊은 형제애가 나타난다. 이별로 인해 고양된 격절감이 '나타났다가 다시 사라진다(出復沒)'

'얇은 가죽옷(裘薄)' '홀로 야윈 말 타고(獨騎瘦馬)' '새벽 달빛(殘月)' 등의 시어와 그 행간에 배어나고 있다.

제2단락(9-12구)에서는 이별에 대한 보편적 인식과 이별로 인한 비애의 원인을 서술하고 있다. 9, 10구의 머슴의 말은 이별의 상념으로부터 현실로의 전환계기가 된다. 이어서 이별을 인간의 일상사라는 객관적 인식으로 전환시켜 격앙되는 비애의 감정을 억제하고 있다. 그러면서도 어이할 수 없는 세월의 빠름 때문에 언제나 다시 아우와 만나게 될 것인가를 염려하고 있다.

제3단락(13-16구)에서는 아우와의 지난 일을 회상하며, 훗날 높은 벼슬에 너무 연연하지 말고 은퇴하자던 약속을 지킬 것을 당부하고 있다. 과거회상을 통해 순수성을 지켜 고관직에 연연하지 말자는 것이다. 이것은 현실적 입신양명에 대한 지나친 집착을 지양하자는 의지의 표명이다. 26세에 지은 이 시에서 벌써 인생역정을 어느 정도 경험한 듯한 성숙미를 노출시키고 있다.

2. 자유의 '면지에서 옛 일을 회상하며'에 화답하여
和子由澠池懷舊

인생길 가는 곳 무엇과 같은지 아는가?
응당 나르는 기러기 눈 진흙 밟는 것 같겠지.
눈 진흙 위에 우연히 발자국 남겨 놓았지만
기러기 날아가면 어찌 날아갈 방향을 헤아리겠는가?

노승은 이미 열반에 들어 새 사리탑 들어섰고
허물어진 담 벽에는 우리가 쓴 옛 시구 찾을 길 없네.
지난 날 험했던 길 아직 기억하는가?
길은 먼데 사람은 지치고 절름거리는 나귀는 울부짖었었지.

> 人生到處知何似, 應似飛鴻踏雪泥.
> 泥上偶然留指爪, 鴻飛那復計東西.
> 老僧已死成新塔, 壞壁無由見舊題.
> 往日崎嶇還記否, 路長人困蹇驢嘶.
> (卷3)

주석

- **和子由澠池懷舊**(화자유면지회구) : 자유(子由)의 「회면지기자첨형(懷澠池寄子瞻兄)」시에 화답하여.
  澠池(면지, 민지) : 지금의 하남성 면지현(澠池縣) 서쪽.
- **鴻飛那復計東西**(홍비나부계동서) : 기러기 날아가면 어찌 다시 동쪽으로 갈지 서쪽으로 갈지 헤아렸으리오.
- **老僧**(노승) : 봉한화상(奉閑和尙).
- **新塔**(신탑) : 새로운 불탑(佛塔). 스님이 죽은 뒤에는 탑을 세워 화장한 뼈의 재와 사리를 보관한다.
- **無由**(무유) : 할 길이 없다.
- **往日崎嶇還記否, 路長人困蹇驢嘶**(왕일기구환기부, 노장인곤건려시) : 소식자주(蘇軾自注), "예전에 말이 이릉에서 죽어, 나귀를 타고서 면지에 도착했다(往歲馬死于二陵, 騎驢至澠池)". 왕세(往歲)는 21세(嘉祐元年, 1056년), 동파 형제가 부친 소순(蘇洵)을 모시고 과거시험

을 보려고 첫 번째로 촉(蜀)으로부터 변경(汴京)으로 갈 때이다.

해제 26세(嘉祐6년, 1061년), 동파가 정주(鄭州)에서 자유(子由)와 이별하고 봉상첨판(鳳翔簽判)의 임지로 가는 도중에 5년 전에 왔었던 면지(澠池)를 지나며 아우 소철(蘇轍)의 「회면지기자첨형(懷澠池寄子瞻兄)」 시에 화운(和韻)한 작품이다. 이 시는 5년 전 면지(澠池)에서의 일에 대한 회고를 통해 인생의 우연성·불확실성·유한성 및 인생의 어려움에 대한 체득과 관조를 토로한 것이다. 특히 전반부 4구는 동파시의 대표격의 하나로 가히 압권(壓卷)이라 할 수 있다.

전반부(1-4구)에서는 '기러기가 눈 진흙땅에 발자국을 남겨놓고는 어느 방향으로 날아갔는지 알 수 없다는 것'을 의미하는 '설니홍조(雪泥鴻爪)'라는 생동적인 비유로 인생이 우연성·불확실성 가운데 자기도 정확히 모를 미래의 길로 향하고 있다는 인생철리를 개괄하고 있다. 이것은 불교의 선적(禪的)인 깨달음이다. 인생은 무한한 선택의 순열 중에 하나하나를 선택하여 가는 과정이다. 인생에서 미리 정해진 단 하나의 길은 존재하지 않는 법이다. 동파는 인생이란 기러기가 눈 진흙에 발자국을 남기듯이 순간의 궤적을 남기고 불확실한 미래의 길을 걷는 존재라는 것을 인식하고 있다. 이것은 그의 정처 없는 나그네와 같은 삶의 길을 예고하고 있기도 하다.

후반부(5-8구)에서는 지난 날 여행체험을 회상하여 인생의 유한성을 예증하고 있다. 동파는 5년 전인 21세(嘉祐元年, 1056년)에 아우 소철과 함께 부친을 따라 과거응시를 위해 면지(澠池)의 승(僧) 봉한(奉閑)의 승방에 묵었었다. 이제 다시 오니 당시의 노승은 이미 죽어 사리탑으로 화하고 시구를 적어 두었던 벽도 허물어져 버렸다. 이를 통해 인생의 유한성을 통찰하고 있다. 사람(僧 奉閑)의 생시(生時)로부터 죽음으로의 변화, 5년 전 제시(題詩)해 두었던 벽의 무너짐, 즉 '인멸(人滅)'과 '물실(物失)'의 변화과정은 비애를 느끼게 한다. 그것은 구체적 행적이 사라짐에 대한 비애이기도 하다. 또한 그는 당시 갈 길은 먼데 사람은 지치고 노새도 울부짖던 행로의 어려움을 인생길의 험난함으로 슬며시 비유하고 있다.

　그러나 그는 이러한 비애를 전반부에서의 선적(禪的) 철리로써 극복하고 있다. 그가 가정환경에 의해 자연스럽게 접근하게 된 불교에 대하여 아직 인식이 초보단계에 있었던 26세 때의 작품인데도 인생역정을 두루 거친 듯한 원숙한 풍취가 배어 나오고 있다. 또한 화운시(和韻詩)라는 운(韻)에 따른 제약에도 불구하고 자유롭고 거침없이 자신의 심사를 표현한 그의 창작능력이 일품이다.

3. 봉상팔관, 병서
鳳翔八觀, 幷敍

「봉상팔관(鳳翔八觀)」 시는 볼 만한 곳 여덟 군데를 기록한 것이다. 옛적 사마자장(司馬子長 : 司馬遷)은 회계산(會稽山)에 올라가 우혈(禹穴)을 탐방하려고, 천리 길을 멀다고 여기지 않았고, 이태백(李太白) 또한 칠택(七澤)의 모습을 보기 위해 형주(荊州)까지 갔다. 이 두 사람은 아마 세상과 풍속을 슬퍼하고, 옛사람을 보지 못해 스스로 마음이 아파, 그 유적을 한 번 보려고 이처럼 부지런했다. 봉상은 진(秦)과 촉(蜀)의 접경지로 사대부들이 아침저녁으로 왕래하는 곳이고, 이 여덟 군데 볼만한 곳은 모두 반걸음이면 이를 수 있는 가까운 곳에 있거늘, 호사가라 할지라도 두루 다 돌아볼 수는 없으므로, 시를 지어서 보고 싶어 하지만 알지 못하는 사람들에게 알린다.

鳳翔八觀詩, 記可觀者八也. 昔司馬子長登會稽, 探禹穴, 不遠千里, 而李太白亦以七澤之觀至荊州. 二子蓋悲世悼俗, 自傷不見古人, 而欲一觀其遺迹, 故其勤如此. 鳳翔當秦蜀之交, 士大夫之所朝夕往來此八觀者, 又皆跬步可至, 而好事者有不能遍觀焉, 故作詩以告欲觀而不知者.

3-3 왕유와 오도자의 그림
王維吳道子畵 - 鳳翔八觀, 八首, 其三

어디서 오도자의 그림을 찾아볼까.
보문사와 개원사가 바로 거기로구나.
개원사의 동쪽에 탑이 서 있는데
왕유의 손으로 그린 자취가 거기 남아 있다.
내가 그림의 품격을 자세히 보니
왕유와 오도자 이 두 분처럼 높은 이가 없다.

오도자는 정말로 웅장하고 호방하여
기운이 바다파도가 뒤집어지듯 힘차다.
그림을 그리기 시작할 때는 비바람이 휘몰아치듯 빨라
붓이 닿기도 전에 기상은 이미 세상을 삼킨다.
우뚝한 두 그루 나무사이에
(부처님의 머리 위에) 오색구름이 부상에서 솟아오르는 새벽태양처럼 떠오르더라.
가운데 계신 석가모니 부처님께서 열반을 얘기하니
불법을 깨달은 자는 슬피 울고 깨닫지 못한 자는 손만 만지작거린다.
오랑캐와 귀신의 우두머리 천만무리가
자라머리 나오듯 서로 다투어 불법을 들으려고 나온다.

왕유는 본래 큰 시인이니
(그의 기질과 시풍은) 지초(芷草)를 차고 향내 나는 풀 옷을 입은 듯.
지금 왕유가 그린 이 벽화를 살펴보니
그림도 그의 시풍처럼 맑고 돈후하다.
기원정사의 부처님 제자들은 학의 골격처럼 고매하면서 말랐고
마음은 꺼진 재처럼 평온해져 명리를 높게 여기지 않는다.
문 앞의 두 떨기 대나무는
눈을 맞은 마디가 서리 맞은 뿌리까지 관통하고 있다.
두 무더기 대나무 가지가 뒤엉키고 많은 잎 무수히 움직이지만 대나무 잎 하나하나 모두 그림솜씨의 근원을 찾을 수 있다.

오도자의 그림이 비록 기묘하게 뛰어났으나

오히려 화가로만 논할 뿐이다.
왕유의 그림은 형상밖에 내재된 여운이 있어
신선 새가 조롱을 벗어나 훨훨 나는 듯하다.
내가 보건대 두 분의 그림은 모두 신통하고 빼어났는데
특히 왕유의 그림에 대해서는 비판할 것이 없어 옷섶만 여민다.

何處訪吳畫, 普門與開元.
開元有東塔, 摩詰留手痕.
吾觀畫品中, 莫如二子尊.

道子實雄放, 浩如海波翻.
當其下手風雨快, 筆所未到氣已吞.
亭亭雙林間, 彩暈扶桑暾.
中有至人談寂滅, 悟者悲涕迷者手自捫.
蠻君鬼伯千萬萬, 相排競進頭如黿.

摩詰本詩老, 佩芷襲芳蓀.
今觀此壁畫, 亦若其詩清且敦.
祇園弟子盡鶴骨, 心如死灰不復溫.
門前兩叢竹, 雪節貫霜根.
交柯亂葉動無數, 一一皆可尋其源.

吳生雖妙絶, 猶以畫工論.
摩詰得之於象外, 有如仙翮謝籠樊.
吾觀二子皆神俊, 又於維也斂衽無間言.
(卷3)

주석

✱ 鳳翔八觀(봉상팔관) : 봉상(鳳翔)의 볼만한 곳 8군데를 8수의 시로 형상화한 것이다. 「석고가(石鼓歌)」, 「저초문(詛楚文)」, 「왕유오도자화(王維吳道子畵)」, 「유마상(維摩像)」, 「동호(東湖)」, 「진흥사각(眞興寺閣)」, 「이씨원(李氏園)」, 「진목공묘(秦穆公墓)」 등 봉상(鳳翔)의 8가지 빼어난 자취를 묘사한 것을 가리킨다.

✱ 司馬子長(사마자장) : 한(漢)나라 때의 역사학자 사마천(司馬遷). 자(字)가 자장(子長)이다.

✱ 會稽(회계) : 회계산. 절강성 소흥(紹興) 동남쪽에 있는 산.

✱ 禹穴(우혈) : 절강성 회계산에 있는 구덩이로 우(禹)임금의 장지(葬地)라고 한다.

✱ 李太白(이태백) : 당(唐)나라 대시인 이백(李白).

✱ 跬步(규보) : 반걸음.

✱ 好事(호사) : 일을 벌여 놓기를 좋아함.

✱ 王維(왕유) : 자(字)는 마힐(摩詰). 당대(唐代)의 저명한 시인이자 화가로, 그의 산수화는 남종화파의 시조이다.

✱ 吳道子(오도자) : 오도현(吳道玄). 그림이 고묘(高妙)하고 특히 불상(佛像)을 그리는데 뛰어났다. 일찍이 당(唐) 현종(玄宗)의 궁정화가로 임용되어 당시에 "화성(畵聖)"으로 칭해졌다.

✱ 普門, 開元(보문, 개원) : 두 절 이름. 모두 봉상(鳳翔)에 있다.

✱ 亭亭雙林間, 彩暈扶桑暾(정정쌍림간, 채훈부상돈) : 화상(畵像) 가운데 부처님이 큰 나무 가운데서 머리 위의 둥근 빛이 마치 동방의 아침 해와 같다는 것을 묘사하고 있다.

亭亭(정정) : 우뚝하게 높이 솟은 모양.

雙林(쌍림) : 두 그루의 사라수(婆羅樹). 석가모니가 서거한 곳이라

二. 봉상첨판(鳳翔簽判) 시절

한다.

扶桑(부상) : 부상. 중국 고대 신화에서 동해에 있다고 하는 신목(神木)으로, 여기에서 해가 뜬다고 함.

暾(돈) : 아침 해 돈.

✪ **至人**(지인) : 사상, 도덕, 수양 등 어떤 방면에서 최고경계에 다다른 사람. 여기서는 석가모니를 가리킨다.

✪ **寂滅**(적멸) : "열반(涅槃)"의 음역. 세간을 초탈하여 불생불사(不生不死)의 경지에 들어감을 가리킨다. 후에 승려가 죽음을 말하였다.

✪ **蠻君鬼伯**(만군귀백) : 요괴와 악마. 오랑캐 임금과 귀신의 우두머리.

✪ **亭亭雙林間**(정정쌍림간), ..., **相排競進頭如黿**(상배경진두여원) : 이 6구는 모두 오도자가 그린 석가모니의 "적멸(寂滅)"(死亡) 때의 화면(畵面)을 형용한다.

✪ **芷, 蓀**(지, 손) : 구리때 지. 창포 손. 향초 이름 손. 모두 향초의 이름. 이 구는 왕유의 기질과 시풍이 고결하여 티끌을 벗어남을 비유한다.

✪ **此壁畵**(차벽화) : 왕유가 개원사의 동탑에 그린 묵죽도(墨竹圖)를 가리킨다.

✪ **淸且敦**(청차돈) : 왕유의 화풍이 맑고 돈후함을 형용한다.

✪ **祇園**(기원) : "기수급고독원(祇樹給孤獨園)" 혹은 "기원정사(祇園精舍)"의 약칭. 석가모니가 이곳에서 20여 년 동안 불법을 선양했다고 한다.

✪ **心如死灰不復溫**(심여사회불부온) : 불가 제자가 성품이 담박하고 공명(功名)과 이록(利祿)의 마음이 없음을 형용한다.

死灰(사회) : 사그라진 재. 세속적인 일로 동요하지 않는 심리상태를 비유한다.

✪ **畵工**(화공) : 화가.

✪ **象外**(상외) : 형상의 밖, 내재정신을 가리킨다.

❋ 又於維也斂衽無間言(우어유야염임무간언) : 이 구는 특히 왕유에 대해서는 아주 존경하여 조금도 이의(異議)가 없음을 말한다.
間(간) : 이의.
間言(간언) : 나무라는 말. 헐뜯는 말.

해제 26세(嘉祐6년, 1061년)에 지은 작품으로, 「봉상팔관(鳳翔八觀), 팔수(八首)」 가운데 제3수이다. 연작시 「봉상팔관(鳳翔八觀)」은 석고가(石鼓歌), 진흥사각(眞興寺閣) 등 봉상(鳳翔)의 8가지 빼어난 자취를 8수의 시로 형상화시킨 것이다. 이 시에는 오도자(吳道子 : 吳道玄)와 왕유의 회화예술에 대한 동파의 핵심적이고 총체적인 평가가 담겨 있다. 이에는 또한 산문의 형식을 시에 도입한 시의 산문적 경향(以文爲詩)도 나타내고 있다. 여기서 단락은 이해의 편의상 나누었다.

제1단락에서는 오도자와 왕유의 그림을 총괄하여 이 두 분의 화격(畫格)이 최고라고 인정하였다. 제2단락은 오도자와 왕유 각자의 회화예술에 대한 개별적 평가이다. 이 단락은 두 부분으로 나뉜다. 전10구에서는 오도자 그림의 웅방(雄放)한 기세의 풍격과 그림의 창작과정 및 그림의 내용을 생동적으로 묘사하고 있다. 후10구에서는 왕유 그림의 청돈(清敦)한 화풍이 그의 시풍과 같다고 하여 시화일치론을 폈고, 이어서 왕유 그림의 내용을 평가하고 있다.

여기서 동파는 고도의 예술적 감식력으로 생동적인 인물묘사, 화가의 내면세계와 그림의 핵심적 근원까지 파악하고 있다. 이것은 대상의 핵심파악에 뛰어난 그의 능력을 나타내고 있다. 일찍이 동파가 왕유에 대해 "시 가운데 그림이 있고(詩中有畫)", "그림 가운데 시가 있다(畫中有詩)"(『東坡題跋』, 卷5. 「書摩詰藍田煙雨圖」, 『宋人題跋, 上』)라고 비평한 것은 그 대표적인 예이다. 이처럼 동파는 어느 대상을 묘사함에 있어 그 핵심을 파악하여 한 마디로 표현한 경우가 많다. 이 경우 대체로 그 평가가 함축적이고 객관타당성을 보유하고 있다.

제3단락은 이 두 분의 회화에 대한 총체적인 평론이다. 여기서 동파는 오도자(吳道子)의 그림이 "기묘하게 뛰어났으나 화가로서만 논할 수 있다"고 하였다. 이에 비해 왕유의 그림에 대해서는 "형상 밖에서 터득하여, 신선 새가 조롱을 벗어나 훨훨 나는 듯하다(摩詰得之於象外, 有如仙翻謝籠樊)"고 하여 형상 밖의 내재된 여운 및 굴레를 벗어나 자유를 구가하고 있음을 파악하였다. 여기서 왕유의 그림이 상대적으로 동파 자신의 기호와 정신에 더욱 부합됨을 표출하고 있다.

요컨대 이 시에는 그림을 묘사할 때 그 핵심을 파악하여 한 마디로 총결하여 정수를 획득한 묘미가 뛰어나며, 아울러 자유를 중시하고 속박을 싫어하는 그의 개성이 예술평론 시에서도 드러나고 있음을 알 수 있다.

3-6 진흥사의 누각
眞興寺閣 - 鳳翔八觀, 八首, 其六

(누각 위에서 멀리 바라보니) 산천과 성곽이 구불구불
멀고 멀리 같은 형세.
시장의 사람들과 까막까치
아득히 와글와글 같은 소리.

진흥사각은 얼마나 높을까

어느 분이 지었던가
누각에 몸 기대어 석양을 보내고
손을 당겨서 날아가는 별똥별 잡으려 한다.

옛날 이 누각을 짓던 해 왕언초(王彦超)는
(누각을 만들려고) 남산의 나무를 찍어 온 산이 붉게 되었다.
누각 아래 그의 초상화가 남아 있는데
무쇠 같은 얼굴에 눈매가 매섭다.

신장은 팔 구척이라
누각과 서로 높음을 다투네.
옛 사람(왕언초)이 비록 포악했을 터이나
이 사업 이룬 것을 보니 요즘 사람 놀란다.

누각에 오르는 이 숨이 헐떡거리는 데
옛날 지은 사람들 고생이야 이루 말할 수 있으랴.
어찌 보지 않는가, 이 누각을 짓던 이들
용맹스럽고 영웅스러움을.

>山川與城郭, 漠漠同一形.
>市人與鴉鵲, 浩浩同一聲.
>此閣幾何高, 何人之所營.
>側身送落日, 引手攀飛星.
>當年王中令, 斫木南山赬.
>寫眞留閣下, 鐵面眼有稜.
>身長八九尺, 與閣兩崢嶸.

古人雖暴恣,　作事今世驚.
登者尚呀喘,　作者何以勝.
曷不觀此閣,　其人勇且英.
(卷3)

- 眞興寺閣(진흥사각):『봉상지(鳳翔志)』, "진흥사각은 송(宋)의 절도사(節度使) 왕언초(王彦超)가 세웠다. 성(城)안에 있는데 높이가 10여 장(丈)이다."
- 王中令(왕중령) : 이름은 언초(彦超). 송초(宋初)에 봉상부(鳳翔府)를 맡았으며, 관직이 중서령(中書令)에 이르렀다. 태종(太宗)때 빈국공(邠國公)에 봉해지고 관직을 그만 두었다.
- 眼有稜(안유릉) : 눈매가 매섭다. 눈에 모가 나있어 사납게 보인다.

진흥사각 위에서 바라본 전망, 누각의 위용, 그리고 누각을 지은 사람들이 수고로웠음을 묘사했다.

4. 자유가 섣달 그믐날 부쳐온 시에 차운하여
次韻子由除日見寄

나는 낮은 벼슬아치로 서쪽에 파견되어
멀리 이별한 것은 별로 아까울 것 없으나
바야흐로 언제 다시 만날 것인가를 걱정하지
제야를 걱정할 여가는 없다.

억지로 즐기기엔 비록 술이 있다하나
썰렁하게 술을 마시자니 술기운도 오르지 않는다.
진(秦) 땅의 요리로는 오직 양고기 국
농(隴) 땅의 반찬으로는 곰 말린 고기가 있어 입맛을 다신다.

어릴 때 즐거움을 생각하니
손가락 꼽아보니 벌써 옛날이 되었구나.
지난 일을 지금 되새겨보면
시위 벗어난 화살처럼 도저히 따라 잡을 수 없구나.

당시를 생각하면 세사는 변해 버려
내 얻은 바는 잃어버린 것을 보상할 수 없구나.
봉상부의 나졸이 와 역귀를 쫓아버리는데
씩씩한 그 모습 멀리서 온 나그네 놀랜다.

수심이 생기는 것이 어찌 악귀가 있어서 그러랴만
수고롭지만 너도 사방의 악귀를 쫓도록 하려무나.

한매(寒梅)와 언 살구
연한 꽃받침은 보리 싹 같구나.

언제쯤이나 옥 같은 꽃술 딸 수 있을 것인가 하고
가지를 휘어잡고 가슴아파한다.
봄빛이 늦은 것은 근심하지 않고
가다보면 여름 열매 벌어지리라.

인생은 즐길 뿐이지
어찌 명성 자자함을 구하겠는가?
어찌 홀로 다정다감하여
기름이 절로 녹아 타는 것 보지 않으리?

그대가 보내준 시에 마음이 느긋해지니
그대의 뜻을 멀리서도 느낄 만하다.
아련히 그대 모습이 훤하여
마치 그대가 지척에 있는 듯하다.

이 형은 비록 낮은 관리로 있지만
다행이 지방장관을 보좌하고 있다.
관사 가까이에 북쪽 연못[北池]을 팠는데
그 가운데 푸르른 견수가 있다.

이 연못에 가서 맛좋은 술 마신다면
그래도 긴긴 날들을 보낼 수 있으리.
다만 두렵기는 쓰는 시의 힘이 약해져
건투 하더라도 잘못 지어졌으리.

시가 이루어지면 열흘이면 도착하니
누가 천리 먼 곳에 떨어졌다고 하리.
한 달에 한 편을 보내니
우수를 어찌 다 털어버리리오.

薄宦驅我西, 遠別不容惜.
方愁後會遠, 未暇憂歲夕.
強歡雖有酒, 冷酌不成席.
秦烹惟羊羹, 隴饌有熊腊.
念爲兒童歲, 屈指已成昔.
往事今何追, 忽若箭已釋.
感時嗟事變, 所得不償失.
府卒來驅儷, 豐鑠驚遠客.
愁來豈有魔, 煩汝爲攘磔.
寒梅與凍杏, 嫩萼初似麥.
攀條爲惆悵, 玉蕊何時折.
不憂春艶晚, 行見棄夏虩.
人生行樂耳, 安用聲名籍.
胡爲獨多感, 不見膏自炙.
詩來苦相寬, 子意遠可射.
依依見其面, 疑子在咫尺.
兄今雖小官, 幸忝佐方伯.
北池近所鑿, 中有汧水碧.
臨池飮美酒, 尙可消永日.
但恐詩力弱, 鬪健未免馘.

詩成十日到, 誰謂千里隔.
一月寄一篇, 憂愁何足擲.
(卷3)

주석

- 驅儺(구나) : 세모에 역귀(疫鬼)를 쫓아내는 의식을 행하다. 儺(나) : 역귀를 쫓아내다.
- 矍鑠(확삭) : 건장한 모양. 늙어서도 오히려 건장한 모양.
- 煩汝(번여) : 번거롭지만 너는. 너를 수고롭게 하지만.
- 攘磔(양책) : 희생을 찢어서 사방에 걸고 사방의 역귀를 쫓다. 『예기(禮記)』, 「월령(月令)」, "전국에 명하여 역귀를 쫓게 하고 아홉 개의 성문에서 희생을 찢어 걸고 역귀를 쫓아냄으로써 봄철을 마무리 짓게 했다(命國儺, 九門磔攘, 以畢春氣)."
- 覈(핵) : 씨 핵.
- 籍(적) : '자(藉)'와 같다. (명성이) 자자(藉藉)하다. 세상에 널리 퍼지다. 『한서(漢書)』, 「육가전(陸賈傳)」, "육가(陸賈)가 이것으로 한(漢) 조정 공신들 사이에 노닐어 명성이 (깔린 것이) 성대하였다." 왕선겸의 보주(補注)에 주수창(周壽昌)의 말을 인용하여 말했다. '자심(籍甚)은 『사기(史記)』에서는 '자성(藉盛)'이라 한다. 대체로 '자(籍)'은 곧 '자(藉)'이니, 흰 띠풀로 까는 것으로, 명성이 바탕이 되는 바를 얻어 더욱 성대하다고 말한다(賈以此游漢廷公卿間, 名聲籍甚." 王先謙補注, 引周壽昌曰 : "籍甚, 『史記』作 '藉盛', 蓋籍卽藉, 用白茅之藉, 言聲名得所藉而益盛也)."
- 依依(의의) : 그리워하는 모양.
- 方伯(방백) : 지방장관.

❋ 馘(괵) : 왼편 귀 베어 바칠 괵.

해제 아우 소철(蘇轍)이 (가우6년, 1061년) 섣달그믐에 보내온 시에 차운한 시이다. 아우에 대한 그리움, 자신이 거주하는 지방의 요리, 어린 시절 생각, 지방장관을 보좌하는 자신, 봉상부의 세시풍습 등을 묘사하고 있다. 보내는 시가 열흘 만에 도착하니 먼 곳으로 느껴지지는 않으나, 한 달에 한 번을 보내니 우수를 다 던져버릴 수가 없다고 하였다.

5. 태백산 아래에서 새벽에 길 떠나 횡거진에 이르러 숭수원 벽에 쓰다
太白山下早行, 至橫渠鎭, 書崇壽院壁

말 잔등 위에서 간밤 덜 깬 밤 꿈 이어 꾸며 졸다가
아침 해가 환히 뜬 줄도 몰랐다.
여러 개의 낮은 봉우리들은 푸른 휘장처럼 가로질러 있고
서녘에 지는 달빛에 외로운 등불이 희미하다.

분주하게 서둘러 가는 길 역참 관리 번거롭게 하고
편안하고 한가로움은 노승이 부럽네.
지난 달 왔던 이곳에 다시 노니니 옛일이 생각나서

무심코 나의 일찍이 왔던 지난 일을 기록한다.

馬上續殘夢,　不知朝日昇.
亂山橫翠幢,　落月澹孤燈.
奔走煩郵吏,　安閑愧老僧.
再遊應眷眷,　聊亦記吾曾.
(卷3)

 주석

❉ **太白山**(태백산) : 일명 태을산(太乙山)이며 진령(秦嶺)의 주봉(主峰)으로, 섬서성의 주지(周至), 미현(眉縣), 태백(太白) 등 현(縣)의 사이에 있다.

❉ **橫渠鎭**(횡거진) : 미현(眉縣)의 동쪽에 있다.

❉ **崇壽院**(숭수원) : 미현(眉縣) 동쪽 50리 횡거진(橫渠鎭)에 있다.

❉ **橫翠幢**(회취장) : 푸른 휘장이 비껴있고. 푸른 멧부리 펼쳐있고. "취장(翠幢)" : 어떤 판본에는, "취장(翠障)".

❉ **愧老僧**(괴노승) : 노승에게 부끄럽다. 노승이 부럽다.

❉ **再遊**(재유) : 작자는 이 해 2월 일찍이 일로 인해 이곳을 들르고, 3월에 다시 들렀다. 그러므로 다시 노닐었다고 했다.

❉ **眷眷**(권권) : 그리워.

❉ **聊**(요) : 무심코. 일없이. 애오라지.

해제　봉상부첨판에 재직하고 있던 27세(嘉祐7년, 1062년), 이 해는 날씨가 가물어 작자는 명을 받고 태백산에서 기우제를 지내고 도중에 이 시를 지었다.

　출발한 시간이 아주 일러서 말 위에서 졸았다. 3-4구에서는 태백산의 경치를 묘사했다. 산이 높아 또렷하게 보이지 않으므로, "취장(翠幛)"으로 비유했다. 또 "지는 달빛"이 담담하므로 "외로운 등불"로 대비시켰다. 5-6구에서는 당시의 심정을 묘사했다.(『東坡選集』)

6. 미오성
郿塢

겉옷 속에 두터운 갑옷 입고 다니던 동탁은 무엇이 두려웠으랴?
미오성 안에 값진 재물 저장해 두어 은퇴해도 믿을 곳 있었다.
결국 고금의 영웅 중에 누가 동탁과 닮았을까?
죽어서는 배꼽기름이 활활 타올라 등불조차 필요 없었다네.

　　　衣中甲厚行何懼,　塢裏金多退足憑.
　　　畢竟英雄誰得似,　臍脂自照不須燈.
　　　(卷3)

　주석

● 郿塢(미오) : 지금의 섬서성 미현(郿縣) 북쪽에 있다. 후한말(後漢末)

동탁(董卓)이 미현(郿縣)에 쌓은 작은 성채. 塢(오) : (방어용의) 작은 성채. 작은 토성.

해제 27세(嘉祐7년, 1062년)에 지었다. 후한말(後漢末)의 동탁(董卓)을 조롱한 영사시(詠史詩)이다. 간악한 재상 동탁은 자객이 두려워 옷 안에 두터운 갑옷을 입어 생명의 안전을 도모하였다. 그는 백성의 고혈을 짜서 자신의 근거지 미오성(郿塢城) 안에 모아두고, "일이 성공하면 천하에 웅거하고, 성공하지 못한다면 이곳을 지켜 늙으리라"고 공공연히 말하였다. 그러나 그는 뒷날 실패하여 장안(長安)에 시체를 드러내었는데, 때는 뜨거운 여름이라 그 뚱뚱한 몸뚱이에서는 기름이 땅에 가득 흘러 넘쳤다. 사람들은 그를 골수에 사무치도록 미워하여 그의 배꼽에다 등 심지를 박아 불을 붙여 며칠 동안이나 태웠다. 시의 3, 4구에서 '밝아서 등불을 켤 필요가 없으니 참으로 영웅답다'고 하여, 비웃고 매도하는 것이 채찍질같이 힘이 넘친다.

 이는 당시 백성의 재물을 모아들이는 관료귀족에 대한 엄중한 경고이기도 하다. 진사도(陳師道)는 "소식시가 처음에는 유우석(劉禹錫)을 배운 까닭으로, 원망과 풍자가 많다.(蘇詩始學劉禹錫, 故多怨刺)"(『後山詩話』)고 하였는데, 타당한 평이다.(王2)

7. 석비성
石鼻城

지금은 태평시대라 옛날 촉과 위가 대치하던 전쟁은 사라졌으나 언덕 위의 수자리 하는 군사들은 한가롭지 않다.
촉 땅으로 가는 북쪽 나그네는 새로운 험한 산이 시작되고
서울(수도 汴京)로 가는 촉 땅 사람 이곳에서부터는 산을 보내고 평원으로 진입한다.

홀로 몽롱한 달빛을 뚫고
서글피 아득하게 달려 흐르는 위하(渭河)를 건넌다.
점차 서남으로 진입함에 풍경은 변하니
길가의 대나무 길게 자라고 물결은 잔잔히 흐른다.

> 平時戰國今無在, 陌上征夫自不閑.
> 北客初來試新險, 蜀人從此送殘山.
> 獨穿暗月朦朧裏, 愁渡奔河蒼茫間.
> 漸入西南風景變, 道邊修竹水潺潺.
> (卷3)

 주석

❈ **石鼻城**(석비성) : 무성진(武城鎭). 견수(汧水)의 북쪽에 있고, 남쪽으로 진창(陳倉)과의 거리가 30리이다.

❂ 戰國(전국) : 교전(交戰)하는 나라. 삼국시대의 촉(蜀)나라와 위(魏) 나라를 가리킨다.

❂ 北客初來試新險, 蜀人從此送殘山(북객초래시신험, 촉인종차송잔산) : 북쪽으로부터 와서 촉(蜀)으로 들어가는 나그네는 이곳에 이르러 점차 산으로 들어간다. 그러므로 새로 험함을 시험한다[試新險]고 했다. 촉으로부터 와서 경락(京洛)으로 가는 사람은 이곳에 이르러 이미 산을 벗어나 평원으로 진입한다. 그러므로 '송잔산(送殘山)'이라고 했다.

해제 27세(嘉祐7년, 1062년), 2월에 작자는 조서를 받아, 보계(寶鷄), 괵(虢), 미(眉), 주질(盩厔) 등의 속현(屬縣)에 가서 죄수의 수감인원을 감소하기로 결정할 때의 유람을 기록한 작품이다. 석비성 일대는 삼국시대 촉(蜀)과 위(魏)의 전쟁터이다. 제갈량은 일찍이 여기서 학소(郝昭)를 포위했다.(吳夏蕭)

8. 자유의 기하 시에 차운하여, 其七, 물고기
次韻子由岐下詩, 21首, 其七, 魚

호수에 새끼 물고기를 옮겨 놓으니
갓 태어나서는 사람을 두려워하지 않더니
낚시미끼를 알고부터는

보려 해도 숨어 보이지 않는구나.

湖上移魚子, 初生不畏人.
自從識鉤餌, 欲見更無因.
(卷3)

주석

✪ **鉤餌**(구이) : 갈고리와 미끼.
鉤(구) : 끝이 꼬부라진 모양의 도구.
餌(이) : 먹이. 미끼.

해제 이는 동파가 물고기를 관찰한 결과 체득한 철리를 기록한 시이다. 새끼 물고기가 애당초는 사람을 두려워하지 않았었는데 낚시미끼에 한 번 걸렸다가 벗어난 이후부터는 사람이 자신을 보려고만 해도 도망쳐서 숨어 버린다는 것을 묘사한 시이다. 여기서 사람이 처음에 아무것도 모를 때에는 어떤 대상에 대해서도 두려움을 느끼지 않다가, 그 어떤 대상이 자신을 해쳤거나 해칠 우려가 있다는 것을 경험하고 판단하게 되면, 자신의 보호본능에 의해 그 대상은 물론 그와 동류의 것까지 피하고자 한다는 보편적 철리를 유추해 낼 수 있다.

9. 9월 20일 작은 눈발에 아우 자유를 그리며, 2수, 其一
九月二十日微雪懷子由弟, 二首, 其一

기양(岐陽) 땅 9월 되자 하늘에서 눈이 조금 내리니
쓸쓸히 올해도 다 지나가 이미 세모의 마음이 인다.
짧아진 해에 겨울나기 위한 옷 지을 다듬이 소리 빨라지고
한가한 관직이라 일이 없어 관사는 고즈넉하다.

이별 후의 근심스런 창자는 술로 녹이고
흰머리 가을되니 이미 비녀를 꽂았다.
근자엔 담비가죽 옷을 사서 변방에 나가
역마 타고 서침(西夏를 가리킴)에 가서 공 세우고 싶어라.

> 岐陽九月天微雪, 已作蕭條歲暮心.
> 短日送寒砧杵急, 冷官無事屋廬深.
> 愁腸別後能消酒, 白髮秋來已上簪.
> 近買貂裘堪出塞, 忽思乘傳問西琛.
> (卷4)

주석

❋ 岐陽(기양) : 바로 봉상부(鳳翔府)이다. 『문헌통고(文獻通考)』, "한대(漢代)에는 우부풍(右扶風)이고, 위(魏)나라는 기산(岐山)을 설치했으며, 서위(西魏)는 기양현(岐陽縣)으로 고쳤고, 당(唐)은 봉상부(鳳翔

府)"라고 했다.
- **砧杵**(침저) : 다듬이돌 침. 다듬이 방망이 저. 다듬이질하는 도구.
- **冷官**(냉관) : 공무가 적은 한가한 관직.
- **屋廬深**(옥려심) : 기윤(紀昀)은 "옥려심(屋廬深) 세 글자가 생동적이다(屋廬深三字傳神)"라고 했다.
- **傳**(전) : 역마, 역참. 고대 역참의 전용수레. 승전(乘傳)은 왕명을 받고 출장을 간다는 의미이다.
- **西琛**(서침) : 서쪽의 보옥(寶玉)이 생산되는 곳. 서하(西夏)를 지칭함. "문서침(問西琛)"은 서강(西羌)을 순시(巡視)한다는 뜻이다.『시경(詩經)・노송(魯頌)』,「반수(泮水)」, "(잘못을) 깨우친 저 회지방의 오랑캐들이, 와서 좋은 보배를 바치네(憬彼淮夷, 來獻其琛)."

해제 27세(嘉祐7년, 1062년)에 봉상(鳳翔)에서 지었다. 당시 아우 자유(子由)는 변경(汴京)에 머무르고 있었다. 눈 내리자 고즈넉한 관사에서 세모의 쓸쓸한 마음이 일자 자유와의 이별을 술로 달래며, 서쪽 변경으로 출정하여 나라를 위해 공을 세우고픈 마음을 표현하고 있다.

10. 병중에 자유가 어명을 받고도 상주에 부임하지 않기로 했다는 소식을 듣고서, 3수
病中聞子由得告不赴商州, 三首

10-1 其一

병중에 들으니 그대 상주(商州)에 가지 않기로 했다 하는데
떠도는 기러기 어느 때나 다시 정착할 것인지?
그대와 멀리 이별하니 관직이 좋다는 것도 알지 못하겠고
돌아가고픈 생각에 가는 세월 길게만 느껴진다.

글 짓는 데는 한가로운 시간이 많은 것이 정말 좋은 계책인데
난 벼슬길 따라 공을 이룸 없이 부질없이 고향만 떠났구나.
오직 서울[수도 汴京]이 은거하기 가장 좋은 곳이라
바다같이 많은 사람 속에 한 몸 숨기고 있거라.

病中聞汝免來商, 旅雁何時更著行.
遠別不知官爵好, 思歸苦覺歲年長.
著書多暇眞良計, 從官無功漫去鄕.
惟有王城最堪隱, 萬人如海一身藏.
(卷4)

- 商州(상주) : 비록 산서서도(山西西道)에 속하긴 하나 봉상(鳳翔)의 동남쪽에 있다.

해제 아우 자유가 상주추관(商州推官)의 임명장을 받고도 부임하지 않았다는 소식을 듣고, 서울[汴京]이 은거할 좋은 곳이니 많은 사람들 가운데 몸을 숨기고 있으라고 당부하고 있다.

10-3 其三

벼슬을 사직하고 조정에 나가지 않은 본뜻 누가 알리요
감히 맑은 세상에 지위가 낮은 것을 원망하다니.
만사 시름을 유유히 한 잔 술에 부치고
흐르는 세월 빨리도 흘러 수염도 서리처럼 희어진다.

그대가 대책(對策)으로 세상을 거슬렀기에 사람들이 그대를 꺼리는 것
『역경(易經)』은 번민을 잊는 것으로 부친이 지으신『역전(易傳)』이 있다네.
이외에 마음을 알아줄 이 다시 누가 있으랴.
꿈속에 혼이 찾아가지만 자꾸 어긋난다.

　　　辭官不出意誰知, 敢向淸時怨位卑.

萬事悠悠付杯酒, 流年冉冉入霜髭.
策曾忤世人嫌汝, 易可忘憂家有師.
此外知心更誰是, 夢魂相覓苦參差.
(卷4)

- **冉冉**(염염) : 세월이 점점 흘러가는 모양.
- **策曾忤世人嫌汝**(책증오세인혐여) : 네가 지난번 과거시험의 대책(對策)에서 강직하게 썼기에 세상 사람들이 너를 꺼리는 것이다. 대책(對策)은 옛날 과거 응시자가 황제의 물음에 대답한 치국(治國)에 관한 책략이다.
- **家有師**(가유사) : 집에 스승이 있다. 부친 소순(蘇洵)이 지은 『역전(易傳)』이 있다는 것이다.
- **參差**(참치) : 어긋나다.

해제 소철(蘇轍)이 이미 임명된 벼슬 상주추관(商州推官)에 나아가지 않고 변경(汴京)에 머무르게 된 것은 경사(京師:首都 汴京)에서 예서(禮書)를 수찬(修撰)하고 계신 부친 소순(蘇洵)을 시봉하기 위해서이기도 하지만 관직의 지위가 낮은 점에도 그 원인이 있다. 동파는 자유(子由)가 지난번 과거시험의 대책(對策)에서 강직하게 자신의 견해를 표현하였기에 세상 사람들이 그를 꺼리는 것이라고 하고 있다. 깊은 형제애가 드러나고 있다.

11. 세모에 서로 선물을 보내고 문안드리는 것을 '궤세(饋歲)'라 하고, 술과 음식을 차려 놓고 서로 초청하는 것을 '별세(別歲)'라 부르며, 섣달 그믐밤에 새해 아침까지 잠을 자지 않고 밤을 새우는 것을 '수세(守歲)'라 한다. 촉 지방의 풍속이 이와 같다. 내가 기하(岐下)에서 관직에 있어 세모에 고향에 돌아가고프나 갈 수 없으므로, 이 세 수의 시를 아우 자유에게 부친다.

歲晚, 相與饋問爲饋歲, 酒食相邀呼爲別歲, 至除夜達旦不眠爲守歲. 蜀之風俗如是. 余官於岐下, 歲暮思歸而不可得, 故爲此三詩, 以寄子由.

11-1 세모 선물
其一, 饋歲

가을 추수 이미 모두 거둬들였으니
설 쇠는 일 서로 돕는다.
즐거움을 누리는 데는 남을 따르지 못할까 두렵고
세모 선물하는 데는 값의 고하를 논하지 않는다.

산과 냇물에서 각기 생산된 것을 선사하고
가난하면 적게 부유하면 걸맞게 크게 한다.

(내 받은 선물을 보니) 소반에는 큰 잉어가 벌려져 있고
대바구니 열어보니 한 쌍의 토끼가 누워있다.

부자는 사치함을 일삼아
오색 수놓은 비단의 광채가 방안에 빛나고
가난한 자는 그렇게 못함을 부끄러이 여기어
방아 찧고 맷돌로 갈아 정성스레 만든 떡으로 작으나마 세모선물 삼네.

나는 관사에 거주하니 친구 적어 쓸쓸한데
마을 골목마다 설을 지내느라 붐빈다.
내 고향 풍습을 들어 기록하고자 하여
시 지어 홀로 노래하나 화답하는 이 없다.

> 農功各已收, 歲事得相佐.
> 爲歡恐無及, 假物不論貨.
> 山川隨出産, 貧富稱小大.
> 寘盤巨鯉橫, 發籠雙兎臥.
> 富人事華靡, 綵繡光翻座.
> 貧者愧不能, 微摯出舂磨.
> 官居故人少, 里巷佳節過.
> 亦欲擧鄕風, 獨唱無人和.
> (卷4)

 주석

● 岐下(기하) : 기산(岐山)의 아래. 곧 봉상(鳳翔)을 가리킨다.

❁ 農功(농공) : 농사일.

❁ 歲事(세사) : 설 쇠는 일. 세시(歲時). 일년 가운데 해야 할 일. 여기서는 특히 세모선물을 준비하는 것을 가리킨다.

❁ 假物(가물) : 물건을 비는 데는. 물건을 선사하는 데는.

❁ 稱(칭) : 걸맞다.

❁ 寘(치) : 둘 치. 치(置).

❁ 翻(번) : 빛나다.

❁ 微摯出舂磨(미지출용마) : 조그마한 폐백으로는 정성스레 만든 음식(떡)을 해서 내왔다. 가난한 자는 자그마한 선물로 스스로 절구질하고 맷돌로 갈아서 만든 떡 같은 음식을 해서 내 왔다.
摯(지) : 폐백. 지(贄). 세모선물.

해제 이 시는 27세(嘉祐7년, 1062년)때, 세모에 지었다. 왕수조(王水照)는 26세(嘉祐6년, 1061년) 세모에 지었다고 하였다(이하, 2수 동일). 동파는 섬서성 봉상(鳳翔)에서 연작시「궤세(饋歲)」, 「별세(別歲)」, 「수세(守歲)」 등 「세만(歲晩)」3수를 지었다. 「饋歲」는 연말에 서로 선물을 주고받으며 인사하는 것이고, 「別歲」는 남을 초청해 제야에 음식을 먹는 것이고, 「守歲」는 제야에 잠을 자지 않고 송구영신(送舊迎新)하는 것이다. 이는 모두 촉(蜀)지방의 풍속이다. 동파는 이를 시제로 삼았는데, 바로 고향 생각을 시로 기록한 것이다. 이 시 「饋歲」에서는 세시(歲時)의 두 가지 서로 다른 선물을 통해, 빈부의 차이가 현격한 사회현상을 반영하고 있다.(王王)

11-2 묵은 해를 보내다
其二, 別歲

친구가 천리 길을 가는데
이별에 임해서는 아직도 머뭇머뭇하네.
사람이 떠나면 그래도 돌아올 수 있건만
한 해(歲)가 가면 어찌 쫓을 수 있을까.

해(歲)에게 묻노니 '어디로 가나요?'
'멀리 하늘 끝에 있네.'
이미 동쪽으로 흐르는 물을 따라
바다로 가니 돌아올 기약 없네.

동쪽 이웃엔 술이 막 익었고
서쪽 이웃엔 돼지도 토실토실 살쪘네.
짐짓 하루 즐거움을 만들어
한 해가 사라지는 슬픔을 위로해 본다.

지난해와 이별한다고 슬퍼 말게나.
장차 새해와도 작별할 것을.
가고 가서 뒤돌아보지 말게나
곧 그대도 늙고 쇠잔하게 되리니.

   故人適千里, 臨別尙遲遲.
   人行猶可復, 歲行那可追.
   問歲安所之, 遠在天一涯.

已逐東流水,　赴海歸無時.
東鄰酒初熟,　西舍彘亦肥.
且爲一日歡,　慰此窮年悲.
勿嗟舊歲別,　行與新歲辭.
去去勿回顧,　還君老與衰.
(卷4)

- 行(행) : 곧. 금방. 장차.
- 還(환) : 곧. 즉석.

해제　27세(嘉祐7년, 1062년)에 지었다. 먼저 사람의 이별과 세월의 흐름을 대비시키면서 세월의 흐름을 부각시키고 있다. 즉 사람과의 이별은 순환적이기에 다시 돌아와 만날 수 있는 가능성이 있지만, 이에 반해 세월의 흐름은 한번 가면 돌아올 수 없는 일회성・불가역성(不可逆性)적인 것으로 파악하고 있다. 그리하여 세모 하루를 술 마시고 고기를 먹으며 즐김으로써 일회성의 세월에 대한 비애를 위로하고 있다. 시간의 흐름은 당위적이다. 사라지는 현재의 시간에 대한 애착은 현실에 충실하라는 당부로 나타나고 있다. 세월은 빨리 흘러가 버려 인생은 곧 늙어지게 마련이니 이미 흘러가 버린 지난날은 뒤돌아보지 말고 닥쳐오는 현실에 충실하라고 한다. 전반적으로 이 시는 감정이 절제되고 있으며 이취(理趣)를 풍기고 있다.

11-3 밤을 새워 새해를 맞이하다
其三, 守歲

저물어 가는 한 해[年]를 알려고 한다면
골짜기로 달려 들어가는 뱀을 보라.
뱀의 긴 몸 절반이 이미 들어가 사라졌는데
들어가려는 뜻 뉘라서 막을 손가.

하물며 그 꼬리를 붙잡아 매고자 한다면
아무리 애를 써도 어찌할 수 없다.
아이들은 억지로 잠들지 않고
밤새우며 서로들 시끌벅적 떠들어댄다.

새벽닭아, 꼬끼오 울어대지 말라
오경 북을 치면 또 한 해가 갈 것이 두렵다.
오래도록 앉아 있으니 등잔심지 다 타 들어가고
일어나 기울어 가는 북두칠성을 바라본다.

내년에 어찌 또 한 해가 없으랴만
마음에는 때를 놓칠까 두려워라.
노력하여 오늘 밤 잘 보내야지.
젊은 시절은 오히려 자랑할 만한 것이네.

    欲知垂盡歲, 有似赴壑蛇.
    修鱗半已沒, 去意誰能遮.
    況欲繫其尾, 雖勤知奈何.
    兒童强不睡, 相守夜讙譁.

晨雞且勿唱,　更鼓畏添撾.
坐久燈爐落,　起見北斗斜.
明年豈無年,　心事恐蹉跎.
努力盡今夕,　少年猶可誇.
(卷4)

 주석

❀ 守歲(수세) : 구정 전날, 즉 섣달그믐을 말한다. 한 해의 마지막을 마감하기 위해서 날을 세는 풍속이 있다.
❀ 赴壑蛇(부학사) : 골짜기로 달려 들어가는 뱀.
　壑(학) : 골짜기.
❀ 修鱗(수린) : 긴 뱀의 몸. 긴 비늘.
❀ 蹉跎(차타) : 기회를 잃다. 시기를 놓치다. 시간을 헛되이 보내다.

해제　27세(嘉祐7년, 1062년)에 지었다. 골짜기로 들어가는 뱀의 형상을 세모에 비유하여 '사라짐'의 시간성에 대한 강렬한 애착을 부각시키고 있다. 특히 빨리 지나가는 시간을 잡을 수 없다는 것을, 골짜기로 들어가는 뱀으로 비유하고 있다. 이는 긴박감과 동태성을 강렬하게 느끼게 하는 탁월한 수법이다. 자신의 생활경험 속에서 세밀한 관찰력을 절묘한 비유의 형태로 발현시킨 것이다. 1-4구에서 세월은 흐르는 물 같다는 등의 평범한 비유는 배제되고, 서둘러 골짜기로 들어가는 뱀과 같다는 독창적인 비유를 쓰고 있어 이채를 띤다. 한 해도 다 지나가는 제야, 새벽닭이 울어 오경 북 치길 재촉하면, 또 한 해가 지나갈까 두려워 지금 밤이라도 아껴서 보내고자 하는 마음이 표현되고 있다.

12. 자유의 답청시에 화답하여
和子由踏青

봄바람이 밭에 불어 가벼운 먼지 일으키니
놀이꾼은 처음으로 새봄의 경치를 즐긴다.
사람들이 한가로운 시절이라 바로 길가에서 술 마시길 좋아하고
어린 보리 싹은 놀이꾼의 수레바퀴 두려워 않는다.

성에 사는 사람은 성곽에 싫증나서
새벽에 시끄럽게 야외로 나가니 사방이 고요하다.
노랫소리 북소리 산을 놀래게 해 초목이 진동하고
도시락밥을 들판에 흩으니 까마귀 솔개가 즐겨 먹는다.

어떤 사람이 사람들을 모아 도인이라 칭하고는
길을 막고 부적을 팔며 큰소리친다.
"누에가 알맞아 네 고치 크기가 항아리 만하게 하고
가축이 잘 되게 하여 네 양이 사슴 만하게 한다."

길가는 사람들 반드시 이 말 믿는 것은 아니지만
억지로 부적을 사서 복종하고 새 봄을 기도한다.
도인은 돈을 받자 곧장 술을 사서 마시고
취해 쓰러지며 스스로 '내 부적이 신통하구나'라 한다.

　　　　東風陌上驚微塵,　遊人初樂歲華新.

人閑正好路傍飮, 麥短未怕遊車輪.
城中居人厭城郭, 喧闐曉出空四鄰.
歌鼓驚山草木動, 簞瓢散野烏鳶馴.
何人聚衆稱道人, 遮道賣符色怒嗔.
宜蠶使汝繭如甕, 宜畜使汝羊如麇.
路人未必信此語, 強爲買服禳新春.
道人得錢徑沽酒, 醉倒自謂吾符神.
(卷4)

주석

◎ 踏靑(답청) : 답청. 봄날 청명절을 전후하여 교외로 나가 산보하며 즐기는 것. 청(靑)은 푸른 풀을 말함.

◎ 歲華(세화) : 세시(歲時). 지난해가 지나가고 새해가 오므로 "세화신(歲華新)"이라고 하였다.

◎ 宜蠶使汝繭如甕, 宜畜使汝羊如麇(의잠사여견여옹, 의축사여양여균) : 이 두 구절은 부적을 파는 도인(道人)의 신춘축사(新春祝詞)이다.

해제 28세(嘉祐8년, 1063년)에 봉상(鳳翔)에서 지었다. 자유(子由)의 「기세수향속기자첨2수(記歲首鄕俗寄子瞻二首)」, 其一, 「답청(踏靑)」시에 화답한 시로, 답청날의 떠들썩한 장면을 묘사하고 있다.

처음 2구는 먼저 새봄을 묘사하여 "답청"의 분위기를 부각시키고 있다. 왜냐하면 답청은 인일(人日 : 정월 초이렛날)로서 바로 새해가 지나는 시절이기 때문이다. 5-8구에서는 답청의 떠들썩한 모습을 형상적으로 묘사하고 있다. 후반부에서는 답청 날에 만난 도인(道人)이 부적을 파는 이야기를 묘사하고 있다. "누에가 항아리 만하게 하고", "양이 사슴 만하게 하라"는 말을 길가는 사람들은 믿지 않았건만, 그들은 신춘의 상서로움을 위해 부적을 사도 무방하다고 여기어 산다. 도인의 취한 모습은 일품이어서, 비록 허풍이지만 자못 해취(諧趣)가 풍부하다.(『東坡選集』)

자유(子由)의 「답청시서(踏靑詩敍)」에, "미주(眉州)의 동남쪽 수십 리에 산이 있는데, 마두(蟆頭)라고 한다. 산 위에는 정자와 소나무, 대나무가 있고, 산 아래에는 큰 강에 임하고 있다. 매년 정월 인일(人日)에는 남녀가 서로 더불어 강가에서 유희하고 술을 마신다. 그것을 답청이라고 한다(眉之東南十數里, 有山曰蟆頭, 山上有亭榭松竹, 山下臨大江. 每正月人日, 士女相與遊嬉飮酒於其上, 謂之踏靑也)."라 했다.

13. 자유의 「누에시장[蠶市]」 시에 화답하여
和子由蠶市

촉(蜀) 사람들 살림살이 언제나 고달프고 어렵지만
촉 사람들 놀이 나가서는 돌아올 줄 모른다.
천 사람이 씨 뿌리면 만 사람이 먹고사니
고생스러운 일 년 가운데 봄 한철에 잠시 한가롭다.

한가로운 봄날에는 누에를 팔러 시장에 가서
고생을 잊고는 함께 즐겁게 노닌다.

작년 서리 내릴 때 가을 갈대 베어다가
금년 누에 잠박대 이어진 산처럼 쌓여있다.

깨진 바가지 쪼가리로 만든 바퀴와 흙 가마솥은
너도나도 다투어 사려고 하자 황금이나 비단보다 값이 비싸다.
옛날 생각하면 당시 그대와 나 모두 총각머리 하고
해마다 책을 덮어두고 뛰어 달리며 시장 구경했었지.

시장 사람은 서로들 교묘한 장삿속 다투어 짜내니
시골 사람은 어리벙벙 번번이 그 속임수에 넘어갔지.
보내온 그대의 시를 보니 옛 생각이 나는데
고향 떠난 것이 슬픈 것이 아니라 세월 흘러간 것이 슬프다네.

蜀人衣食常苦艱,　蜀人遊樂不知還.
千人耕種萬人食,　一年辛苦一春閑.
閑時尚以蠶爲市,　共忘辛苦逐欣歡.
去年霜降斫秋荻,　今年箔積如連山.
破瓢爲輪土爲釜,　爭買不啻金與紈.
憶昔與子皆童丱,　年年廢書走市觀.
市人爭誇鬪巧智,　野人喑啞遭欺謾.
詩來使我感舊事,　不悲去國悲流年.
(卷4)

주석

● 箔(박) : 잠박(蠶箔). 누에를 치는데 쓰는 채반.
● 破瓢爲輪(파표위륜) : 깨진 바가지 쪼가리로 만든 바퀴. 고치실을 켜는

도구.
❋ **土爲釜**(토위부) : 흙으로 가마솥을 만들다. 흙 가마솥. 고치를 삶을 때 필요한 도구.
❋ **爭買不啻金與紈**(쟁매불시금여환) : 너도나도 서로 사려고 하자 값이 금이나 비단보다 비싸다. 啻(시) : 뿐 시. '不'와 '何' 등과 함께 쓰여, '다만 …… 뿐만 아니다'. '…… 에 그치지 않다'라는 뜻으로 쓰인다.
❋ **去國**(거국) : 고향을 떠나다.

> **해제** 28세(嘉祐8년, 1063년)에 봉상(鳳翔)에서 지었다. 동파가 아우의 시「기세수향속기자첨, 2수(記歲首鄕俗寄子瞻, 二首)」, 其二, 「잠시(蠶市)」를 받고 이에 화답한 시이다. 잠시(蠶市)는 정월 人日(정월 7일)에 열리는 누에 시장이다. 당시의 시는 멀리 떨어진 사람과의 편지의 구실도 하였었다. 그 시로 인해 동파는 고향의 시장에서 천진난만하게 뛰어 놀던 어린 시절 교묘한 장사치와 순박한 농민의 모습을 추억하며 더욱 간절하게 세월이 빨리 흐름을 토로하고 있다.

14. 보계현의 사비각에 쓰다
題寶雞縣斯飛閣

서남쪽 고향으로 돌아가는 길 멀리 바라보니 이내 심사 쓸쓸한데
누각 난간에 기대서니 어느새 혼이 고향으로 날아감을 어찌할

수 없다.
아득한 너른 들판에 소와 양들 기러기와 따오기처럼 작게 보이고
하늘은 광활하여 먼 산의 초목이 구름하늘과 맞닿았다.

어슴푸레 물 기운이 산록을 덮어 뿌연 안개 같고
화창한 봄바람은 산들산들 보리 싹을 흔든다.
누가 나로 하여금 벼슬 좋아해 경솔히 고향을 떠나게 했던가
이내 신세 산중에서 고기 잡고 나무하며 늙어갈 계책이 없어라.

西南歸路遠蕭條,　倚檻魂飛不可招.
野闊牛羊同雁鶩,　天長草樹接雲霄.
昏昏水氣浮山麓,　泛泛春風弄麥苗.
誰使愛官輕去國,　此身無計老漁樵.
(卷4)

주석

- 寶雞縣(보계현) : 지금의 섬서성 보계시(寶雞市).
- 斯飛閣(사비각) : 누각 이름. 지금의 보계 서남쪽에 있다.
- 西南歸路(서남귀로) : 동파는 사천(四川) 사람이며, 사천(四川)은 섬서성의 서남쪽에 있다. 그러므로 서남으로 돌아가는 길이라고 했다.
- 不可招(불가초) : 가히 부르지 못하겠다. 불러들일 수 없다.
- 昏昏(혼혼) : 어두운 모양. 몽롱하다.
- 山麓(산록) : 산기슭. 산록. 산의 아랫부분.
- 泛泛(범범) : 살랑살랑. 화창한 모양. 한들한들. 산들산들.
- 去國(거국) : 고향을 떠나다.

> **해제** 27세(嘉祐7년, 1062년)에 지었다. 왕문고(王文誥)는 28세(嘉祐8년, 1063년)에 지었다고 했다. 봄날 사비각에 올라 멀리 고향 길 바라보니 그리운 정이 뭉클 일지만 고향에 돌아가지 못하는 서글픔이 엿보인다. 수미(首尾)가 호응하고 구조가 완정(完整)하다. 3-6구는 높은 곳에 올라 멀리 바라보는 특징을 잘 표현하여 마치 그 경지에 이른 느낌을 갖게 한다.(王王)

15. 내가 장차 종남산의 태평궁 계당으로 가서 도가서를 읽고자 한다는 이야기를 듣고 쓴 자유의 시에 화답하여
和子由聞子瞻將如終南太平宮溪堂讀書

명예에 종사하려니 너무 부지런해 몸을 아끼지 않고
목숨을 바침은 이미 너무 구차하다.
나는 진실로 어리석고 재주 없어
몸과 명예에 대해 한 짓이 다 무모하다.

애당초 신언서판(身言書判)의 과거시험을 봐서 관리 일을 배웠더니
근자에는 또 죄수 문죄를 맡았다.
다만 지금 마땅히 해야 할 것만 아는데

감히 지난 날 행한 것을 묻노라.

선비는 바야흐로 벼슬을 얻지 못했을 때
오직 그것을 얻지 못했음을 근심하고
이미 얻고 나면 또 잃을 것을 근심하니
이 마음 아득하여 거둬들이기 어렵구나.

비유컨대 갈 길 고달픈 나그네가
도중에 맑은 샘물 만나면
티끌 먼지 비록 떨쳐버리지 못할 지라도
잠깐 쉬어 한 번 양치질할 수 있다네.

남쪽 시냇물 거닐려 하니
봄새들 비로소 지저귄다.
공무에 바빠 오래도록 떠나길 결단 못했더니
어느새 이미 가을이 되었다.

인종황제 돌아가셔서 장사지내는 일 박두하여
인력을 차출하느라 부(府)와 현(縣)이 모두 바쁘다.
천자의 일에 뉘라서 감히 하소연 하리오 마는
백성이 수고로우면 관리는 마땅히 부끄러운 법이라.

중간에 가뭄을 만나니
비둘기가 울어 비 오게 하는 것을 배우고자 했다.
재목을 천 명의 인부가 끌고 가는데
열 발자국 가는데 여덟아홉 번 쉰다.

위수(渭水)는 바짝 말라 진흙조차도 없어

돌을 꽂고 진흙을 메워 방죽을 만들었네.
음식을 대해 배를 채우기에도 너무 부족하니
어느 겨를에 다른 일 하겠는가.

요즘은 가을비 충분히 내려
공무의 여가에 새 술 담아 마셔본다.
수고로운 고생 다행히 이미 지나가고
자질이 둔한 나는 일 맡을 자격 못된다.

가을바람은 산들산들 불어 모자를 날리려 하니
서쪽 언덕에서 노닐 만하다.
잠시 하루의 즐거움을 찾아 실컷 즐김으로써
백일 동안의 근심을 씻어버린다.

```
役名則已勤,   徇身則已媮.
我誠愚且拙,   身名兩無謀.
始者學書判,   近亦知問囚.
但知今當爲,   敢問向所由.
士方其未得,   惟以不得憂.
旣得又憂失,   此心浩難收.
譬如倦行客,   中路逢淸流.
塵埃雖未脫,   暫憩得一漱.
我欲走南澗,   春禽始嚶呦.
鞅掌久不決,   爾來已徂秋.
橋山日月迫,   府縣煩差抽.
王事誰敢愬,   民勞吏宜羞.
```

中間罹旱暵, 欲學喚雨鳩.
千夫挽一木, 十步八九休.
渭水涸無泥, 菑堰旋插修.
對之食不飽, 餘事更遑求.
近日秋雨足, 公餘試新篘.
劬勞幸已過, 朽鈍不任鎪.
秋風欲吹帽, 西阜可縱游.
聊爲一日樂, 慰此百日愁.
(卷4)

주석

⊙ **如**(여) : 가다.

⊙ **太平宮**(태평궁) : 상청태평궁(上淸太平宮). 도관(道觀)의 이름.

⊙ **讀書**(독서) : 책을 읽다. 여기서는 도가서[道藏]를 읽는다는 것을 가리킴. 동파에게는 별도로 「독도장(讀道藏)」 시가 있다.

⊙ **役名則已勤, 徇身則已媮**(역명즉이근, 순신즉이투) : 명예에 종사하니 너무 부지런하고(몸 아끼지 않고). 이름[명예]에 부지런하니 뼈가 부서질 것 같고, 공(功)에 따르려니 구차함에 흐른다.

徇(순) : "순(殉)"과 통함. 어떤 판본에는, "순(殉)".

⊙ **始者學書判**(시자학서판) : 당시 동파는 봉상부(鳳翔府)에서 첨판(簽判)을 맡고 있었다. 『당서(唐書)』, 「선거지(選擧志)」, "인재를 선발하는 방법에는 모두 네 가지가 있다. 첫째, 신체이니, 신체가 얼마나 우람한가를 말하고, 둘째, 말이니, 말이 옳고 그름을 분별하는 것을 말하고, 셋째, 글씨이니, 글씨가 얼마나 힘이 있고 아름다운가를 말하고, 넷째, 판단력이니, 문리가 얼마나 뛰어났는가를 말한다."

✪ 近亦知問囚(근역지문수) : 동파는 일찍이 명을 받아 봉상부 관할의 현(縣)에 가서 수감자들을 문죄하였다.

✪ 士方其未得(사방기미득) 4구 : 당시 동파는 상관인 봉상지부(鳳翔知府) 진희량(陳希亮)과 화목하지 않아서 탄핵을 받았다. 그러므로 이 관직을 얻을 것을 근심하고 잃을 것을 근심하는 탄식이 있었다.

✪ 鞅掌(앙장) : 번거롭고 바쁘다. 공무가 분망하다.

✪ 橋山日月迫(교산일월박) : 이 해 3월, 인종(仁宗)이 죽어, 10월에 영소릉(永昭陵)에 장사지냈다. 부(府)와 현(縣)에서는 장사지내는 일 때문에 출장이 있었다.
橋山(교산) : 『사기(史記)』, 「오제본기(五帝本紀)」, "황제가 붕어하자, 교산에 장사지냈다(黃帝崩, 葬橋山)." 후에 황제의 죽어 장사지내는 것을 '교산(橋山)'이라고 했다.

✪ 旱暵(한한) : 가뭄.

✪ 喚雨鳩(환우구) : 비오기를 바랬다. 진(晉) 이석(李石), 『속박물지(續博物志)』권2, "저녁에 비둘기가 울면 곧 작은 비가 내린다(暮鳩鳴, 卽小雨)."

✪ 菑堰(치언) : 세울 치. 방죽 언. 석치(石菑). 강둑을 막는 것의 일종으로, 돌로 된 틀에다가 흙으로 메워서 그 작업을 한다.

✪ 新篘(신추) : 새 술. 새로 빚은 술.
篘(추) : 술을 뜨거나 장을 거두는데 쓰는 기구. 술 거르는 그릇. 대나무로 만들었다.

✪ 鎪(수) : 아로새길 수. 조각하다.

✪ 欲吹帽(욕취모) : 어떤 판본에는, "박취모(迫吹帽)".

✪ 慰(위) : 위로하다. 달래다. 씻어버리다.

✪ 百日愁(백일수) : 어떤 판본에는, "백년수(百年愁)".

해제 28세(嘉祐 8년, 1063년)에 지었다. 동파가 장차 종남산의 태평궁 계당으로 가서 도가서를 읽고자 한다는 이야기를 듣고 쓴 아우 자유의 시에 화답한 시이다. 명예에 부지런하니 뼈가 부서질 것 같고, 공(功)에 따르려니 구차함에 흐른다. 이어서 당시 상관인 봉상지부(鳳翔知府) 진희량(陳希亮)과의 갈등을 표현하고 있다. 인종황제의 붕어로 장사지내는 일에 인력을 차출하느라 바빴다. 잠시 한가로움을 타서 술을 담아 마시며, 백일동안의 근심을 씻어버리고자 한다. "백성이 수고로우면 관리는 마땅히 부끄러운 법이라"에서는 투철한 관리정신이 표명되어 있다.

16. 부풍의 천화사
扶風天和寺

(천화사에 올라) 멀리 바라보니 훌륭하구나, 이 경치
붉은 난간과 푸른 기와가 개천 위에 서 있다.
잠시 한 번 발을 멈추고
또 백 번이나 이리저리 고개 돌리며 굽어본다.

개천 물이 줄어드니 산석(山石)이 드러나고
티끌 먼지 일어 시가지 누각은 어둑어둑 보이지 않는다.
바람이 부는데서 긴 휘파람 불지 마라
그윽하게 퍼지는 소리 거둘 수 없구나.

遠望若可愛,　朱欄碧瓦溝.
聊爲百駐足,　且慰百回頭.
水落見山石,　塵高昏市樓.
臨風莫長嘯,　遺響浩難收.
(卷4)

주석

❁ 天和寺(천화사) : 부풍현(扶風縣)의 남산에 있다.
❁ 聊爲一駐足, 且慰百回頭(요위일주족, 차위백회두) : 이 두 구는 오르기가 쉽지 않음을 말하고 있다.

해제　높은 곳에 있어 오르기가 어려운 부풍의 천화사에 올라서 본 경치를 묘사하고 있다.『봉상지(鳳翔志)』에, "이 시의 석각(石刻)은 부풍현 남산 마원사에 있다. 선생이 스스로 그 뒤에다, '계묘년 9월 16일, 가족을 이끌고 와서 놀다. 미산 소식이 쓰다'라고 써 놓았다(此詩石刻, 在扶風縣南山馬援祀中. 先生自題其後云, 癸卯九月十六日, 挈家來遊. 眉山蘇軾題)."라고 되어 있다.

17. 12월 14일 밤, 눈이 조금 내렸는데, 그 다음날 새벽 남계로 가 술을 조금 마시고 저녁까지 늦어졌다
十二月十四日夜, 微雪, 明日早, 往南溪, 小酌至晩

남계에서 내리는 눈 맞으니 참으로 무한한 가치가 있구나
말 타고 달려가 보니 아직도 눈이 녹지 않았다.
홀로 개암나무 숲 헤치고 사람 발자국 찾아
아무도 밟지 않은 첫새벽 눈길 주교(朱橋)를 지난다.

뉘라서 집이 허물어져 갈 곳 없는 백성의 신세를 불쌍히 여기랴
마을 사람들 배고파 가만히 말할 기운도 없음을 즉시 깨닫네.
오직 저녁 갈가마귀 만이 나그네 뜻을 아는 듯
놀래 푸드덕 날아가니 설화(雪花) 천 조각이 찬 나뭇가지에서 떨어진다.

> 南溪得雪眞無價, 走馬來看及未消.
> 獨自披榛尋履迹, 最先犯曉過朱橋.
> 誰憐屋破眠無處, 坐覺村飢語不囂.
> 惟有暮鴉知客意, 驚飛千片落寒條.
> (卷4)

 주석

✪ 無價(무가) : 무한한 가치가 있다.

❂ **誰憐屋破眠無處**(수련옥파면무처) : 두보(杜甫)의 시 「초가집이 가을 바람에 부서진 것을 노래함(茅屋爲秋風所破歌)」의 다음 구절을 사용하고 있다. "천장에 비 새어 침대엔 마른자리 없건만, 장대 같은 빗방울 그칠 줄 모른다. 난리 겪어 잠마저 이룰 수 없는데, 긴 밤비에 젖어 언제쯤이나 날이 샐까 기다린다(牀頭屋漏無乾處, 雨脚如麻未斷絶. 自經喪亂少睡眠, 長夜沾濕何由徹.) 여기에서는 두보의 시구를 그대로 빌려 "누가 불쌍히 여기랴"며 반문하고 있다.

❂ **坐覺村飢語不囂**(좌각촌기어불효) : 두목(杜牧)의 「서울(京)에 가다가 처음으로 변구에 들어, 새벽 경치를 즉흥적으로 짖다(赴京初入汴口, 曉景卽事)」에서의 "못은 너르나 새는 늦게 날아오고, 마을에는 기근이 들었으나 사람 말소리는 이르다(澤闊鳥來遲, 村飢人語早)"를 사용하고 있다. 여기에서는 두목의 시구를 역용(逆用)하고 있다.

❂ **千片**(천편) : 분분히 날리는 눈 조각.

해제 28세(嘉祐8년, 1063년) 12월 14일에 지었다. 밤눈이 내리는데 동파는 흥이 일어, 다음날 새벽 남계로 가 눈을 감상하고 술 마시며 종일 서성이다가, 집이 부서지고 배고픔에 허덕이는 민가의 모습을 보고는 흥이 떨어진다. 저녁 갈가마귀 만이 작자의 흥을 돋운다. 시에서 맑고 그윽한 가운데 황량한 현실을 묘사하고 있다.(王王)

18. 서예를 논한 자유의 시에 차운하여
次韻子由論書

나는 비록 붓글씨를 잘 쓰지는 못하나
붓글씨를 알기로는 나만한 이 없으리라.
진실로 붓글씨의 참 뜻을 통할 수 있다면
배우지 않았다고 해도 항상 가하다고 하겠다.

서시(西施)는 용모가 아름다워도 얼굴에 찡그림 있었으니
옥(玉)이 아름답다면 타원형인들 어떠리.
글씨는 바르고 장엄하면서도 유려함이 섞이고
강건한 곳에 날씬한 점이 포함되어야 한다.

나는 붓글씨를 좋아하지만 매양 내 자신을 비웃는데
유독 그대만 (붓글씨를) 치우치게 좋아하는 것도 아니네.
나는 붓글씨가 이루어지면 문득 버리니
잘못된 것은 옆 사람이 주워 가기도 한다.

글씨의 필세는 본래 활달하고 웅건 해야 하지만
마무리부분은 세미하게 써야 하는 것이라.
그대의 시에선 나를 잘 쓴다고 추켜 주니
그 말이 무거워 내 감히 감당하지 못하겠구나.

난 근래에 또 활쏘기를 배우는데
힘이 약해서 관청의 활시위를 다 당길 수 없다.

좋아하는 것이 많으면 필경 성공하지 못하고
정밀하지 않으면 많아도 소용없는 것.

언젠가는 붓글씨와 활을 모조리 버려서
만사 게으르게 지낼 수 있으랴.
내가 들으니 옛날의 서법은
필세가 웅건한 천리마와 같은 서법이
우둔하지만 손에 익은 절룩말과 같은 서법만 못하다.

(그러나) 세속의 필법은 매우 교만하여
무리 가운데 억지로 형체만 높이 괴이하게 만들었다.
종요(鍾繇)와 장지(張芝)같은 신필(神筆)이 홀연 이미 멀어졌으니
이 말은 현 시대에는 어긋난다.

吾雖不善書, 曉書莫如我.
苟能通其意, 常謂不學可.
貌姸容有矉, 璧美何妨楕.
端莊雜流麗, 剛健含婀娜.
好之每自譏, 不獨子亦頗.
書成輒棄去, 謬被旁人裹.
體勢本闊落, 結束入細麽.
子詩亦見推, 語重未敢荷.
爾來又學射, 力薄愁官笴.
多好竟無成, 不精安用夥.
何當盡屛去, 萬事付懶惰.
吾聞古書法, 守駿莫如跛.

世俗筆苦驕,　衆中强覓奴.
鍾張忽已遠,　此語與時左.
(卷5)

- **貌姸容有矉**(모연용유빈) : 모습이 아름다워도 얼굴에 찡그림이 있었으니. 『莊子·天運』, "옛날 서시는 가슴 병이 있어, 마을에 살 때 자주 눈을 찡그렸다. 마을에 추녀가 그것을 보고 아름답다고 생각하여, 마을에 돌아오자마자 자기도 가슴을 부여안고 눈을 찡그리고 다녔다. 마을의 부자들은 그것을 보자 문을 걸어 잠그고 문밖출입을 하지 않았으며, 마을의 가난한 사람들은 그것을 보자 처자식의 손을 끌고 마을을 떠나 달아나 버렸다. 그녀는 찡그린 모습이 아름다운 것만 알았지 그 까닭을 몰랐던 것이다(故西施病心而矉其里, 其里之醜人見之而美之, 歸亦捧心而矉其里. 其里之富人見之, 堅閉門而不出, 貧人見之, 挈妻子而去走. 彼知矉美, 而不知矉之所以美)."
- **婀娜**(아나) : 날씬하고 아리따운 모양.
- **頗**(파) : 자못. 치우칠. 파호지(頗好之).
- **闊落**(활락) : 대범하고 세밀하지 못하다.
- **結束**(결속) : 끝나다. 마치다.
- **官笴**(관가) : 笴는 화살대. 동파의 자주(自注), "관청의 화살 열 두 개 가운데 나는 열한 개를 쏠 수 있을 뿐이다(官箭十二把, 吾能十一把箭耳)."
- **守駿莫如跛**(수준막여파) : 필세가 웅건한 천리마와 같은 서법은 우둔하지만 손에 익은 절룩말과 같은 서법만 못하다. 천리마를 지키는 것보다는 손에 익은 절룩말이 낫다고 한다. 준(駿)은 신준(神駿)으로, 글자를 쓸 때 필세가 웅쾌(雄快)한 것을 비유한다. 파(跛)는 절룩말로

필세가 졸둔(拙鈍)함을 비유한다. 『장공외기(長公外紀)』, "조자고가 이르길, 서회계의 탁(濁)은 파(跛)가 누운데 있고, 이북해의 탁(濁)은 기(敧)가 빗겨있는데 있다(趙子固云, 徐會稽之濁, 在跛偃, 李北海之濁, 在敧斜)."

✪ **鍾張**(종장) : 종요(鍾繇)와 장지(張芝). 종요(鍾繇)는 (151-230) 삼국 시대 위(魏)나라의 서예가로 특히 예서에 뛰어났고, 팔분(八分), 초서 에도 능하였다. 장지(張芝)는 (? -약 192), 동한(東漢)의 서예가, 특히 초서에 뛰어나 초성(草聖)으로 불린다.

해제 29세(治平1년, 1064년), 봉상판관 재직시에 지었다. 이는 아우 소철(蘇轍)의 「자첨기시기양십오비(子瞻寄示岐陽十五碑)」 에다가 차운하여, 동파 자신의 서예이론을 표현한 시이다.

이 시의 예술적 특징에 대해 사도방(謝桃坊)은 다음과 같이 파 악하고 있다.

1. 유모어스런 필치로 자아를 조롱하며 서법 자체에도 조롱을 가 해 서법 같은 제재에다가 의미를 부여하였다.
2. 산문의 구법과 언어를 사용하여 시를 지어('以文爲詩') 자유자 재로 표출하였다.
3. 이취(理趣)가 뛰어나고 논리적이며, 이미 서법론의 범주를 초 월하여 광활한 철리적 의의가 있다.(謝桃坊, 『蘇軾詩硏究』, 巴蜀書社, 56쪽)

이 시에서 도출된 서예이론은 다음과 같다.

첫째, 효서(曉書), 이것은 곧 붓글씨를 아는 것으로, 바로 서예의 참 뜻에 통하는 것이다. 이에 대해서는 동파 자신이 글씨를 아는 데 자신만한 이가 없다고 하여 서예에 대한 작자의 자부가 배어 있 다. 이어서 "서예의 참 뜻에 통한다면 배우지 않아도 가하다"고 했는데, 이 말의 핵심은 "배우지 않아도 된다"는 의미가 아니라 "서예의 참 뜻에 통하는데 있다"는 것이다. 당연히 서예의 참 뜻은 배워야만 알게 되는 것이다. 이것은 동파의 아들 소과(蘇過)가 "선친(소동파)의 서예는 단지 지극히 크고 지극히 강한 기운이 흉중에서 발하여 손으로 응한 것이다(特以至大至剛之氣發於胸中而應之以手)."(葛立方, 『韻語陽秋』)라고 평한 것처럼 동파가 가슴속에서 우러난 내면정신을 손을 통해 표출하여, 궁극적으로 서예의 참뜻에 통했다는 것을 알 수 있겠다.

둘째, 서예는 바르고 장엄함[端莊]속에 유려(流麗)함이 섞이고, 강건함 속에 날씬한 점[婀娜]이 포함되어야 한다. 동파는 이와 같은 상반된 두 풍격이 서로 모순되는 것이 아니라 상호 융합되고 고차원적으로 조화되어야 한다는 것이라고 보았다. 이것은 복합적이면서도 모종의 생명력을 느끼게 해 준다. 이 말은 그의 인생과 문학에서도 부합되는 말이다. 그의 인생과 문학도 강직한 면과 다정다감한 일면이 공존하고 있으며, 궁극적으로 이 양자가 조화를 이루고 있다.

셋째, 서예의 필세는 활달, 웅건[闊落]함을 주장하지만 하지만, 마무리부분은 정밀하게 마쳐야 한다.

더불어 필세가 웅건하고 엄정한 천리마와 같은 서예와 필세가 우둔하지만 손에 익은 절룩말과 같은 서예에 있어 옛날의 서법은 후자를 중시하고 있다고 하였다. 그러나 이것을 잘못 적용한 폐단으로 당시의 서풍(書風)은 교만하여 형태만 높이 괴이하게 만들었다고 지적하고 있다.

19. 자유가 추위에 고생하며 부쳐준 시에 화답하여
和子由苦寒見寄

인생은 백 년도 못사는데
한 번 이별한 후 삼년이 지났네.
삼년은 내게 있어 그 얼마인가
이미 지나버렸으니 다시 돌아올 이치 없네.

오래도록 두려운 것은 이별한 후로는
내 귀밑털이 허옇게 되고 얼굴에 주름살 잡힌 것이라네.
생각하면 예전에는 내가 글짓기를 좋아했었는데
이별한 이래 한 편도 이루지 못했구나.

곰곰이 생각해보면 평소의 즐거움은
근심에서 연유한 것이네.
내가 천하의 선비들과 교유했지만
그대와 함께 있는 즐거움만 못하네.

부러운 것은 그대가 오래도록 세상에 나가지 않고
글 읽는데 담요에 이가 슬 정도인 것이네.
장부는 출사와 은퇴간의 거취를 소중히 여기는 법
물러서지 않으면 반드시 전진해야 하네.

서강(西羌)이 적대관계를 풀고 화친했건만
우리 용맹한 선비는 변방을 근심하고 있다.

조정의 정책은 비록 전쟁을 바라지 않건만
저 오랑캐의 뜻은 오랫동안 하늘[北宋]을 속여 왔다.

산서의 양가집 아들은
비단으로 담비가죽에 단 두른 선명한 옷을 입고
천금으로 전쟁용 말을 사고
보물로 칼집을 단장하였다.

어느 때나 그대를 따라 가서
오랑캐와 겨루어 쳐부술까?

人生不滿百, 一別費三年.
三年吾有幾, 棄擲理無還.
長恐別離中, 摧我鬢與顏.
念昔喜著書, 別來不成篇.
細思平時樂, 乃爲憂所緣.
吾從天下士, 莫如與子歡.
羨子久不出, 讀書蝨生氈.
丈夫重出處, 不退要當前.
西羌解仇隙, 猛士憂塞壖.
廟謨雖不戰, 虜意久欺天.
山西良家子, 錦緣貂裘鮮.
千金買戰馬, 百寶粧刀鐶.
何時逐汝去, 與虜試周旋.
(卷5)

주석

- 西羌(서강) : 중국 서쪽 변방에 살던 티베트계의 유목민족.
- 仇隙(구극) : 원수의 틈.
- 塞壖(새연) : 변방.
- 廟謨(묘모) : 정부의 계책.
- 虜意久欺天(노의구기천) : 오랑캐의 뜻은 오래도록 중국을 속여 왔다.
- 與虜試周旋(여로시주선) : 오랑캐와 싸울까. 오랑캐를 쳐부술까.

해제 아우 소철에게 화답하는 시이다. 아우 자유와 이별한 삼 년을 회고하며, 아우가 세상에 나가지 않고 책을 읽느라 담요에 이가 슬 정도인 것을 부러워하고 있다. 또 천하의 선비들과 교유했지만 아우와 함께 있는 즐거움만 못하다고 했다. 후반부에서는 출사와 은퇴의 기로에서 출사하여 국가에 공을 세우는 길을 선택하여 고수하려고 다짐한다. 이어서 그는 서하(西夏)가 북송(北宋)과 겉으로는 화친했건만 암암리에 호시탐탐 북송을 침공하고자 하는 저의가 있음을 파악하고 있다. 작자는 변방으로 나아가 적을 무찌르고 싶어 하고 있다.

20. 동전의 이별시에 화답하여
和董傳留別

질 나쁜 성근 비단과 베옷 입고서 평생을 지내건만
가슴속에는 시서(詩書) 가득해 기운이 훤하네.
스승을 따라 예를 배우는데 싫증나서
억지로 여느 과거 응시생을 따라 느티나무 꽃 밟으며 과거보러 떠난다.

가난해 주머니가 텅텅 비어 말 타고 봄 구경할 엄두도 못 내고
눈 휘둥그레 뜨고 과거급제자 사위 구하는 수레를
멍하니 바라보는 장가 못간 총각 신세라.
자네의 뜻 이루어지게 되면 세상 사람에게 자랑하도록
과거에 합격했다는 까마귀 같은 검은 글씨의 누런 색 사령장 내리길 바라네.

> 麤繒大布裹生涯,　腹有詩書氣自華.
> 厭伴老儒烹瓠葉,　強隨擧子踏槐花.
> 囊空不辦尋春馬,　眼亂行看擇壻車.
> 得意猶堪誇世俗,　詔黃新濕字如鴉.
> (卷5)

주석

✿ 董傳(동전) : 자(字)는 지화(至和), 낙양인(洛陽人), 일찍이 봉상(鳳翔)에서 소동파와 교유하였는데, 빈곤하여 일찍 죽었다.

✿ 留別(유별) : 이별할 때 시를 지어 남아있는 사람에게 주다.

✿ 麤繒(추증) : 질이 나쁜 비단 직물(織物).

✿ 生涯(생애) : 평생. 일생.

✿ 厭伴老儒烹瓠葉(염반노유팽호엽) : 늙은 선비와 짝해 박 잎 삶아 먹기 싫어하고. 동전이 스승을 따라 예를 배우는 데 싫증났다는 의미이다.

✿ 强隨擧子踏槐花(강수거자답괴화) : 동전이 과거시험에 응시하느라 바빴다는 뜻이다. 당시 과거는 가을에 거행되었다. 여름 느티나무 꽃이 누럴 때는 과거응시 준비에 바쁠 때이다. 그러므로 "느티나무 꽃이 누렇게 피면, 과거에 응시하는 수험생이 바쁘다(槐花黃, 擧子忙)"라는 속담이 생겼다.

擧子(거자) : 거자. 과거에 응시하는 수험생.

强(강) : 억지로.

✿ 尋春馬(심춘마) : 당대(唐代)에 새로 과거에 합격한 진사(進士)는 머리에 꽃을 비녀로 하고 말을 타고 봄 경치를 찾아다니는 풍속이 있었다. 맹교(孟郊), 「등과후(登科後)」, "봄바람에 득의양양 말발굽도 경쾌하게, 하루 만에 장안에 있는 꽃을 다 본다(春風得意馬蹄疾, 一日看盡長安花)."

✿ 擇壻車(택서거) : 당대(唐代) 과거의 풍습. 과거의 방(榜)이 발표되는 날, 급제자는 곡강(曲江)에서 연회를 하는데, 공경(公卿)이나 문벌이 있는 집안에서는 수레와 말을 장식하고 와서 사위를 고른다. 이 두 구절은 동전이 과거에 급제할 것을 가상하여, 한 필의 말을 준비할

돈도 없는데, 화려하게 꾸민 사위를 구하는 수레가 눈을 요란하게 할 것이라는 것이다. 여기서 동전(董傳)이 아직 결혼하지 않았다는 것을 암시하고 있다.

✿ 詔黃(조황) : 황마지(黃麻紙)에 쓴 조령(詔令).

✿ 字如鴉(자여아) : 글자가 까마귀 같다. 어지럽게 쓰거나 서법이 졸렬한 것을 가리킨다. 여기서는 검은색의 글자를 가리킨다.

✿ 7-8구 : 동전이 과거에 합격해 누런 과거급제의 방(榜)에 이름이 나열되어 기를 펴고 세상에 과시하기를 바란다는 것을 말한다.

해제 29세(治平元年, 1064년) 12월, 동파가 봉상첨판을 그만두고, 변경(汴京)으로 부임차 장안(長安)을 지나다가 동전(董傳)과 이별하며 이 시를 지었다. 동전은 일생동안 불우하여 곤궁하였다. 동파는 그를 깊이 동정하였으며, 또 축원하는 말로 그를 위로하고 있다. 동전이 외면상으로는 허름한 옷을 입었으나 경륜이 내면에 가득 차 있고, 또 그의 빈곤한 현상이 작자의 축원하는 말과 모순되어 교차되고 있다. 이는 강렬한 대비가 되어 사람에게 깊은 인상을 주고 있다.(王王)

21. 여산, 절구 3수
驪山, 三絶句

21-1 其一

공을 이루고 나면 그것을 잘 지키고자 하는 법인데
옛날의 임금이 태평시대 믿은 것 한탄스럽도다.
고생스런 여산 산 아래 흙이여
아방궁이 없어지자 또 화청궁이라.

功成惟欲善持盈,　可歎前王恃太平.
辛苦驪山山下土,　阿房纔廢又華淸.
(卷5)

주석

❂ 欲善持盈(욕선지영) : 가득한 것을 조심하여 잘 지키고자 하다.
❂ 驪山(여산) : 섬서성 임동현(臨潼縣)에 있는 산 이름.
❂ 阿房(아방) : 『원화군현지(元和郡縣志)』에, "아방궁은 장안현(長安縣) 서북쪽 14리 되는 곳에 있다."고 했다. 『태평환우기(太平寰宇紀)』에, "진시황은 아방궁을 지었는데 15년 만에 비로소 완성되었다. 산언덕의 곁에 있었기 때문에 이렇게 이름 지었다(始皇築阿房宮, 十五年始成, 以在山阿之旁, 故名)."고 했다.

✪ **華淸**(화청) : 당대(唐代)의 궁전이름으로, 여산(驪山) 위에 있다. 『잡록(雜錄)』에, "화청궁은 개원(開元) 15년에 지어졌는데, 처음 이름은 온천궁(溫泉宮)이었고, 천보(天寶) 6년에 화청궁으로 개명했다. 당(唐) 현종은 매년 10월에 갔다가 연말이 지나서 돌아왔다."고 했다.

해제 여산에다 궁을 세웠던 진시황과 당 현종의 어리석은 일들을 회고하고 있다.

21-2 其二

조각한 담장 몇 번 변했으며 몇 번이나 재가 되었나
거짓 봉화로 제후를 불러들여 포사를 즐겁게 한 주(周) 유왕(幽王)과
사슴을 가리켜 말이라 하여 진(秦) 이세(二世)를 속인 조고(趙高)의 일 아득하여라.
상황(上皇)은 옛날 사적 경계하지 않고
도리어 여산이 재앙의 발단이라고 원망했다네.

幾變雕牆幾變灰, 擧烽指鹿事悠哉.
上皇不念前車戒, 却怨驪山是禍胎.
(卷5)

주석

◉ **擧烽**(거봉) : 주(周)나라 유왕(幽王)이 웃기를 좋아하지 아니하는 자신의 총애하는 비(妃) 포사(褒姒)의 웃음을 보려고 거짓 봉수(烽燧)를 올려 제후들을 모이게 하였다. 그녀는 이것을 보고 비로소 웃었다는데, 그 뒤에 견융(犬戎)의 공격을 받자 급히 봉수를 올렸으나 제후들은 오지 않고 유왕은 죽임을 당하고 포사는 견융의 포로가 되었다.

◉ **指鹿**(지록) : 지록위마(指鹿爲馬). 진(秦)나라의 조고(趙高)가 난을 일으키려고 마음먹었으나 다른 신하들이 자기에게 복종하지 않을까 염려하여 그들의 마음을 떠보려고 이세(二世) 앞에서 사슴을 가리켜 말이라 하니, 혹은 침묵하고, 혹은 틀렸다 하고, 혹은 옳다고 하며 아첨하였다. 이에 틀렸다고 하는 자들을 엄하게 처단하니 그 뒤로는 모두 조고를 두려워하여 따랐다는 고사에서 온 말. 이 거봉(擧烽), 지록위마(指鹿爲馬) 두 가지는 모두 국가가 멸망하기 직전의 조짐이다.

◉ **前車戒**(전거계) : 『한서(漢書)』, 「가의전(賈誼傳)」, "앞에 가던 수레가 뒤집히면, 뒤따라가던 수레는 그것을 보고 경계한다(前車覆, 後車戒)."

◉ **上皇**(상황) : 당 현종(唐玄宗).

해제 당 현종이 옛날 사적(史跡)을 경계하지 않은 일을 풍자하고 있다.

22. 석창서의 취묵당
石蒼舒醉墨堂

인생은 글자를 알면서부터 우환이 시작되니
이름이나 대강 적으면 그만 두어도 괜찮다.
무엇 하러 초서를 쓰는데 귀신처럼 빠른 걸 자랑하는가
책을 펼치면 어리벙벙 남을 근심스럽게 만든다.

나도 전부터 좋아는 하지만 매양 스스로도 웃었지
(그런데) 그대가 이 병에 걸렸으니 어떻게 고칠 텐가.
스스로 말하기를 이 속에 지극한 즐거움이 있어
뜻에 맞는 것이 소요의 세계와 다르지 않다고 했지.

근자에 지은 서재를 취묵당(醉墨堂)이라고 이름 붙인 것은
좋은 술 마시듯 온갖 시름 녹아 버린다는 뜻이겠지.
그러니 알겠다. 유종원의 말이 망령되지 않다는 것을
병들면 흙이나 숯의 맛이 산해진미와 같다고 했지.

그대는 초서에 대해 또한 공부가 지극하다고 이를 만하니
버려진 담장에는 쓰다 버린 붓이 산처럼 쌓여 있다.
흥이 나 한 번 휘두르면 단숨에 종이 백 장이 다 없어지니
준마가 훌쩍 천하를 밟고 지나 간 듯하구나.

나의 글씨는 정신으로 써서 본래 법도가 없어
점과 획은 손가는 대로 쓰지 잘 쓰겠다고 추구하는 것을 번거

롭게 여긴다.
어찌하여 (그대는) 유독 나에게만 관대히 평가를 잘해주면서 나의 한 조각 글씨라도 모두 수장하는가?

종요(鍾繇)와 장지(張芝)에게 못하지 않으니 그대는 스스로 만족하고
아래로 나휘(羅暉)와 조습(趙襲)에 비하면 나 또한 나으리라.
장지처럼 연못가에 나가 다시 애써 배울 것은 없을 듯
온전하게 비단을 가져다가 이불이나 만들리라.

人生識字憂患始, 姓名粗記可以休.
何用草書誇神速, 開卷惝怳令人愁.
我嘗好之每自笑, 君有此病何能瘳.
自言其中有至樂, 適意無異逍遙遊.
近者作堂名醉墨, 如飮美酒消百憂.
乃知柳子語不妄, 病嗜土炭如珍羞.
君於此藝亦云至, 堆牆敗筆如山丘.
興來一揮百紙盡, 駿馬倏忽踏九州.
我書意造本無法, 點畫信手煩推求.
胡爲議論獨見假, 隻字片紙皆藏收.
不減鍾張君自足, 下方羅趙我亦優.
不須臨池更苦學, 完取絹素充衾裯.
(卷6)

주석

✿ **石蒼舒**(석창서) : 자(字)는 재미(才美), 경조(京兆)사람. 행서(行書)와 초서(草書)에 뛰어났다.

✿ **姓名粗記可以休**(성명조기가이휴) :『사기(史記)』,「항우본기(項羽本紀)」, "항우(項羽)는 어릴 때 글씨를 배웠으나 완성하지 못하고, 검술을 배웠는데 또 완성하지 못했다. 그의 숙부 항량이 화를 내자 항우는 말하길, '글씨는 성명이나 대충 쓸 수 있으면 그만이고, 검술은 한 사람을 대적하는 것이니 배울 것이 못됩니다. 만인을 대적하는 것을 배우겠습니다.'라고 하였다. 이에 항량이 항우에게 병법을 가르쳤더니 항우는 크게 기뻐했다(項籍少時, 學書不成, 去學劍, 又不成. 項梁怒之. 籍曰, "書足以記姓名而已. 劍一人敵, 不足學, 學萬人敵." 於是項梁乃敎籍兵法, 籍大喜)."

✿ **惝怳**(창황) : 정신없이 멍하다. 망연자실하다.

✿ **至樂, 逍遙遊**(지락, 소요유) : 둘 다『장자(莊子)』의 편명. 여기서는 글자의 함의(含意)를 사용하였다.

✿ **柳子**(유자) : 유종원(柳宗元).

✿ **病嗜土炭如珍羞**(병기토탄여진수) : 병든 사람만이 흙이나 숯을 산해진미처럼 좋아한다. 이 구는 위의 구를 이어 석창서가 먹물을 보기를 마치 좋은 술처럼 한다는 말이다. 유종원은 일찍이 말하길, '속병이 있는 사람을 만났는데 흙이나 숯과 신 것, 짠 것을 먹기를 좋아하며 먹지 못하면 괴로워했다'고 했다. 무릇 글이나 서법을 좋아하는 사람은 마치 이러한 괴벽증을 가진 것 같다.

✿ **堆牆敗筆如山丘**(퇴장패필여산구) : 당대(唐代)의 초서 명필인 회소화상(懷素和尙)은 사용한 붓을 산 아래에 쌓아두어 "필총(筆冢)"이라고 불렀다고 한다.

✪ 意造(의조) : 자신의 뜻으로 써서 자유롭게 창조하다.
✪ 信手(신수) : 손을 따라. 손 가는 대로.
　信(신) : ……을 따라.
✪ 推求(추구) : 필법(筆法)을 연구하는 것을 가리킨다.
✪ 假(가) : 관용. 여기서는 작자의 겸사이다.
✪ 胡爲議論獨見假, 隻字片紙皆藏收(호위의론독견가, 척자편지개장수) : 어째서 나의 의론(議論 : "뜻으로 썼지 법이 없다", "점과 획은 손 가는 대로 써서" 같은 의론)이 홀로 그대의 동의를 얻고, 나의 서법작품 또한 그대의 사랑을 받아 그대가 수장하게 되는가? 언외(言外)의 뜻은 석창서는 나와 견해가 일치한다는 것이다.
✪ 鍾張(종장) : 종요(鍾繇)와 장지(張芝). 종요는 자(字)는 백영(伯英), 삼국시대 위(魏)나라 사람으로 특히 예서에 뛰어났다. 장지(張芝)는 자(字)는 원상(元常), 후한(後漢) 사람으로 초서에 뛰어났다.
✪ 方(방) : 비교하다.
✪ 羅趙(나조) : 나휘(羅暉)와 조습(趙襲). 모두 경조(京兆)사람이며, 한말(漢末)의 서법가로 초서를 잘 썼다.
✪ 不減鍾張君自足, 下方羅趙我亦優(불감종장군자족, 하방나조아역우) : 이 두 구는 석창서의 서법은 종요, 장지와 비할 수 있고, 나(동파)의 서법은 나휘(羅暉)와 조습(趙襲)보다는 한 수 높다는 의미이다.
✪ 不須臨池更苦學, 完取絹素充衾裯(불수임지갱고학, 완취견소충금주) : 장지처럼 연못에 나아가 서법을 고생스레 배울 필요가 없으며, 비단을 사용하여 글자를 쓰는 것보다는 이불로 사용하는 것이 낫다. 기록에 의하면, 장지는 연못에 나아가 붓글씨를 배워 연못물이 모두 검게 되었고, 집에 비단이 있는데 반드시 먼저 붓글씨를 쓰고 그 다음에 그것으로 옷을 만들어 입었다고 한다.

해제 동파가 34세(熙寧2년, 1069년)에 지었다. 33세(熙寧元年, 1068년) 연말에 동파는 부친의 상(喪)을 마치고, 촉(蜀)을 떠나 변경(汴京)으로 갈 때, 이듬해 정월 도중에 장안(長安)을 지나다가 한기(韓琦)의 집에서 석창서와 만났다. 이 시는 대략 변경에 도착한 후의 작품이다.

이는 석창서(石蒼舒)의 취묵당(醉墨堂)에 대하여 쓴 것이다. 이에는 자연스레 동파의 내면세계와 자연스러움을 중시하는 서예이론이 도출되고 있다. 처음에는 자신과 석창서의 서예에 대해 깎고 조롱하듯 하였으나, 결국은 이에 대해 자신의 자부심을 표현하고 석창서에 대해 슬며시 칭찬하였으니, 파란기복(波瀾起伏)의 기법이 뛰어났다.

우선 역설적으로 "인생은 글자를 알면서부터 우환이 시작된다"라는 자조와 조롱이 섞인 구로 시작하여, 자신과 석창서의 공통된 괴벽은 초서를 좋아하는 것이라 토로하였다. 이어서 서예 속에는 지극한 즐거움이 있으니 뜻에 맞는 것이 소요(逍遙)의 세계와 같다고 하였다. 또한 「취묵당」이라는 이름에는 붓글씨를 쓰게 되면 술 마시듯 시름을 녹여 버리는 '해우(解憂)'작용이 있다고 하였다. 이 부분에는 서예의 '지락(至樂)'과 '소요(逍遙)', 그리고 '해우'작용이라는 동파의 서예관의 핵심이 잘 나타나고 있다.

"버려진 담장에는 쓰다 버린 붓이 산처럼 쌓여 있고, 흥이 나 한번 휘두르면 단숨에 종이 백장이 없어지니"에서, 동파는 초서에 대한 석창서의 극한적인 노력을 드러내고 있다. 바로 흥(興)으로 인해 "준마가 훌쩍 천하를 밟고 지나간 듯" 신속하게 초서를 쓰는 상태에 도달하고 있다고 하였다.

이 시에서 도출된 동파의 서예이론을 요약하면 다음과 같다.

첫째, 동파의 붓글씨는 내면정신으로 써서 본래 법도가 없다. 이것은 정신[意]을 중시하는 이론이다. 대개 법도는 각고의 수련으로 정립한 다음에 잊어버려야만이 자유스러운 대가의 경지에 진입할 수 있다.

그러므로 이 말은 정말 법도가 없다는 말과는 구분되어야 한다. 이것은 동파가 "호연히 붓이 가는 대로 맡기면서도 법도를 잃지 않아야만 서예의 참 의미를 알 수 있다(浩然聽筆之所之而不失法度, 乃爲得之)"(「書所作字後」, 『東坡題跋』, 卷4, 『宋人題跋, 上』)고 하여, 법도를 중시하는 태도를 밝히고 있음에 비추어 보면 더욱 분명하다. 그것은 동파가 오도자의 그림의 경지를 설파함에 있어 "법도(法度) 가운데 새로운 뜻을 내고, 호방한 바깥에 묘한 이치를 부친다(出新意於法度之中, 寄妙理於豪放之外)"(「書吳道子畵後」, 『蘇軾文集』, 卷70) 고 하였는데, 여기서 이것이 그의 예술전반에 대해서도 통한다는 것을 알 수 있다.

둘째, 점과 획을 손가는 대로 자연스레 쓰고자 했지 억지로 추구하지는 않았다. 곧 노력을 기울이되 지나치게 인위적이지 않고, 자연스러움을 추구하는 이론이다.

요컨대 이 시에는 석창서의 초서에 대한 칭찬과 서예에 대한 자신의 자부심, 뜻에 맡김으로써 자연스럽게 된 자유창작의 중시, 그리고 서화예술을 통한 정신세계의 표현 등이 나타나 있다고 하겠다.

23. 이른 봄을 노래한 양포의 시에 차운하여
次韻楊褒早春

외딴 시골 골목은 썰렁하니 추워 아직 봄기운이 없는데
그대의 집 정원엔 봄기운이 유독 그득하구나.
비쩍 마른 말 타고 초봄 잔설(殘雪)을 뚫고
그대 정원에 와 가인(佳人)이 노래하는 「답사행」 소리 듣는다.

얽힌 시름을 푸는 데는 술의 신세 져야 되거니와
나이 더 먹는다고 누가 세월이 지나감을 원망하리오.
좋은 시절에 즐거운 일이 다 함께 하기 예로부터 어려우니
백발머리에 청삼 입고 나 또한 노래하리.

보슬비 촉촉이 내리니 들에는 나물이나 심고
할 일 없어 한가한 관청에는 새 그물이나 칠만하다.
때맞춰 삼일 휴가는 임금의 은혜이니
쏟아지는 단잠에 빠져 무아지경에 들었도다.

窮巷淒涼苦未和, 君家庭院得春多.
不辭瘦馬衝殘雪, 來聽佳人唱踏莎.
破恨徑須煩麴蘖, 增年誰復怨羲娥.
良辰樂事古難並, 白髮青衫我亦歌.
細雨郊園聊種菜, 冷官門戶可張羅.
放朝三日君恩重, 睡美不知身在何.

(卷6)

 주석

◉ 楊褒(양포) : 자(字)는 지미(之美), 가우말(嘉祐末)에 국자감직강(國子監直講)이 되었고, 치평(治平)연간에 영주통판(潁州通判)이 되었다.

◉ 踏莎(답사) : 답사행(踏莎行). 곡조이름.

◉ 麴蘖(국얼) : 술.

◉ 羲娥(희아) : 태양의 신. 『산해경(山海經)』, "동남해의 밖 감수의 사이에, 희화라는 나라가 있는데, 여자가 있어 희아라고 한다. 바야흐로 태양이 감연에서 목욕하였다. 희아는 제준의 아내로 열 개의 태양을 낳았다(東南海之外, 甘水之間, 有羲和之國, 有女子曰羲娥, 方日浴於甘淵. 羲娥者, 帝俊之妻, 生十日)."

◉ 良辰樂事古難並(양진락사고난병) : 사령운(謝靈運), 「의태자업중시서(擬太子鄴中詩序)」, "천하에 좋은 때와 아름다운 경치, 그것을 즐기는 마음, 즐거운 일, 이 네 가지는 모두 아우르기 어렵다(天下良辰美景, 賞心樂事, 四者難並)."

◉ 冷官門戶可張羅(냉관문호가장라) : 『사기(史記)』, 「급정열전·찬(汲鄭列傳·贊)」, "태사공은 말하였다. 「급암(汲黯)이나 정당시(鄭當時)와 같은 현인에게도 권세가 있으면 빈객들이 열 배로 불어나고, 권세가 없으면 그렇지 못하였다. 하물며 보통 사람들이야 어떠하겠는가! 하규(下邽)의 적공(翟公)은 다음과 같이 말한 적이 있다. 처음 적공이 정위(廷尉)가 되었을 때에는 빈객들이 대문을 가득 메웠다. 그가 벼슬에서 물러나자 대문 밖에서 참새를 잡는 그물을 쳐도 될 정도였다. 그러다가 적공이 다시 정위가 되자 빈객들이 그와 교제하려 하였는데, 적공은 이에 그의 대문에다 크게 써 붙였다. '한번 죽고 한번 살아나 보아야만, 사귀는 정을 알게 되고, 한번 가난해졌다 한

번 부유해져 보아야, 사귀는 태도를 알 수 있고, 한번 귀한 지위에 있다가 한번 천한 신분이 되어야만, 사귀는 정이 드러난다.'」."(太史公曰「夫以汲鄭之賢, 有勢則賓客十倍, 無勢則否, 況衆人乎! 下邽翟公有言, 始翟公爲廷尉, 賓客闐門, 及廢, 門外可設雀羅. 翟公復爲廷尉, 賓客欲往, 翟公乃大署其門曰 : '一死一生, 乃知交情. 一貧一富, 乃知交態. 一貴一賤, 交情乃見.'」)

✪ **放朝三日**(방조삼일) : 조정의 조회를 사흘간 휴가 받다.

해제 동파가 35세(熙寧3년, 1070년) 1월에 변경(汴京)에서 양포의 집을 들러서 지었다. 이른 봄 잔설을 뚫고 양포의 집에 가서 가인(佳人)이 노래하는「답사행」을 듣는다. 좋은 시절, 즐거운 일이 있고 또 그것을 즐기는 마음이 있다. 마침 삼일동안 휴가라 단잠에 빠져든다.

三. 항주통판(杭州通判) 부임행로

1. 수도를 나와 진주(陳州)로 올 때 타고 있던 배에 짧은 시 여덟 수를 써 놓은 것이 있었는데, 누군지 모르지만 내 마음에 느낌을 주는 바가 있어서 아쉬운 대로 화답하다

出都來陳, 所乘船上有題小詩八首, 不知何人, 有感於余心者, 聊爲和之

1-2 其二

날아다니는 새가 즐거우면 새 그물을 잊게 되고
헤엄치는 물고기가 즐거우면 낚시미끼를 잊게 된다.
어찌하여 반드시 편한 것만 택하는가?
도도한 천하의 인간세상 이와 같도다.

   鳥樂忘罝罘, 魚樂忘鉤餌
   何必擇所安, 滔滔天下是
   (卷6)

- 鳥樂忘罝罘, 魚樂忘鉤餌(조락망저부, 어락망구이) : 새에 있어서 그물과 물고기에 있어서 낚시미끼는 인간세상에서 함정에 가득찬 것을 비유하고 있다.

◉ 滔滔天下是(도도천하시) : 『논어(論語)』, 「미자(微子)」, "도도(滔滔)한 것이 천하가 모두 이러하니(이렇게 어지러운데), 누구와 더불어 변역(變易)시키겠는가(滔滔者天下皆是也, 而誰以易之)".

◉ 何必擇所安, 滔滔天下是(하필택소안, 도도천하시) : 이 의미는 자신이 조정을 떠나지만, 반드시 편안한 것을 얻을 수 있는 것은 아니라는 것이다.

해제 36세(熙寧4년, 1071년), 동파는 왕안석과 정견이 일치되지 않아 지방관을 자청하여 항주통판에 임명되었다. 항주로 가는 도중에 먼저 진주(陳州 : 지금의 하남성 淮陽)에 가서 소철(蘇轍)을 만나게 된다. 이 시는 도성을 벗어나 진주로 가는 도중에 지은 것이다. 이 연작시에서는 동파의 당시 울적한 심경을 볼 수 있고, 또 동파시 풍격의 다른 일면을 볼 수 있는데, 담담하면서도 맛이 있어 도연명시에 가깝다. 동파가 만년에 도연명시를 전부 화답하였는데, 여기서 그 시초가 드러난다. 이 시에서는 새와 물고기를 통해, 인생철리를 표현하고 있다. 이 시로부터는 항주통판으로 부임하는 도중에 지은 것이다.

1-8 其八

내 시는 비록 졸렬하나
마음이 평온하니 운율이 조화롭다.
한 해 이래 번뇌를 다 없애버리니
오래된 우물 속 같아 물결일지 않는다.

我詩雖云拙,　心平聲韻和.
年來煩惱盡,　古井無由波.
(卷6)

◉ 心平聲韻和(심평성운화) : 동파가 자신의 시를 평한 것이다.
◉ 古井無由波(고정무유파) : 백거이(白居易), 「기증원구(寄贈元九)」, "파문이 없는 것은 옛 우물물, 마디 있는 것은 가을 대나무 줄기(無波古井水, 有節秋竹竿)".

해제　평담한 풍격으로 시인의 내재된 한적의식을 표현하고 있다. 마음이 평온하니 운율도 조화롭고, 번뇌가 사라지니 마음은 오래된 우물 속과 같아 파문이 일지 않는다.

2. 진주(陳州)을 지날 때 양식이 떨어졌음을 노래한 유자옥의 시에 차운하여, 2수, 其二
次韻柳子玉過陳絶糧, 二首, 其二

나 같은 사람 스스로도 오히려 역겨운데
그대 아니고서 누구라서 날 찾으려 하리.

그대의 시문 훌륭하나 나이 늙는 것 슬퍼하고
빛나는 등불아래 밤 깊도록 우리들의 이야기는 끝이 없어라.

젊은 시절 세상의 모든 이치가 상대적이라는
장자(莊子)의 제물(齊物)의 뜻 품었으나
낮은 관직이라 감히 시대를 구하는 마음 품으리오.
그대의 귀양 가는 남행 천리 길 무슨 일 있으리오.
들리는 건 많은 북소리 같은 이 가을 파도뿐.

　　　如我自觀猶可厭,　非君誰復肯相尋.
　　　圖書跌宕悲年老,　燈火青熒語夜深.
　　　早歲便懷齊物志,　微官敢有濟時心.
　　　南行千里成何事,　一聽秋濤萬鼓音.
　　　(卷6)

주석

◉ 柳子玉(유자옥) : 유근(柳瑾). 자(字)는 자옥(子玉).
◉ 過陳絕糧(과진절량) : 공자(孔子)가 진(陳)을 지날 때 양식이 떨어져 위기에 처해졌다는 고사.
◉ 圖書跌宕(도서질탕) : 서책(書冊)이 많다. 유근(柳瑾)의 시문(詩文)이 풍부하고 다채로운 것을 찬양한 것이다.
　跌宕(질탕) : 음조나 문장 변화가 풍부하다.
◉ 青熒(청형) : 등촉(燈燭)의 빛.
◉ 齊物志(제물지) : 만사(萬事)에 시비(是非)는 정하기 어렵다는 세계관.
◉ 早歲便懷齊物志, 微官敢有濟時心(조세변회제물지, 미관감유제시심) :

이 두 구는 표면적으로는 소극적이지만 실은 작자내부의 불평을 부친 것이다.

해제 수춘(壽春)으로 폄적 가고 있는 유근(柳瑾)이 진주(陳州)에 있는 소철(蘇轍)에게 들러, 시 두 수를 짓고 동파와 자유가 각기 이에 차운하였다. 함께 만나 등불아래 끝이 없는 이야기를 나눈다. 일찍이 장자(莊子)의 제물(齊物)의 뜻을 품었으나 미관말직으로 감히 시대를 구하는 마음을 품겠는가. 귀양 가는 그대의 남행길에 가을 파도 소리만 들릴 것이다.

3. 구양수가 나더러 자신이 소장하고 있는 돌병풍을 대상으로 시를 지으라고 하다
歐陽少師令賦所蓄石屛

어떤 이가 구양공께 돌병풍을 선사했는데
병풍 면에 수묵화 자취가 희미하게 나타나있다.
숲과 큰 나무는 그려 있지 않고
내 고향 아미산 서쪽 설령(雪嶺) 위의
만년이나 늙지 않는 외로운 소나무만 그려져 있다.

무너질 듯 깎아지른 벼랑과 시냇가의 절경이

바라보이기만 하고 다가갈 수 없으며
외로운 안개와 지는 해가 한데 어울려 어스름하다.
바람을 머금고 구불구불 기세 있게 참 모습을 얻었나니
묘사해 낸 그림이 실로 하늘의 신통한 솜씨라.

나는 두려워라,
필굉(畢宏)과 위언(韋偃)을 괵산(虢山) 아래에 장사지냈다는데
뼈는 썩었어도 빼어난 그 마음은 다하지 않았음이.
두 분[필굉, 위언]의 신들린 재주와 공교로운 마음을 다 펴지 못해
안개와 이슬비가 되어 돌 속에 배어 있나 보다.

예로부터 화가는 속된 선비가 아니어서
만물의 형상을 그려냄은 시인과 같다고 하겠네.
원컨대 구양공께서 시를 지어 두 분의 불우함을 위로하며
두 분이 무덤에서 원한 품게 하지 말도록 해 주십사.

何人遺公石屛風, 　　上有水墨希微踪.
不畵長林與巨植, 　　獨畵峨嵋山西雪嶺上
萬歲不老之孤松.
崖崩澗絶可望不可到, 孤烟落日相溟濛.
含風偃蹇得眞態, 　　刻畵始信天有工.
我恐
畢宏韋偃死葬虢山下, 骨可朽爛心難窮.
神機巧思無所發, 　　化爲烟霏淪石中.
古來畵師非俗士, 　　摹寫物像略與詩人同.
願公作詩慰不遇, 　　無使二子含憤泣幽宮.

(卷6)

 주석

✪ 歐陽少師(구양소사) : 구양수. 희녕(熙寧)4년, 구양수는 태자소사(太子少師)로 관직을 퇴직하고, 영주(穎州)로 퇴거(退居)하였다.

✪ 蓄(축) : 소장하다.

✪ 遺(유) : 증송(贈送).

✪ 雪嶺(설령) : 널리 사천성 서부의 설산(雪山)을 가리킨다.

✪ 溟濛(명몽) : 보슬비 내려 날씨가 침침함.

✪ 偃蹇(언건) : 구불구불하고 기세 있는 모양. 이 구는 노송의 가지가 낮게 굽어 마치 바람을 맞은 듯이 생동적이라는 것이다.

✪ 畢宏, 韋偃(필굉, 위언) : 모두 당(唐) 현종(玄宗), 숙종(肅宗) 시절의 명화가로 소나무를 그리는데 뛰어났다.

✪ 虢山(괵산) : 지금의 하남성 노씨현(盧氏縣)에 있으며, 석병(石屛)의 산지이다.

✪ 骨可朽爛心難窮(골가후란심난궁) : 뼈는 썩었어도 예술정신은 길이 존재하고 있다.

✪ 公(공) : 구양수.

✪ 不遇(불우) : 불우한 사람. 필굉이나 위언 같이 당시에 중시되지 않은 예술가를 가리킨다.

해제 동파가 36세(熙寧4년, 1071년)에 지은 것으로, 어떤 이가 구양수에게 선사한 돌병풍을 보고 지은 제화시(題畵詩)이다. 당시는 동파가 왕안석(王安石) 일파와 정견이 맞지 않아 지방관을 자청,

三. 항주통판(杭州通判) 부임행로

항주통판으로 부임하러 임지로 가다가 영주(潁州)에 은거하고 있
는 구양수(歐陽修)를 찾아뵈었을 때이다. 동파는 우선 돌병풍에 그
려져 있는 그림의 내용을 묘사하였다. 그 돌병풍에는 그의 고향 아
미산(峨嵋山) 서쪽 설령(雪嶺) 위에 있는 만년불로(萬年不老)의 외
로운 소나무가 그려져 있다. 거기에는 벼랑, 시냇가의 절경, 안개,
기울어져 가는 태양이 조화를 이루고 있는데, 그 그림의 기세가 천
연의 솜씨이다. 그는 안개와 이슬비가 당(唐)나라 때의 화가 필굉
(畢宏)과 위언(韋偃)의 영혼이 화한 것이라고 상상하고 있다.

 동파는 "예로부터 화가는 속된 선비가 아니니, 물상을 그려내기
는 시인과 마찬가지다"라고 시화(詩畵)의 일치를 주장하여, 대상
의 외부형태 묘사와 자기 내면정신을 표현하는 것이 시와 그림의
공통된 성분임을 밝히고 있다.

4. 영주에서 처음으로 자유를 이별하고, 2수
潁州初別子由, 二首

4-1 其一

떠나가는 돛대 서풍에 걸고 나니
이별의 눈물 맑은 영수 물에 뚝뚝 떨어진다.
오래 머무른다 해도 더 나을 것 없는 줄 알겠으나

이 순간의 정경 안타까워라.

태어나 (그대와) 세 번째 이별
이번 이별 유난히도 눈시울 시큼해진다.
생각할수록 그대는 선친을 닮아
소박하고 어눌하면서도 강직하고 또 조용한 성품

말 수 적음은 정말 길(吉)한 사람이니
돌처럼 단단하고 똑똑하도다.
오늘날 천하 선비 가운데
벼슬 놓고 떠나감에 그대처럼 용맹한 사람 없어라.

아! 나는 오랫동안 병들고 미칠 정도라
뜻을 행함에 거침이 없었다네.
마치 술에 취해 (낭떠러지에서) 떨어졌는데
다행히도 다치기 전에 문득 술이 깨어난 듯하구나.

이제부터 한가로움을 얻어
묵묵히 앉아 긴 날 보내리라.
시 지어 그대의 근심 풀어주고
하루 세 번 반성하도록 할 것이니라.

> 征帆挂西風,　別淚滴淸潁.
> 留連知無益,　惜此須叟景.
> 我生三度別,　此別尤酸冷.
> 念子似先君,　木訥剛且靜.
> 寡辭眞吉人,　介石乃機警.

至今天下士,　去莫如子猛.
嗟我久病狂,　意行無坎井.
有如醉且墜,　幸未傷輒醒.
從今得閒暇,　默坐消日永.
作詩解子憂,　持用日三省.
(卷6)

주석

○ 留連(유련) : (헤어지기가 섭섭해) 계속 머무르다.

○ 木訥剛且靜(목눌강차정) : 『논어(論語)』, 「자로(子路)」, "공자가 말하기를, '강하고 굳세고 질박하고 어눌함이 인(仁)에 가깝다'(子曰, 剛毅木訥, 近矣仁).

○ 寡辭眞吉人(과사진길인) : 『주역(周易)』, 「계사하(繫辭下)」, "길(吉)한 사람의 말은 적다(吉人之辭寡)".

○ 介石(개석) : 절개가 돌같이 굳세다. 『주역(周易)』, 「계사하(繫辭下)」, "역에 이르기를, '돌처럼 절개가 굳은지라 하루를 마치지 않으니, 정(貞)하고 길(吉)하니라.'하였으니, 절개가 돌과 같으니 어찌 하루를 마치겠는가? 결단함을 알 수 있다(易曰, 介于石, 不終日, 貞吉.' 介如石焉, 寧用終日? 斷可識矣)."

○ 機警(기경) : 기지가 있어 영리하다. 똑똑하다. 사물의 이해가 빠르다.

○ 坎井(감정) : 함정. 장애물.

○ 有如醉且墜, 幸未傷輒醒(유여취차추, 행미상첩성) : 『장자(莊子)』, 「달생(達生)」, "술 취한 자는 수레에서 떨어져도 비록 아프겠지만 죽지는 않는다. 골절은 남과 같지만 해를 입는 것은 남과 다르다. 그 정신이 온전하기 때문이다. 그는 수레를 탄 것도 추락한 것도 지각하지

못한다(夫醉者之墜車, 雖疾不死. 骨節與人同而犯害與人異, 其神全也, 乘亦不知也, 墜亦不知也)

해제 　우선 아우 소철(蘇轍)과 태어나 세 번째 이별을 맞으며 그 쓰라림을 표현하고 있다. 아우는 선친을 닮아 소박하고 어눌하면서도 강직하고 또 조용한 품성을 지닌 길(吉)한 사람으로, 벼슬을 놓고 떠나가는 것도 용맹하다. 나는 뜻을 행하는데 거침이 없어 술에 취해 낭떠러지에서 떨어졌는데 다치지 않은 것 같다. 이제부터는 한가롭게 지낼 작정이다.

4-2 其二

가까이 이별할 때에는 슬픈 모습 짓지 않다가
멀리 이별하자니 눈물이 흘러 가슴을 적시누나.
지척간이라도 서로 보지 못한다면
정말 천리 먼 곳에 떨어져 있는 것과 같다네.

인생에 이별이 없다면
뉘라서 은애(恩愛)가 소중한 줄을 알겠는가?
처음 내가 완구(宛丘)에 왔을 때
그대의 아이들이 내 옷자락을 끌며 춤추었지.

그때 그대는 이 슬픔이 있을 줄 알았던지
나를 머무르게 하여 가을을 지내게 했지.
가을바람도 이미 지나가 버리니

三. 항주통판(杭州通判) 부임행로　153

이별의 슬픔은 마침내 끝이 없었다네.

(조카들) 내게 물었지, "어느 때 돌아오실 건가요?"
난 말했지, "세성(歲星)이 동쪽에 있을 때 오마"고.
이별과 만남은 항상 순환하는 것
근심과 기쁨도 서로 번갈아 온다네.

이렇게 말하고 길게 탄식하나니
내 인생은 흩날리는 쑥과 같은 것.
근심이 많으면 머리털이 일찍 희어지는 법
육일옹(六一翁)을 보지 못하였는가?

> 近別不改容, 遠別涕霑胸.
> 咫尺不相見, 實如千里同.
> 人生無離別, 誰知恩愛重.
> 始我來宛丘, 牽衣舞兒童.
> 便知有此恨, 留我過秋風.
> 秋風亦已過, 別恨終無窮.
> 問我何年歸, 我言歲在東.
> 離合旣循環, 憂喜迭相攻.
> 語此長太息, 我生如飛蓬.
> 多憂髮早白, 不見六一翁.
> (卷6)

주석

◉ 宛丘(완구) : 진주(陳州)의 다른 이름.

✪ 兒童(아동) : 소철(蘇轍)의 아이들을 가리킨다.
✪ 歲在東(세재동) : 세성(歲星)이 동쪽에 있을 때는 3년 후이다. 송대(宋代)의 관제(官制)에 따르면 문관(文官)은 3년에 한 번씩 관직이 이동된다. 그러므로 3년 후는 동파의 항주통판(杭州通判) 임기가 만료되는 때이다.
✪ 六一翁(육일옹) : 구양수(歐陽修). 호(號)는 육일거사(六一居士)이다. 구양수(歐陽修), 「육일거사전(六一居士傳)」, "우리 집에는 장서가 1만 권, 삼대(三代)이래 금석유문(金石遺文)을 집록(集錄)한 것이 1천권, 거문고가 하나, 바둑판이 한 판, 그리고 항상 술 한 병을 차리고 있다. 손님이 말하길, '이는 오일(五一)일 뿐이니 어찌하겠는가?' 거사가 말하길, '나 한 늙은이가 이 다섯 가지 물건 사이에 있으니, 이 어찌 육일(六一)이 아니겠는가?'"

해제 이는 동파가 36세(熙寧4년, 1071년)에 항주통판 임지로 가는 도중 진주(陳州)에서 교수(敎授)로 있는 아우 소철(蘇轍)에게서 두 달간 머물다가, 그 해 9월 소철이 영주(潁州)까지 자신을 배웅 나왔을 때 출발에 임해 지은 유별시(留別詩)이다. 동파는 여기서 이별에 대한 적극적 재인식으로, 분출되는 비애의 감정을 지양하고 있다. 여기서 '비애의 지양'이라는 말은 길천행차랑(吉川幸次郎)이 송시(宋詩)의 인생관의 하나로 도출해낸 말로, 동파의 시(詩)에 대해서도 적용하고 있다. 또 길천행차랑은 여기서 '이별과 만남'은 순환철학적 인생관을 표현한 것이라고 하였다.(吉川幸次郎 著, 鄭淸茂 譯, 『宋詩槪說』, 32-36쪽, 參照). 곧 이별에 대한 인식, 이별로 인한 강렬한 슬픔의 표현과 그 극복이 작품의 주제를 이루고 있다. 전체 시는 다음의 세 단락으로 나눌 수 있다.

제1단락(1-6구)에서는 가까운 이별[近別]과 먼 이별[遠別]에 대한 인간의 보편적 심리 파악과 이별의 가치에 대한 재인식을 토로하고 있다. 근별, 원별에 대한 보편적 심리는 먼 이별이 가까운 이별보다 아쉬움과 슬픈 감정의 농도가 더욱 절실하다. 그러나 포괄적 안목으로 볼 때는 이별이라는 동일범주에 속한다고 하였다. 이어서 이별이라는 그 격절의 과정을 통해서 참사랑의 가치를 발견할 수 있다는 적극적 발상이 나타나고 있다. 대개 어느 사람과 같이 있을 때는 사랑의 실체를 잘 인식하지 못하다가 공간적인 거리가 멀어졌을 때에야, 비로소 그 격절감으로 인해 사랑의 참가치를 확인하게 되는 경우가 많다.

제2단락(7-14구)에서는 이별경과에 대한 서술을 통해 이번 이별의 무궁한 비애를 진술하게 드러내고 있다. 조카들과 아우 소철은 이별의 슬픔을 미리 느껴서 동파가 떠남을 만류하였다. 그런데 가을바람이 홀연 지나가 버리고 소철과의 이별의 시각이 임박하게 되자 동파는 무궁한 이별의 한을 토로하고 있다.

제3단락(15-20구)에서는 동파는 이별과 만남은 순환구조라는 것, 그리고 "인생은 흩날리는 쑥과 같은 것(我生如飛蓬)"이라 하여 인생의 부침을 우주의 흐름에 맡겨 버리는 인식적 토대 하에 이별의 비애를 지양하고 있다.

특히 15-16구에는 "이별과 만남은 순환하는 것, 근심과 기쁨도 서로 번갈아 온다네(離合旣循環, 憂喜迭相攻)"라 하여, 인생은 이별과 만남, 근심과 기쁨 등의 순환구조로 되어 있다는 것을 밝히고 있다. 만남만 있다던가 이별만 있는 인생, 그리고 기쁨만 있거나 근심만 있는 인생은 존재하지 않는다. 이 상대적인 양자가 순환되는 것이 인생이다. 이별로 인해 만남이 더욱 부각되고, 근심으로 인해 기쁨이 더욱 부각되는 것이다. 이러한 인식에 바탕 하여 동파는 인생의 본원적인 비애를 극복하고 있다. 이와 유사한 정서는 아래 동파의 사(詞)에서도 나타나고 있어, 방증자료로 삼을 만하다.

人有悲歡離合,　사람에게는 기쁨과 슬픔, 만남과 헤어짐이
　　　　　　　있고
月有陰晴圓缺.　달에는 맑음과 흐림, 둥글어짐과 이지러짐이
　　　　　　　있는 법.
此事古難全.　이 일은 옛날부터 온전하기 어려웠어라.

(「水調歌頭」(明月幾時有))

　이 사(詞)에서는 인생과 자연물(달)을 대비시켜 그 공통점을 함축적으로 표현하고 있다. 곧 인생에는 기쁨과 슬픔, 만남과 헤어짐이 존재하고, 달에는 맑음과 흐림, 둥글어짐과 이지러짐이 존재한다는 것이다. 이렇듯 인간은 완전무결을 추구하지만 완전무결하지 못하고, 오히려 부족함이 있기에 더욱 완전무결함이 부각되는 것이다.

　이러한 개별적인 것들이 상호순환적으로 반복되기에, 역설적으로 전체 인생에서는 단조로움을 해결하게 되며, 더욱 생동감이 있고 풍부한 삶을 살 수 있다고 보여진다. 이러한 거시적, 순환적 인식은 또한 역경과 비애를 초극할 수 있는 역량이 되고 있다.
이어서 우주의 흐름에 자신의 몸을 맡겨 버리는 동파의 인식태도를 살펴보겠다. 이 시의 제18구 "내 인생은 흩날리는 쑥과 같은 것(我生如飛蓬)"에는 표면적 의미가 인생이 흩날리는 쑥같이 정처없다는 것이다. 그 내재의미는 우주의 흐름에 자신을 맡겨버린다는 것을 의미한다. 이러한 인식을 통해 동파는 보다 큰 새로운 힘을 얻게 된다. 이것은 곧 인생에서의 선택에 따른 무한한 변화가능성을 예견하고, 무언가의 거대한 조류에 의해 야기되는 인생의 부침을 흐름에 맡겨 흘러가는 것을 의미한다.

　마지막 2구는 근심을 많이 한 사람의 표본으로 구양수를 선정, 그가 근심으로 인해 머리털이 희어졌으니, 지나친 이별에 대한 근

심을 지양하자는 의미로 파악된다.

  이 시에서 동파는 이별의 슬픔을 절실하게 느끼지만 동시에 이별을 순환구조로 보아 그 비애를 초극하고자 노력하고 있다. 여기서 그가 감정을 조절하는 능력이 있음을 알 수 있다. 이러한 감정조절은 그의 전체 시에서 나타나는 보편적 양상의 하나이기도 하다.

5. 영구를 나와 처음 회산을 보고, 이날 수주에 도착하다
出潁口初見淮山, 是日至壽州

내 여행길 밤낮으로 강해(江海)를 향하나니
단풍잎 갈대꽃에 가을 흥취 넘치도다.
긴 회하 홀연히 아득하니 하늘은 멀어졌다 가까워졌다 하고
푸른 산은 오래도록 배와 더불어 높았다 낮았다 출렁거린다.

수주(壽州) 땅의 백석탑(白石塔)은 이미 눈에 보이지만
작은 배는 아직 띠풀 언덕을 지나지 못하였다.
물결이 잔잔하고 바람 산들거리는데 백석탑은 바라보이나 이르지는 않고
저녁안개 자욱한 속에 벗은 오래도록 서서 날 기다리고 있겠지.

    我行日夜向江海, 楓葉蘆花秋興長.

長淮忽迷天遠近, 靑山久與船低昻.
壽州已見白石塔, 短棹未轉黃茅岡.
波平風軟望不到, 故人久立烟蒼茫.
(卷6)

- 潁口(영구) : 지금의 안휘성 수현(壽縣) 서쪽 영수(潁水)가 회하(淮河)로 들어가는 곳이다.
- 壽州(수주) : 치소(治所)는 지금의 수현(壽縣)에 있다.
- 長淮(장회) : 긴 회하(淮河 : 淮水).
- 棹(도) : 노. 상앗대.
- 黃茅岡(황모강) : 누런 띠풀이 무성한 산등성이.

36세(熙寧4년, 1071년), 항주통판 부임도중 영수(潁水)에서 수주(壽州)로 배타고 가는 여행길에서 지었다. 일렁일렁 오르락내리락하는 배 위에서 경관의 동태적 형상이 신선하게 묘사되어 있다.

단풍잎과 갈대꽃에서 계절감이 물씬 배어나고 있다. 작자가 탄 배의 움직임에 따라 푸른 산도 출렁이고 있는 듯이 여겨진다. 목적지 수주에 빨리 도착하고 싶은 마음은 굴뚝같지만 배는 상대적으로 느리게만 느껴진다. 그리고 벗이 도착지에서 오래도록 기다리고 있으리라고 믿는 데서는 훈훈한 우정이 살며시 부각되고 있다.

시원지(施元之)는 『시주소시(施注蘇詩)』, 권(卷)3에서, "동파는 일찍이 붓 가는 대로 이 시를 짓고 또 제(題)하여, '나는 36살 때 항주통판으로 부임하다가 수주를 지나며 이 시를 지었다. 이제 59

살이 되어 남쪽으로 귀양 가다가 건주(虔州)에 이르자 안개비가 처연하여 자못 당시의 기상이 있다.'"라고 했다.

왕사한(汪師韓)은 『소시선평전석(蘇詩選評箋釋)』, 卷1에서, "완연히 요체율시(拗體律詩)이니, 고취(古趣)가 있고 겸하여 일취(逸趣)도 있다(宛是拗體律詩, 有古趣兼有逸趣)"고 하였다.

6. 사주의 승가탑
泗州僧伽塔

나는 예전 남쪽으로 여행할 때 배를 변하(汴河) 물가에 매었는데
사흘이나 역풍이 불어 모래 바람이 얼굴을 때렸네.
뱃사공이 신령스런 승가탑에 기도하라고 권하였는데
향불이 사그러지기도 전에 깃발에 풍향이 바뀌었다.

돌아보니 눈 깜작할 사이에 장교가 보이지 않고
아침 식사시간도 안되었는데 구산에 도착했다.
고승은 사심이 없는데 어찌 내게 후함이나 박함이 있으리.
나는 사심을 품어 내게 편한 바를 기뻐하네.

밭을 가는 사람은 비 오길 바라고 수확하는 사람은 맑아지길 원하며
가는 자가 순풍을 얻으면 오는 자는 (역풍 얻어) 원망하게 되

160 텅 비니 만 가지 경지가 다 담기네

는 것
가령 모든 사람의 기도를 곧 바로 들어준다면
조물주는 응당 하루에도 천 번 변해야 하리.

지금 나는 몸과 세상이 길이 아득해
가도 추구하는 것 없고 와도 그리워할 것 없네.
(순풍을 맞아) 가는 것 진실로 바라는 바나
(역풍 맞아) 머무르는 것도 나쁘지는 않은 것
가령 매사에 마음 맞기를 구하게 된다면 신령님도 피곤하리.

한퇴지가 옛적에 승가탑 높이가 삼백 자라 했지만
당시 징관이 세운 탑은 이제 허물어져 삼백 자가 아니네.
나 같은 속인이 붉은 계단을 더럽힐까 꺼리지 않으면
탑에 올라 구름 산이 빙 두른 회하 벌판을 한 번 보리라.

我昔南行舟繫汴,　逆風三日沙吹面.
舟人共勸禱靈塔,　香火未收舠腳轉.
回頭傾刻失長橋,　却到龜山未朝飯.
至人無心何厚薄,　我自懷私欣所便.
耕田欲雨刈欲晴,　去得順風來者怨.
若使人人禱輒遂,　造物應須日千變.
今我身世兩悠悠,　去無所逐來無戀.
得行固願留不惡,　每到有求神亦倦.
退之舊云三百尺,　澄觀所營今已換.
不嫌俗士污丹梯,　一看雲山繞淮甸.
(卷6)

주석

❋ 泗州(사주) : 주성(州城)의 옛 터는 지금의 강소성 우이(盱眙) 동북쪽에 있는데 이미 홍택호(洪澤湖)로 들어갔다.

❋ 僧伽(승가) : 당대(唐代) 서역의 고승으로, 중원에 들어와 사주(泗州) 등지에서 불법(佛法)을 전수하고, 죽은 후에 사주(泗州)에 탑을 쌓고 뼈를 묻었다.

❋ 昔(석) : 31세(治平3년, 1066), 동파는 부친 소순(蘇洵)의 영구(靈柩)를 호송하여 촉(蜀)으로 돌아가는 길에 변경(汴京)으로부터 사수(泗水)를 거쳐 회하(淮河)에 들어갔는데 이때 승가탑을 지났다.

❋ 旆脚轉(기각전) : 깃대 다리가 돌아서다. 풍향이 바뀌다.

❋ 長橋(장교) : 다리이름.

失長橋(실장교) : 시야에서 장교가 보이지 않다.

❋ 龜山(구산) : 사주성(泗州城) 동쪽에 있는 산 이름.

❋ 1-6구 : 치평(治平)3년 당시의 상황을 추억하고 있다.

❋ 至人(지인) : 사상・도덕・수양 등 어떤 방면에서 최고의 경지에 이른 사람으로, 여기서는 승가(僧伽)를 가리킨다.

❋ 無心(무심) : 사심이 없다.

❋ 刈(예) : 수확하다.

❋ 悠悠(유유) : 멀어서 예측할 수 없다. 아득하다.

❋ 退之(퇴지) : 한유(韓愈)의 자(字).

❋ 澄觀(징관) : 당(唐)나라 때 낙양(洛陽)의 고승으로 승가탑을 중건했다.

❋ 甸(전) : 교외(郊外)의 땅.

❋ 今已換(금이환) : 지금은 이미 옛 모습이 아니다.

❋ 不嫌俗士汚丹梯, 一看雲山繞淮甸(불혐속사오단제, 일간운산요회전)

: 작자가 승가탑을 올라 회하일대를 조망하니 구름 산이 빙 두른 것만 보인다.

해제 이는 36세(희녕4년, 1071년) 항주로 부임하는 도중에 지은 것이다. 동파의 이 시는 의론(議論)이 비교적 많은데, 일에는 두 가지 다 좋은 이치가 없어 초탈하는 것만 못하다는 것을 지적하고 있다. 의론이 비록 많으나 탑으로 인하여 감발(感發)하고 탑으로 결론을 맺었으니 전후가 조응된다. 동파는 적지 않은 시에서 의론을 주로 하였는데, 좋은 의론시(議論詩)는 저절로 예술적 가치가 있으니 이 시가 이에 해당된다. 의론으로 시를 짓는 것은 송시(宋詩)가 당시(唐詩)와 구별되는 특징이기도 하다.(王王)

7. 구산
龜山

내 인생 떠돌다 무엇을 구하러 가는가
두 번째 구산에 지나니 어언 오년만이라.
이내 몸은 만 리를 다녀 천하의 반을 돌았고
예전 스님은 암자에 누웠는데 벌써 머리 희기 시작했다.

땅은 중원과 막히어 애써 북쪽 바라보고
조수는 푸른 바다에 연해 있으니 동쪽으로 노닐고 싶어라.

옛날 원가시절 북위를 막느라 축성하던 일 기록하는 이 없는데
허물어진 옛 보루 지금도 남아 있는가.

> 我生飄蕩去何求, 再過龜山歲五周.
> 身行萬里半天下, 僧臥一菴初白頭.
> 地隔中原勞北望, 潮連滄海欲東游.
> 元嘉舊事無人記, 故壘摧頹今在不.
> (卷6)

주석

- 飄蕩(표탕) : 떠돌아다니다.

- 歲五周(세오주) : 31세(治平3년, 1066년) 가을 동파는 부친 소순(蘇洵)의 영구(靈柩)를 이끌고 이곳을 지났는데, 희녕(熙寧) 4년 9월에 다시 지나니 바로 5주년이 되었다.

- 身行萬里半天下, 僧臥一菴初白頭(신행만리반천하, 승와일암초백두) : 5년 동안 자신은 만리를 떠돌아다녔고, 예전에 만났던 스님은 지금 머리털이 이미 희어지기 시작했다.

- 潮連滄海欲東游(조련창해욕동유) : 『논어(論語)』, 「공야장(公冶長)」, 공자가 말하였다. "도가 행해지지 않으니, 뗏목을 타고 바다에 떠가리라(子曰, 道不行, 乘桴浮于海)."

- 元嘉舊事(원가구사) : 동파의 자주(自注)에, "송 문제는 장수를 파견해 북위의 태무제에 항거하여 이 산에 성을 쌓았다(宋文帝遣將拒魏太武, 築城此山)"고 했다.

해제
36세(熙寧4년, 1071년)에 지었다. 앞 4구에서는 오년 만

에 구산을 다시 지나니 감회가 새롭다. 그동안 자신은 만 리를 돌아다녔고 옛 스님은 머리가 희어져 암자에 누워있다. 뒤 4구에서는 조정에 보답 못하고 동쪽으로 푸른 바다를 유람하고 싶다고 했고, 또 구산의 옛 보루가 무너짐으로부터 공을 세워도 소용없음을 개탄하고 있다.(曾曾)

  동파는 떠돌이 인생에서 자신이 만리 길을 다녀 이미 천하의 반을 유랑하였다고 토로하고 나서, 이제 또 자연과 벗 삼아 노닐고 싶어하는 유람의지를 표명하고 있다. 이는 새로운 것에 대해 호기심과 동경을 가지고 있는 작자가 새로 맞닿은 신선한 자연에 더욱 가까워지고자 하는 의지를 보여주고 있다.

8. 금산사에서 노닐며
遊金山寺

내 고향은 장강이 시작되는 발원지
벼슬길에 떠돌다가 곧장 강물이 바다로 들어가는데 까지 이르렀네.
여긴 조수(潮水)가 파도 한 길 높이 솟는다 하더니
추운 겨울이라 모래톱에 그 흔적 역력하네.

중령천 남쪽 물가에 우뚝 선 바위
예로부터 파도 따라 나타났다 꺼졌다 한다네.

정상에 올라 멀리 고향 촉 땅 바라보니
강남 강북의 첩첩 청산 막아섰구나.

나그네 향수에 밤이 무서워 돌아가는 배 찾으니
스님은 한사코 낙조를 보라고 만류한다.
넓은 강물에 미풍 부니 만경창파 고운 무늬 짚고
반공에 비낀 노을에 비치어 물고기 꼬리가 붉네.

때마침 강물위로 떠오르는 초생달
이경이라 밤 깊어 달 지자 칠흑 같은 밤
강 가운데 갑자기 무엇인가 횃불처럼 피어오르니
산을 밝힌 날리는 그 불꽃에 깃들인 새 놀라 깨네.

쓸쓸히 절에 돌아와 자리에 누웠으나 마음엔 모를 일
귀신도 아니고 사람도 아니라면 도대체 무엇일까?
이처럼 아름다운 고향산천 두고 돌아가지 않는다고
강신(江神)도 괴이한 현상 나타내 내가 깨닫지 못한 것을 깨우쳐 준다.

내 강신에게 사죄하나니, 어쩔 수 없다네.
농사할 밭 있으면 반드시 고향에 돌아갈 것을 강물을 두고 맹세하네.

我家江水初發源,　宦游直送江入海.
聞道潮頭一丈高,　天寒尚有沙痕在.
中泠南畔石盤陀,　古來出沒隨濤波.
試登絶頂望鄕國,　江南江北靑山多.

羈愁畏晚尋歸楫, 山僧苦留看落日.
微風萬頃鞾文細, 斷霞半空魚尾赤.
是時江月初生魄, 二更月落天深黑.
江心似有炬火明, 飛焰照山栖鳥驚.
悵然歸臥心莫識, 非鬼非人竟何物.
江山如此不歸山, 江神見怪警我頑.
我謝江神豈得已, 有田不歸如江水.
(卷7)

주석

- 金山寺(금산사) : 지금의 강소성 진강(鎭江)의 금산(金山) 위에 있다. 옛 이름은 택심사(澤心寺)이다. 금산은 원래 강 가운데의 작은 섬에 솟아 있었는데, 후에 육지와 연결되었다.
- 宦游(환유) : 관직을 따라 집을 떠나 멀리 유람하다.
- 江入海(강입해) : 강이 바다로 들어가다.
- 中泠(중령) : 중령천(中泠泉). 샘 이름으로, 금산의 서북쪽에 있으며, 속칭 "천하제일천(天下第一泉)".
- 盤陀(반타) : 반타(盤陁)라고도 한다. 큰 돌이 평평하지 않은 모양.
- 絶頂(절정) : 가장 높은 곳. 여기서는 금산(金山)에 오른 것을 가리킨다.
- 羈愁(기수) : 여수(旅愁). 나그네 수심.
- 歸楫(귀즙) : 진강(鎭江)으로 돌아가는 배.
- 鞾文(화문) : 신발의 무늬로, 물의 파문을 비유한다.
- 斷霞(단하) : 이어졌다 끊어졌다 하며 이어지지 않은 저녁노을.
- 魚尾赤(어미적) : 붉은 색의 비늘 모양의 저녁노을.

✪ 初生魄(초생백) : 음력 초삼일의 달. 백(魄)은 패(霸)와 통하며, 달이 이지러질 때 원형의 윤곽이 있으며 빛이 어두운 부분. 구설(舊說)에 매월 음력 초3일 이후에 이 부분이 점점 밝아지는데, 그것을 '成魄'이라고 한다. 작자는 11월 초3일에 금산사를 유람하였다.
조선시대 양경우(梁慶遇)의 『제호시화(霽湖詩話)』에 "동파의 「금산사」 시에 '是時江月初生魄, 二更月落天深黑'이라 했는데, 이경(二更)에 떨어지는 것은 생명(生明)이지, 생백(生魄)이 아니다. 대개 경솔한 잘못이다. 두릉(杜陵 : 杜甫)에게는 이런 실수가 없다"라고 했다.(기태완 선역, 『송시선』, 214쪽)

✪ 非鬼非人竟何物(비귀비인경하물) : 동파의 자주(自注)에, "이날 본 것이 이와 같았다(是夜所見如此)"라 하였다.

✪ 見怪(견괴) : 횃불같이 보이는 괴이한 현상을 드러내다.

✪ 警我頑(경아완) : 나의 완고함과 속세에 대한 미련에 대해 깨우쳐 주다.

✪ 謝(사) : 사죄하다. 알려주다. 고하다.

✪ 我謝江神豈得已, 有田不歸如江水(아사강신기득이, 유전불귀여강수) : 나는 강신에게 사죄하노니, 내가 귀은(歸隱)하지 않은 것은 부득이한 것이다. 일단 밭이 생기면 고향에 돌아갈 것을 강물에다 맹세한다. 옛 사람은 강물을 가리켜 맹세하는 습관이 있다. 『좌전(左傳)』, 「희공(僖公) 24年」, "진 문공이 (외삼촌) 구범에게 말하길, '(나의 행동이) 외삼촌(당신)과 마음이 같지 않겠거든(배반할 것 같으면), 저 강물을 두고 맹세한다'(晉文公謂咎犯曰, '所不與舅氏同心者, 有如白水')"

해제 이 시는 그가 희녕4년 겨울 항주통판으로 부임하는 도중 진강(鎭江)에서 쓴 것이다. 금산(金山)은 원래 장강(長江) 가운데 우뚝 솟은 산인데, 위에는 금산사(金山寺)가 있다. 지금은 강안과 연결되어 있다. 세차게 동쪽으로 흐르는 장강 물이 바다에 들어가는 것을 목도하자, 시인의 생각은 도리어 강물이 발원하는 곳 고향 사천으로 향한다. 한길이나 높다고 들어온 만조의 웅장함은 이 때에는 볼 수 없고, 조수가 밀려간 후의 모래 흔적이 남아있을 뿐이었다. 정상에 올라 멀리 고향 쪽을 바라보니 푸른 산이 막혀있다. 여기에 망연한 분위기와 깊은 향수가 부각된다. 끝으로 강 중심의 횃불이 나타난다. 이것은 벼슬을 그만두지 않은 작자를 경고하기 위해, 강신(江神)이 질책을 나타낸 것에 다름 아니다. 그와 같은 상상에 의해 더욱더 벼슬살이에 대한 염증과 짙은 향수를 선명하게 묘사하여 나타내고 있다.(王)

36세(熙寧4년, 1071년) 11월, 항주통판(杭州通判) 부임도중 장강(長江) 하류에 위치한 금산사(金山寺)에 들러 보각(寶覺), 원통(圓通) 두 스님을 방문하고, 절을 유람하면서 저녁부터 밤까지의 시간적 추이에 따라 시상을 전개하며 귀향의 의지를 읊은 작품이다.

이 시는 세 단락으로 나눌 수 있다. 제1단락(1-8구)은 금산사에서 본 고향 쪽 산수의 모습에서 연유된 사향심을 토로하고 있다. 초겨울에 고향 촉(蜀)에서 발원하여 바다로 들어가는 장강과 벼슬살이로 떠도는 작자와의 만남에서, 물씬한 사향의 정이 배어나고 있다. 바위의 정상에 올라보니 고향 쪽엔 첩첩청산이 가로막혀 있다. 이것은 작자의 환유(宦遊)지점과 멀리 떨어진 고향에 갈 수 없는 심경을 암시하고 있다.

제2단락(9-18구)은 저녁부터 밤 이경(二更)까지의 시간적 추이에 따른 금산(金山)에서의 낙조구경 과정이다. 낙조와 달이 지는 것을 보고 나서 돌연 강심(江心)의 횃불을 보고 마음이 서글퍼져 잠들지 못하고 있다. 제3단락(19-22구)에서는 자신의 귀향의지를 강물에 맹세하고 있다. 전체적으로 파란이 많고 기세가 분방하다. 특히 1, 7, 19-21구는 고향에 대한 그리움과 귀향의지를 표현하는 연결고리가 되어 수미쌍관을 이루고 있다.

  이 시에 대해 기윤(紀昀)은 "수미(首尾)가 엄근(謹嚴)하며, 필필(筆筆)이 굳세다. 음절이 짧으면서 파란이 심히 광활하다(首尾謹嚴, 筆筆矯健, 節短而波瀾甚闊)."(紀昀 批點,『蘇文忠公詩集』, 권7)라고 평했다.

9. 금산에서 배를 띄워 초산에 이르다.
自金山放船至焦山

금산의 누각 어찌 이리도 그윽하고 깊을까
종소리 북소리 회남에까지 들려온다.
초산에 무엇이 있나, 긴 대나무 있고
나무 땔감하고 물 긷는 스님 두세 분 있구나.

검은 구름 일고 파도치니 인적은 끊어지고
때로는 농민들이 봄누에 잘되도록 기도한다.
나는 금산에 와 유숙하면서도
이곳 초산에 오지 않았음을 부끄러이 여겼다.

금산에 같이 놀러 온 이가 흥이 다하자 나 혼자 가보기로 결심하니
내 운명 궁박해 강담(江潭)의 위험 가벼이 여긴다.

바람 없는 맑은 아침 파도는 절로 용솟음치는데
강물은 중류에서 노래하는데 난 반쯤 취했다.

노승은 산에서 내려와 손님 온 것에 놀라더니
웃으며 맞이하고 기뻐서 고향얘기 한다.
스스로 말하길 '오랫동안 객지생활 오래하여 고향 우물 맛 잊어버리고
단지 미륵과 한 집에 산다.'

피곤해서 잠듦에 종이 휘장 따뜻함 느끼고
산나물 달아서 배불리 먹어도 싫증 없네.
산림에서의 배고픔은 예로부터 있던 일
경작할 밭 없어 은퇴하지 못한 것이 어찌 탐욕이 아니리.

유하혜는 비록 세 번 축출 당했으나 떠나지 않았고
혜강은 견딜 수 없는 일 일곱 가지를 알았다네.
장차 탄핵서 던지고 벼슬 인끈 사절할 테니
내 자신 위해 좋은 곳에다 띠풀 암자 남겨두길 바란다.

金山樓觀何耽耽, 撞鐘擊鼓聞淮南.
焦山何有有修竹, 采薪汲水僧兩三.
雲霾浪打人跡絶, 時有沙戶祈春蠶.
我來金山更留宿, 而此不到心懷慚.
同遊興盡決獨往, 賦命窮薄輕江潭.
淸晨無風浪自湧, 中流歌嘯倚半酣.
老僧下山驚客至, 迎笑喜作巴人談.
自言久客忘鄕井, 只有彌勒爲同龕.

三. 항주통판(杭州通判) 부임행로 171

困眠得就紙帳暖, 飽食未厭山蔬甘.
山林飢餓古亦有, 無田不退寧非貪.
展禽雖未三見黜, 叔夜自知七不堪.
行當投劾謝簪組, 爲我佳處留茅菴.
(卷7)

주석

◉ 焦山(초산) : 여기에 초산보제원(焦山普濟院)이 있는데, 금산(金山)의 동쪽이다.

◉ 耽耽(탐탐) : 그윽한 모양.

◉ 淮南(회남) : 여기서는 양주(揚州)를 가리킨다.

◉ 焦山何有有修竹, 采薪汲水僧兩三(초산하유유수죽, 채신급수승량삼) : 초산은 고요하고 썰렁하여 금산과는 대조를 이룬다는 것을 말한다.

◉ 沙戶(사호) : 사주(沙州)에 있는 농가. 동파의 자주(自注)에, "오지방 사람들은 물가에서 농사를 지을 만한 땅을 '사(沙)'라고 한다(吳人謂水中可田者爲沙)"라고 했다.

◉ 同遊興盡決獨往(동유흥진결독왕) : 금산에 같이 놀러 온 사람들은 흥이 다하여 나 홀로 초산에 갔다.

◉ 巴人(파인) : 동파의 자주(自注)에 "초산장로는 중강사람이다(焦山長老, 中江人也)"라고 했다. 중강(中江)은 지금의 중경(重慶). '파인담(巴人談)'은 시속(時俗) 이야기. 여기서는 고향이야기와 시속(時俗) 이야기의 두 가지 의미가 다 있다.

◉ 忘鄕井(망향정) : 고향의 우물을 잊다. 고향을 잊다.

◉ 同龕(동감) : 미륵과 한 집에 산다. 감(龕)은 감실. '감실'은 사당 안에 신주를 모셔두는 장. 신불(神佛)을 안치하는 장.

- **展禽雖未三見黜**(전금수미삼견출) : 유하혜는 비록 세 번 축출 당했지만 떠나지 않았다. 전금(展禽)은 유하혜(柳下惠)이다. 춘추시대 노나라의 대부이다. 성(姓)은 전(展)이고 자(字)는 금(禽)이다. 유하(柳下)에 살았고 시호를 혜(惠)라고 하였으므로 유하혜(柳下惠)라고 칭하였다. 장문중(臧文仲)이 집권할 당시 사사(士師 : 형벌과 獄事를 관장하는 관직)에 등용되었다. 여기서는 유하혜로서 동파 자신을 비유하였는데, 비록 그러하나 자신은 아직 면직되지 않았다. 『논어(論語)』,「미자(微子)」에, "유하혜는 사사(士師 : 獄官)이 되어 세 번이나 내침을 당하였다. 사람들이 '당신은 아직 떠날 만하지 않은가?'하자, '도를 바르게 하여 사람을 섬기면 어디를 간들 세 번 내침을 당하지 않겠는가? 도를 굽혀서 사람을 섬긴다면 어찌 반드시 부모의 나라를 떠나겠는가?'(柳下惠爲士師, 三黜. 人曰, "子未可以去乎?" 曰, "直道而事人, 焉往而不三黜? 枉道而事人, 何必去父母之邦?")"라고 했다.
- **叔夜自知七不堪**(숙야자지칠불감) : 혜강(嵇康)은 견딜 수 없는 일 일곱 가지를 알았다. 혜강의 자(字)는 숙야(叔夜)이다. 삼국시대의 인물. 그는 그의 친구 산거원(山巨源)과 절교하는 편지 가운데, "반드시 견딜 수 없는 일이 일곱 가지 있고, 심히 불가한 일이 세 가지 있다(有必不堪者七, 甚不可者三)"라고 하였다. '칠불감(七不堪)'이란 행동이나 생활가운데 7가지 일은 예교나 세속의 속박을 받을 수 없다는 것이다.
- **行**(행) : 장차. 금방.
- **投劾**(투핵) : 스스로의 잘못을 탄핵하고 벼슬을 물러나다.
- **謝簪組**(사잠조) : 관직을 사직하다. '잠(簪)'은 관(冠)을 고정시키는 비녀, '조(組)'는 인끈으로, '잠조(簪組)'는 관직을 말한다.

해제 동파는 36세(熙寧 4년, 1071년)에 금산사를 유람하고 가까이에 있는 초산(焦山)에 놀러갔다. 초산은 금산(金山)과 마주하여 있는데, "금·초(金·焦)"라고 병칭된다. 이 시는「유금산사(遊金山寺)」와 자매편이다. 우선 초산의 자연환경과 절의 분위기를 묘사하고 고향 스님과 정담을 나누고, 산림에서 배고픔은 예로부터 있던 일이며, 경작할 밭 없어 은퇴하지 못한 것이 어찌 탐욕이 아니랴 라고 하였다. 세 번이나 관직에서 축출되었으나 끝내 자신의 정치적 이상을 실천한 유하혜(柳下惠)식의 생활방식과 애당초 관직에 발을 들여놓지 않았던 혜강(嵇康)식의 생활방식을 제시해 스스로에게 비유하며, 장차 벼슬을 버리고 자연으로 돌아갈 터이니 좋은 곳에 띠풀 암자를 마련해 주기를 바란다고 하였다.

四. 항주통판(杭州通判) 시절

1. 납일에 고산을 유람하고 혜근, 혜사 두 스님을 방문하다
臘日遊孤山訪惠勤惠思二僧

하늘엔 눈이 내리려는 듯 호수 가득 구름 덮였고
누대는 언뜻언뜻 드러났다 사라졌다하고, 산도 보였다 안보였다 한다.
물 맑아 바닥 돌까지 환히 보여 노니는 물고기의 수까지 셀 수 있고
깊은 숲엔 인적도 없고 새들만 지저귄다.

납일(臘日)인데도 집에 돌아가 처자식과 어울리지 않고
명목은 도승(道僧)을 만나러 나섰건만 실은 스스로 즐기기 위해서지.
도승이 사시는 곳 어드메요?
보운산(寶雲山) 앞길 구불구불하구나.

고산(孤山)은 고절(孤絶)하니 누가 여막 짓고 살려 하리오
도승이 높은 도 닦으시니 산도 외롭지 않으리.
대나무 얽어 만든 집 창문에 종이 바르니 깊고 따뜻하여
갈옷 두르고 풀방석에 앉은 채 주무시기도 한다.

날씨 춥고 갈 길 멀다고 하인들은 마냥 걱정하지만
멍에 챙기어 돌아가길 재촉하니 저물기 전이라.

산을 벗어나 뒤돌아보니 구름이 나무를 가렸고
다만 솔개가 높이 떠 절 탑 위를 맴돌고 있구나.

이번 유람 담박한 대로 뿌듯한 즐거움 남아 있어
집에 돌아오니 꿈속의 일인 듯 황홀하기만 하구나.
이 감흥 흐려질까 봐서 서둘러 달아나는 것을 뒤쫓아 시를 지어 보나니
맑은 경치 사라져버리면 다시는 그려내기 어려우리.

天欲雪, 雲滿湖, 樓臺明滅山有無.
水淸石出魚可數, 林深無人鳥相呼.
臘日不歸對妻孥, 名尋道人實自娛.
道人之居在何許, 寶雲山前路盤紆.
孤山孤絶誰肯廬, 道人有道山不孤.
紙窓竹屋深自暖, 擁褐坐睡依團蒲.
天寒路遠愁僕夫, 整駕催歸及未晡.
出山迴望雲木合, 但見野鶻盤浮圖.
茲遊淡薄歡有餘, 到家怳如夢蘧蘧.
作詩火急追亡逋, 淸景一失後難摹.
(卷7)

주석

❋ 臘日(납일) : 납일. 납평. 납향(臘享)하는 날. 납향(臘享)은 이날 그 한 해에 지은 농사 형편과 그 밖의 일을 여러 신에게 고하는 행사. 한대(漢代)에 동지(冬至) 후 세 번째 술일(戌日)을 납일이라고 하였는데,

송대(宋代)에도 한대(漢代)의 제도를 사용하였다.
* 孤山(고산) : 항주 서호(西湖) 안에 있는 나지막한 산.
* 惠勤惠思(혜근혜사) : 북송시대 항주의 두 시승(詩僧) 이름.
* 明滅(명멸) : 홀연 보였다가 홀연 안보였다 한다.
* 道人(도인) : 도가 있는 사람. 도승(道僧)으로, 여기서는 혜근(惠勤), 혜사(惠思) 두 스님을 가리킨다.
* 寶雲山(보운산) : 서호의 북쪽에 있는데, 오대(五代) 오월왕(吳越王)은 여기에다 보운사(寶雲寺)를 지었다.
* 團蒲(단포) : 포단(蒲團). 부들로 둥글게 틀어 만든 깔고 앉는 방석. 부들 방석.
* 紙窓竹屋深自暖, 擁褐坐睡依團蒲(지창죽옥심자난, 옹갈좌수의단포) : 절에 들어서서 본 풍경.
* 晡(포) : 신시(申時). 오후 3시-5시.
* 浮圖(부도) : 절의 탑.
* 蘧蘧(거거) : 꿈이 깬 후 놀라 움직이는 모양.
* 亡逋(망포) : 달아나는 것. 도망하는 것.

해제 36세(熙寧 4년, 1071년) 겨울, 항주통판(杭州通判) 시절에 지었다. 동파는 절을 유람하기도 좋아하였는데, 이는 그가 불교 신자이기도 했지만 그보다는 자연을 좋아하는 그의 성품이 그윽한 풍치의 절과 그 주위의 경관을 더욱 좋아하였기 때문일 것이다.
 이것은 겨울철 항주통판(杭州通判)으로 부임(熙寧4년, 1071년, 36세, 11월)한지 얼마 후, 눈이 내리려는 날씨에 고산(孤山)의 두 스님을 찾아가는 행로에서 돌아오기까지 전 과정의 경관과 작자의 감흥이 잘 나타나 있는 시이다. 경치를 중심으로 묘사하고 있으면서도 유람으로 인한 자신의 내면적인 흐뭇함이 시간의 추이에 따라 배어나고 있다.

작자는 행로 중의 경관을 사실적으로 묘사하였다. 눈이 내리려는 날씨라 구름이 덮여 있는 호수와 그 구름 때문에 누대와 산이 보였다 안보였다 하는 모습을 그림 그리듯 묘사하고 있다. 제6구의 "유람의 명목은 도승을 만나러 가는 것이지만 실은 스스로 유람을 즐기기 위해서였다"는 시구에 명시된 것처럼 동파는 산수의 유람이 이번 나들이의 진정한 목적이라고 하여 그 즐거움을 만끽하고 있는 속마음이 잘 드러나 있다.

제9, 10구 "고산(孤山)은 외롭게 외떨어진 곳이라 오두막 짓고 살 사람도 없으련만, 도승(道僧)이 높은 도 닦으시니 산도 외롭지 않으리"는 의미가 깊다. 산 이름이 고산(孤山)인데서 착안, 고산의 고(孤)의 의미를 잘 살려서 그 반대적 의미로 '도승이 도를 닦으시니 산도 외롭지 않으리'라고 하였다.

마지막 두 구에서는 감흥의 순간이 지나가 버리면, 맑은 경치의 순간형상을 포착하기가 어렵다고 하였다. 이것은 "사물의 묘함을 구하는 것은 마치 바람을 붙들어 매고, 그림자를 붙잡는 것과 같다(求物之妙, 如繫風捕影)"(「答謝民師書」)라는 자신의 창작론과 부합된다. 바로 시가를 지을 때의 순간적 형상의 포착이 어렵고도 중요하다는 시가창작의 법칙을 잘 형상화시키고 있다.

2. 자유를 희롱하며
戲子由

완구선생은 키가 커서 언덕과 같고
완구학사는 집이 작아 조각배 같다.
완구선생은 평상시에 고개 숙인 채 경전과 사서를 낭독하다가
갑자기 하품하며 기지개 켜니 천정에 머리가 부딪친다.

비낀 바람 휘장에 불어 비가 얼굴에 뿌리면
선생은 부끄러워하지 않는데 옆 사람이 부끄러워한다.
배불러 죽을 난쟁이가 동방삭을 비웃을 지라도
빗속에 선 키 큰 호위병이 될지언정 진나라 광대에게 도움을
구하겠는가.

눈앞에서 다투는 것이야 어찌 말할 것 있는가
육정(六情)을 다 잊어버리고 모름지기 천지와 함께 노닐어야지.
책을 만 권 읽었어도 법률책은 읽지 않아
우리 임금 요순으로 이루게 하고자 한들 방법이 없음을 아네.

권농관의 행차가 구름처럼 요란해도
늙은이 나이 보내는데 양념과 소금은 달기가 꿀과 같다.
문 밖의 세상일들 본 척 않고
머리는 항상 숙였으나 기개는 꺾이지 않았다.

나는 항주의 통판으로 공로도 없이

오색단청 관사에 다섯 길 되는 깃대를 세웠다.
층층 누각이 공중에 걸쳐 있어 빗소리도 들리지 않고
방은 많으나 사람은 적으니 바람소리만 쏴쏴 한다.

평소에 부끄러운 것이 지금은 부끄러운 줄도 모르고
앉은 채로 지친 백성 대하고 다시 채찍질도 한다네.
길에서 양호(陽虎)같은 인물을 만나면 인사하고 이야기를 나누며
마음으로는 그의 나쁨을 알면서도 입으로는 고분거린다.

지위만 높고 뜻이 낮으면 정말 무슨 보탬이 되랴
의기와 절개가 쪼그라들어 이제 얼마 안 남았네.
문장 같은 작은 재주 어찌 모범이 되리요
그대와 나 옛날에는 다 이름을 날렸었지.

지금은 노쇠하여 둘 다 쓸모없으니
세인들에게 맡기어 경중을 가려보세.

宛丘先生長如丘, 宛丘學舍小如舟.
常時低頭誦經史, 忽然欠伸屋打頭.
斜風吹帷雨注面, 先生不愧旁人羞.
任從飽死笑方朔, 肯爲雨立求秦優.
眼前勃蹊何足道, 處置六鑿須天游.
讀書萬卷不讀律, 致君堯舜知無術.
勸農冠蓋鬧如雲, 送老齏鹽甘似蜜.
門前萬事不挂眼, 頭雖長低氣不屈.
餘杭別駕無功勞, 畫堂五丈容旗旄.
重樓跨空雨聲遠, 屋多人少風騷騷.

平生所慚今不恥, 坐對疲氓更鞭箠.
道逢陽虎呼與言, 心知其非口諾唯.
居高志下眞何益, 氣節消縮今無幾.
文章小技安足程, 先生別駕舊齊名.
如今衰老俱無用, 付與時人分重輕.
(卷7)

주석

◎ 宛丘先生(완구선생) : 소철(蘇轍)을 가리킨다. 소철은 당시에 진주주학(陳州州學)의 교수(敎授)를 지내고 있었다. 진주(陳州)의 옛 이름은 완구(宛丘)이다. 그러므로 완구선생이라고 칭했다.

◎ 忽然久伸屋打頭(홀연구신옥타두) : 집이 작을 뿐 아니라 낮다는 것을 형용한다.

◎ 任從(임종) : 개의치 않는다.

◎ 方朔(방삭) : 동방삭(東方朔). 서한(西漢) 사람. 그는 한(漢) 무제(武帝)에게 말하길, 자신의 신장은 9척이요, 난쟁이 광대[侏儒]는 겨우 3척 남짓인데, 두 사람의 녹봉은 같아서 주유(侏儒)는 배불러 죽을 지경이고 자신은 배고파 죽을 지경이라고 했다.

◎ 秦優(진우) : 우전(優旃)을 가리키는데, 그는 진시황(秦始皇)의 난쟁이 광대이다.

◎ 任從飽死笑方朔, 肯爲雨立求秦優(임종포사소방삭, 긍위우립구진우) : 배불러 죽을 정도의 주유(侏儒)들이 배고픈 동방삭을 비웃더라도 비를 피하기 위해 주유(侏儒) 우전(優旃)에게 도움을 구하지는 않겠다. 차라리 역경에 처할지언정 소인에게 머리를 숙이지 않겠다. 여기서는 동방삭으로서 소철(蘇轍)을 비유하고 주유(侏儒)로서 조정에 임

용된 소인들을 비유한다.
- **勃豀**(발혜) : 다투다.
- **六鑿**(육착) : 희노애락애오(喜, 怒, 哀, 樂, 愛, 惡)의 육정(六情).
- **眼前勃豀何足道, 處置六鑿須天游**(안전발혜하족도, 처치육착수천유) : 눈앞에 거주하는 곳이 협소하여 집 식구들이 다투는 것도 개의할 필요가 없다. 단지 마음이 천지자연과 함께 노닐면 육정(六情)은 치지도외(置之度外)이다.
- **律**(율) : 법률.
- **堯舜**(요순) : 전설 가운데 상고시대의 두 현명한 군주.
- **讀書萬卷不讀律, 致君堯舜知無術**(독서만권불독율, 치군요순지무술) : 독서를 많이 한다고 하더라도 법률 책을 읽지 않으면, 국가를 다스릴 수 없고 지금의 군주를 명군으로 만들 수 없다. 여기서는 반대적인 의미로서, 당시 신정(新政)에서는 과거제도를 혁신하여 시부(詩賦)시험으로 선비를 등용하는 것을 취소하고 명법과(明法科)를 새로 만들어 법률과목을 시험하였는데, 동파는 법률로서 임금을 요순으로 만들기에는 부족하다고 여겼다.
- **勸農**(권농) : 조정이 각지에 파견하여 농전(農田), 수리(水利), 부세(賦稅), 노역(勞役) 등을 시찰하던 관리.
- **冠蓋**(관개) : 여기서는 관리를 가리킨다. '관(冠)'은 관리가 쓰는 모자이고, '개(蓋)'는 수레덮개(수레의 차양)를 가리킨다.
- **送老**(송로) : 양로(養老).
- **虀鹽**(제염) : 양념과 소금. 생활이 청빈한 것을 가리킨다.
- **餘杭**(여항) : 지금의 절강성 항주.
- **別駕**(별가) : 통판(通判)의 별칭. 소동파 자신을 가리킨다.
- **畫堂**(화당) : 단청한 집. 관사를 가리킨다.
- **旂旄**(기모) : 옛날의 두 종류의 깃발. '기(旂)'는 위에 두 마리의 용을

그리고 방울을 단 깃발이고, '모(旄)'는 깃발 장대 위에 소꼬리를 장식한 깃발이다. 여기서는 의장(儀仗)을 가리킨다.

◉ **餘杭別駕無功勞, 畫堂五丈容旗旄**(여항별가무공로, 화당오장용기모) : 나 자신은 공도 없이 봉록을 받고 거주하는 곳은 화려하고 넓으며 관사에 다섯 길되는 깃대를 세웠다.

◉ **騷騷**(소소) : 쏴아. 바람소리.

◉ **陽虎**(양호) : 양화(陽貨). 공자(孔子)가 만나고 싶지 않았지만 무성의하게라도 대하지 않을 수 없던 사람. 여기서는 상부에서 파견 나온 감사(監司). 『논어(論語)』, 「양화(陽貨)」 참조.

◉ **諾唯**(낙유) : 예예하고 대답하다.

◉ **衰老**(쇠노) : 동파의 당시 나이는 36세, 소철은 33세이다. 노쇠했다는 것은 실은 분개의 어조를 띤 것이다.

해제 36세(熙寧 4년, 1071년)에 지었다. 당시 아우 소철(蘇轍)도 신정(新政)과 부합하지 않아 서울을 떠나 진주(陳州 : 治所는 지금의 하남성 淮陽)주학교수(州學敎授)에 임용되었다. 동파는 해학적인 어조로 소철을 위안시키며, 또 신정에 대한 불평불만을 토로하고 있다. 전반적으로 대비수법을 사용하고 있다. 먼저 소철의 거주지가 협소하고 생활이 빈궁하지만 기개는 굴하지 않는다고 했다. 그 다음에 작자는 자신은 단청으로 된 관사에서 높이 앉아 생활하는 등 생활조건이 좋지만, 뜻과 기개가 위축되고 조정의 관리에게 굽실거리며 예예하고 맞장구친다. 끝으로 양인의 공통점을 묘사하였는데, 단지 문장으로 이름을 날리지만 문장은 쓸데없는 것이며, 이 때문에 두 사람이 생활환경이나 정신상태는 서로 다르지만 만난 결과는 모두 같다. 맥락이 분명하고 문장의 기운이 유창하며 불평의 기운이 언어의 표면에 넘치고 있다.(王王)

3. 잠 저작랑을 전송하며
送岑著作

게으른 것은 항상 고요한 듯하나
고요함이 어찌 게으른 것의 무리이리.
졸렬함이 곧음에 가까우나
곧음이 어찌 졸렬함이겠는가.

선생은 고요하고도 곧으니
온화하고 젊잖게 때에 맞춰 나아가고 물러간다.
아! 나는 다시 무엇을 하겠는가
두 사람이 서로 뜻이 맞으니 기쁨이 넘쳐난다.

나는 본래 세상과 어긋나지 않는데
세상이 나와 다르다.
숲 속에서 우는 비둘기보다 졸렬하고
얼음 밑에 있는 물고기보다 더 게으르다.

사람들은 모두 나의 미치광이 짓을 비웃으나
그대는 유독 내 어리석음을 불쌍히 여긴다.
곧은 자는 펴는 때가 있고
고요한 자는 끝내 머무르지는 않는다.

나의 게으르고 졸렬한 병은
돌침과 약으로 제거될 수 없다.

떠나갈 때 술맛이 싱거운 것이 이상스러운데
이미 이별의 눈물이 그 속에 떨어졌기 때문이라.

뒷날 만나는 것이 어찌 때가 없겠는가마는
드디어 출사한 나와 은퇴한 그대가 멀어질까 염려된다.
오직 바라기는 고향으로 돌아가는 꿈속에서나
그대 따라 고향집에 돌아가는 것이라네.

懶者常似靜, 靜豈懶者徒.
拙則近於直, 而直豈拙歟.
夫子靜且直, 雍容時卷舒.
嗟我復何爲, 相得歡有餘.
我本不違世, 而世與我殊.
拙於林間鳩, 懶於冰底魚.
人皆笑其狂, 子獨憐其愚.
直者有時信, 靜者不終居.
而我懶拙病, 不受砭藥除.
臨行怪酒薄, 已與別淚俱.
後會豈無時, 遂恐出處疎.
惟應故山夢, 隨子到吾廬.
(卷7)

주석

❂ **岑著作**(잠저작) : 잠상구(岑象求), 자(字)는 암기(巖起), 재주(梓州)사람. 당시 제거재주로상평(提擧梓州路常平)으로 촉(蜀)으로 돌아가게 되었다.

❋ **雍容**(옹용) : 온화하고 젊잖다. 온화한 얼굴.
❋ **卷舒**(권서) : 책을 덮었다 폈다 하다. 나아가고 물러나다.
❋ **信**(신) : 펴다. 신(伸).
❋ **恐出處疎**(공출처소) : 드디어 출사한 나와 은퇴한 그대가 멀어질까 염려된다. 출사와 은퇴로 드물게 만나게 될까 두렵다.

해제 시의 산문화 경향(以文爲詩)을 보이고 있다. 그대는 고요하고도 곧으니 온화하고 젊잖게 때에 맞게 나아가고 물러간다. 나는 자아와 현실세계간에 갈등을 느끼고 있으며, 게으르고 졸렬하며 미치광이다. 그대와 이별함에 자주 만나지 못할까 두려워 꿈속에서나마 그대 따라 고향집에 돌아가고 싶다고 했다.

4. 길상사에서 모란을 감상하다
吉祥寺賞牡丹

늙은이는 머리에 꽃을 꽂아도 부끄러워하지 않지만
꽃은 노인 머리에 있음이 응당 부끄러울 것이다
술 취해 길에서 부축 받으며 집으로 돌아오면 사람들 응당 웃으리라
십리 길가에 내 모습 보려고 주렴이 반쯤 올라갔을 것이다

人老簪花不自羞,　花應羞上老人頭.
醉歸扶路人應笑,　十里珠簾半上鉤.
(卷7)

> **주석**

- ✿ 簪花(잠화) : 머리에 꽃을 꽂다.
- ✿ 扶路(부로) : 길에서 부축받다.

해제　꽃을 머리에 꽂고 술 취해 부축 받으며 집으로 돌아올 때 자신의 모습을 보려고 길가 민가의 사람들이 주렴을 반쯤 올렸던 것을 읊은 시이다.

5. 길상사의 스님이 누각의 이름을 지어 달라고 하여
吉祥寺僧求閣名

눈에 스치는 영고성쇠 번개와 바람 같아
길이 오래 꽃 붉은 것 어찌 가능하랴.
스님은 공(空)을 보는 누각인 관공각(觀空閣)에 앉아
색(色)을 보고 공(空)을 보니 색이 바로 공이라네.

四. 항주통판(杭州通判) 시절

過眼榮枯電與風,　久長那得似花紅.
上人宴坐觀空閣,　觀色觀空色卽空.
(卷7)

- **觀色觀空色卽空**(관색관공색즉공) : 『반야심경(般若心經)』, "색은 공과 다르지 않고, 공은 색과 다르지 않다. 색이 곧 공이고, 공이 곧 색이다(色不異空, 空不異色, 色卽是空, 空卽是色)."
- **上人**(상인) : 스님. 지덕(智德)을 갖춘 불제자(佛弟子). 중을 높여 이르는 말.

길상사의 스님이 누각의 이름을 지어 달라고 부탁하여, 동파가 지어준 누각의 이름이 바로 관공각(觀空閣)이라는 것을 시 속에 밝히고 있다. 그리고 색(色)을 보고 공(空)을 보니 색이 바로 공이라고 하였다.

6. 채준 낭중이 나를 불러 서호에서 노닐며 지은 시에 화답하여, 3수
和蔡準郎中見邀遊西湖, 三首

6-1 其一

여름에 장맛비로 호수 물 불어나면 깊고 또 그윽하고
서풍에 낙엽 떨어지고 부용꽃 가을이라.
겨울 눈발이 날려 하늘 어둡고 구름이 땅을 쓸고
부들은 새로 물에서 나오고 버들이 모래톱에 모습을 비친다.

호숫가 사계절은 아무리 봐도 또 새로운데
오직 내 인생은 부평초처럼 표표히 떠돌아다닌다.
얼굴 펴고 한 번 웃는 소리 어찌 얻기 쉬우리오
주인이 술 있으면 그대 응당 머물러야 하리.

그대는 보지 못했는가
전당에서 노닐며 벼슬살이하는 이 나그네가
아침이면 죄수를 심문하고
저녁에는 송사를 판결함을.
남이 부를 때 가지 않으면 어느 때나 쉬랴.

夏潦漲湖深更幽, 西風落木芙蓉秋.

飛雪闇天雲拂地,　新蒲出水柳映洲.
湖上四時看不足,　惟有人生飄若浮.
解顔一笑豈易得,　主人有酒君應留.
君不見
錢塘游宦客,　　　朝推囚.
暮決獄,　　　　　不因人喚何時休.
(卷7)

주석

● 蔡準(채준) : 채경(蔡京)의 부친. 관직은 시랑(侍郎)을 역임하였다.

37세(熙寧 5년, 1072년) 4월에 지었다. 호숫가 사계절은 아무리 봐도 물리지 않는데, 이는 항상 새로움을 주기 때문이다. 그런데도 자신의 인생은 정치의 변화에 따라 부평초같이 표표히 떠돌아다닌다. 여기서 작자는 의식적으로 방랑을 좋아하거니와, 또한 객관적 상황에 의해 방랑을 하지 않을 수도 없었던 방랑의 생애를 나타내고 있다.

이어서 아침이면 죄인 심문하고 저녁에는 송사를 결정하는 관리의 직분을 맡고 있는데, 친구가 부를 때 유람가지 않으면 어느 때 쉬느냐며 망중한을 즐기고 있다.

6-2 其二

성안에서는 강호의 그윽한 맛 알지 못하니
마치 여름 한 철만 사는 매미에게 봄가을을 이야기함과 같으리.
시험 삼아 강호를 도시에 옮겨 놓는다면
사슴들을 강가에서 노닐게 하는 것과 같은 것.

고상한 사람은 허심탄회하여 어디가나 다 마음에 맞으니
구덩이를 만나면 잠시 그치고 흐름을 타면 떠간다네.
공경들과 옛 친구를 머물게 붙잡을 수 없으니
뜻 맞는 곳을 만나면 늙도록 머무르리.

그대는 보지 못했던가
팽택령도 집어던진 도연명을.
줄 없는 거문고에
술 짜는 두건 있어
술 취해 졸릴 때는 손님에게 그만하자 하네.

城市不識江湖幽, 如與蟪蛄語春秋.
試令江湖處城市, 却似麋鹿游汀洲.
高人無心無不可, 得坎且止乘流浮.
公卿故舊留不得, 遇所得意終年留.
君不見
抛官彭澤令, 琴無絃, 巾有酒.
醉欲眠時遣客休.
(卷7)

- **拋官彭澤令**(포관팽택령) : 도연명이 팽택현령 관직을 집어던지다.
- **琴無絃**(금무현) : 『진서(晉書)』, 「도잠전(陶潛傳)」, "(도연명은) 천성이 음악을 몰랐지만, 줄도 없는 거문고 하나를 가지고 있어, 매양 친구들과 만나서 술을 마실 때면 어루만지며 화답하며 말하기를, '다만 거문고의 운치만 알면 되지, 줄로 소리 내어 고생할게 무언가'라고 했다(性不解音, 而畜素琴一張, 絃徽不具, 每朋酒之會, 則撫而和之, 曰, 但識琴中趣, 何勞絃上聲)."
- **醉欲眠時遣客休**(취욕면시견객휴) : 『남사(南史)』, 「도잠전(陶潛傳)」, "도잠이 만약 먼저 취하면 곧 손님에게 말하길, '내가 취하여 졸리니 그대는 그만 가시게'라 했으니, 그 진솔함이 이와 같았다(潛若先醉, 便語客, 我醉欲眠卿可去, 其眞率如此)."

해제 여름에만 사는 매미를 빌어 성안에서는 강호의 일을 알지 못한다고 하며 발상의 전환을 꾀하고 있다. 이어 '고상한 사람은 허심탄회하여 어디가나 다 마음에 맞으니, 구덩이를 만나면 잠시 그치고 흐름을 타면 떠간다네'라고 하여, 자연스런 인생태도를 제시하고 있다. 그리고 도연명이 줄 없는 거문고에 두건으로 술을 짜고 자신이 술 취해 졸릴 때면 손님을 돌려보낸 일을 상기하며, 뜻 맞는 곳을 만나면 은거하겠다는 바램을 피력하고 있다.

7. 6월 27일 망호루에서 술에 취해, 절구 5수를 쓰다
六月二十七日望湖樓醉書五絶

7-1 其一

먹물을 뒤엎은 듯한 검은 구름 미처 산을 가리기 전에
흰 빗줄기 구슬 튀듯 어지러이 배 안으로 들이친다.
땅을 휘감는 바람이 문득 비구름을 불어 흩트리자
망호루 아래의 물이 금시 하늘빛처럼 푸르다.

> 黑雲翻墨未遮山,　白雨跳珠亂入船.
> 卷地風來忽吹散,　望湖樓下水如天.
> (卷7)

주석

❈ **望湖樓**(망호루) : 오대(五代) 오월왕(吳越王) 전씨(錢氏)가 지은 것으로 항주 서호가에 있다.

해제　동파가 항주통판으로 재직할 때인 37세(熙寧5년, 1072년), 항주에서 지었다. 항주 서호(西湖)에 있는 망호루(望湖樓)에서 조망하여 여름 날씨의 신속한 변화에 따른 경관의 변동을 묘사한 시이다. 날씨가 「먹구름 — 비 — 회오리바람 — 쾌청」 등으로

四. 항주통판(杭州通判) 시절　195

변화함에 따라 동태적으로 변화하는 순간적 자연경관을 선명하게 묘사하였다. 작자의 시점도「배 안 — 망호루」로 변동되고 있다. 먹구름, 빗발, 회오리바람과 하늘처럼 맑고 고요한 물빛 등이 청신하고 생동적으로 묘사되어 있다. 분위기가 동적인데서 정적으로 급변하면서 이 양자의 대비 하에 정적인 경치가 부각되고 있다.

7-2 其二

호수에 방생한 물고기와 자라가 사람을 따라오고
임자 없는 연꽃은 도처에 피어있다.
배 위에 누우니 출렁거리는 물결 따라 산이 오르락내리락
바람 따라 흘러가는 배는 달과 더불어 배회한다.

>   放生魚鼈逐人來,　無主荷花到處開.
>   水枕能令山俯仰,　風船解與月徘徊.
>   (卷7)

- **放生魚鼈**(방생어별) : 송(宋) 진종(眞宗) 때, 서호는 방생지(放生池)가 되어, 물고기와 자라를 잡는 것을 금했으며 황제를 위해 복을 빌었던 장소이다. 또 살아있는 물고기와 자라를 사서 방생하는 풍속이 있었다.
- **水枕**(수침) : 물베개. 배 안에 누워 있다.
- **解**(해) : 알다.

해제 연꽃이 무성하게 피어 있는 호수에서 밤에 배를 타고 달빛을 받으며 배회하고 있는 시로서, 일렁일렁 오르락내리락하는 배 위에서 작자와 경관의 동태적 형상이 신선하게 묘사되어 있다.
 작자는 배 위에 누워서 물결 따라 산이 일렁이는 모습을 보고 있다. 바람 따라 흘러가는 배 위에 비친 달빛의 분위기가 정감을 훨씬 고조시키고 있다. 순수한 경관중심으로 묘사하고 있는데도, 자연과 동화된 경지에 있음을 파악할 수 있다.

7-5 其五

(산림에 거처하는) 소은(小隱)은 되지 못하나
(바쁘지도 한가롭지도 않은) 중은(中隱)은 되나니
오랜 한가로움이 잠시의 한가로움보다 낫다네.
난 본시 집 없는 유랑객 다시 어디로 갈까나
고향에는 이처럼 아름다운 호수와 산이 없다네.

> 未成小隱聊中隱,　可得長閑勝暫閑.
> 我本無家更安往,　故鄕無此好湖山.
> (卷7)

- 小隱(소은) : 세속을 떠나 산림 속에 은거하는 것.
- 中隱(중은) : 한직을 맡고 있으면서 세속적인 일에 얽매이지 않고

산림 속에 은거하는 은자처럼 거리낌 없이 사는 것. 이에 비해, '대은(大隱)'은 조정이나 세속의 여러 사람들 속에 완전히 묻혀 있으면서 마음만 세속을 떠나 있는 것이다.

왕강거(王康琚), 「반초은(反招隱)」, "대은은 조정과 저자에 은거하는 것이고, 소은은 숲이나 못에 은거하는 것이다(大隱隱朝市, 小隱隱藪澤)."

백거이(白居易), 「중은(中隱)」, "대은은 조정과 저자에 사는 것, 소은은 언덕과 울타리에 드는 것. 언덕과 울타리 안은 너무 쓸쓸하고, 조정과 저자는 너무 시끄럽다. 차라리 중은이나 하여, 관직 속에 은거함이 더 낫겠다(大隱住朝市, 小隱入丘樊. 丘樊太冷落, 朝市太囂喧. 不如作中隱, 隱在留司官)"

해제 작자는 각박한 현실사회로부터 일탈하여 때로 자연 속에 묻혀 유랑하며 항주의 아름다움을 찾는 나그네가 되고 싶어한다. 끝없이 고향을 그리워하면서도 자신의 심리에 내재되어 있는 방랑벽을 느끼게 한다. 그의 영혼은 지상의 천당이라 불리는 항주의 아름다움에 매료되어 있었고, 행복한 시절을 이곳에서 보내고 있다.

8. 망해루의 저녁 경치, 절구 5수
望海樓晚景五絕

8-1 其一

바다 파도가 실낱처럼 달려오더니
누각 앞에 와서는 금시 눈 무더기처럼 희게 부서진다.
이제부터 조수가 밀려오거든 그대 모름지기 누각에 올라
하얀 파도가 은빛 산 스무 굽이로 되는 절경을 다시 보려무나.

> 海上濤頭一線來, 樓前指顧雪成堆.
> 從今潮上君須上, 更看銀山二十回.
> (卷8)

주석

- **望海樓**(망해루) : 서호 남쪽 봉황산(鳳凰山) 허리에 있다. 바로 중화당(中和堂)의 동루(東樓)로서 전단강(錢塘江)을 볼 수 있다.
- **指顧**(지고) : 잠깐 사이.
- **二十**(이십) : 어떤 판본에는, 십이(十二).

해제 37세(熙寧5년, 1072년)에 동파가 항주 주시(州試)의 감독관으로 파견되어 여가에 봉황산의 망해루에 올라 한가로이 앉아 지은 시로, 강 조수를 읊고 있다. 원래 모두 5수인데, 여기서는 其一, 其二, 其三을 뽑아, 강의 조수(潮水), 비와 번개, 가을바람과 강 풍경을 읊었는데 각기 시정(詩情)을 구비하고 있다.(王王)

　동파는「답범몽득서(答范夢得書)」에서, "본주(本州)의 과거시험 감독관으로 차출되어, 20일 남짓 한가로움을 얻어 중화당 망해루에 한가로이 앉으니 점차 쾌적함을 느끼게 되어, 시 몇 수를 지어 보내 한 번 우스개로 삼는다(被差本州監試, 得閑二十餘日, 在中和堂望海樓閑坐, 漸覺快適, 有詩數首寄去, 以發一笑)."라고 하였다.

8-2 其二

바람이 비를 몰아 누각에 비껴드니
이 빼어난 장관을 모름지기 훌륭한 시구 지어 자랑해야지.
비가 멎고 조수가 잔잔해지니 강과 바다가 모두 파란데
번개 빛은 때로 자줏빛 금빛 뱀처럼 비치네.

　　　橫風吹雨入樓斜,　壯觀應須好句誇.
　　　雨過潮平江海碧,　電光時掣紫金蛇.
　　　(卷8)

● 掣(철, 체) : 끌 체. 당길 철.

비바람이 망해루로 밀려드니 빼어난 장관이다. 번개 빛

은 자줏빛 금빛 뱀처럼 보인다. 비가 몇으니 강과 바다가 모두 파랗다. 3구와 4구는 압운을 위해 도치시켰다.

8-3 其三

청산이 끊어진 곳에 층층 솟은 탑이 보이고
강 언덕 건너편 인가가 부르면 대답할 듯.
강가의 가을바람 저녁에 급히 몰아치니
망호루의 종소리가 (바람 따라) 건너편 서흥 땅까지 들린다.

> 靑山斷處塔層層,　隔岸人家喚欲譍.
> 江上秋風晚來急,　爲傳鍾鼓到西興.
> (卷8)

 주석

◎ 西興(서흥) : 전당강(錢塘江)의 남쪽에 있다. 지금의 항주시 맞은편인 소산시(蕭山市) 서쪽.

해제　망해루에서 본 경치를 묘사하고 있다. 누각에서 보니 높은 탑이 보이고 강 건너편에 인가가 부르면 대답할 듯 가까이 여겨진다. 가을바람이 급히 몰아치니 종소리는 바람 따라 강 건너편 서흥까지 이르리라.

9. 범천사에서 수전 스님의 짤막한 시를 보니 맑고 아름답고 사랑스러워, 이에 차운하다
梵天寺見僧守詮小詩, 清婉可愛, 次韻

안개 밖으로 종소리만 들리고
절은 안개 속에 휩싸여 보이지 않는다.
산중의 스님은 다니기를 그만두지 않는데
풀에 맺힌 이슬에 짚신만 젖는다.

오직 산꼭대기에 걸린 달만이
스님이 오고가는 것을 밤마다 비춰준다.

   但聞烟外鐘, 不見烟中寺.
   幽人行未已, 草露濕芒屨.
   惟應山頭月, 夜夜照來去.
   (卷8)

 주석

❂ 梵天寺(범천사) : 봉황산(鳳凰山)에 있는데, 오대(五代) 때에 오월왕(吳越王) 전씨(錢氏)가 지은 것이다.
❂ 守詮(수전) : 어떤 판본에는, "지전(志詮)", "혜전(惠詮)".
❂ 幽人行未已(유인행미이) : 산중에 사는 스님(은자)이 다니기를 그만두지 않는다(노상 다닌다).

해제　주자지(周紫芝)는 『죽파시화(竹坡詩話)』에서, "나는 동파의「화범천승수전소시(和梵天僧守詮小詩)」를 읽고 그것이 다른 사람보다 훨씬 청신함을 좋아하지 않은 것은 아니나, 만년에 전당에서 노닐다가 비로소 '석양에 가을매미 울어대는데, 홀로 숲 아래의 절간으로 돌아가네. 사립문은 밤인데도 닫지 않고, 조각달은 나그네의 발길을 따른다. 개 짖는 소리 컹컹 들려오는데, 또 푸른 덩굴 속으로 들어간다'라는 수전의 시를 얻고는 그 깊고 그윽하고 청아한 분위기에 절로 산림 속의 풍류가 있음을 알았다. 동파 노인이 비록 삼협의 거꾸로 솟구치는 물결을 되돌릴 것 같은 기세를 지녔다고 하더라도 골짜기의 시냇물과 겨룬다면 끝내 근방에 가지 못할 것이다(余讀東坡「和梵天僧守詮小詩」, 未嘗不喜其淸絶過人遠甚. 晚游錢塘, 始得詮詩云 : 落日寒蟬鳴, 獨歸林下寺. 柴扉夜未掩, 片月隨行屨. 惟聞犬吠聲, 又入靑蘿去. 乃知其幽深淸遠, 自有林下一種風流. 東坡老人雖欲回三峽倒流之瀾, 與溪壑爭流, 終不近也)."라고 하였다. 수전의 시와 동파의 이 차운시는 모두 짧으면서 청신한 풍격을 띠고 있다.

10. 이날 수륙사에서 묵으며 북산의 청순 스님에게 부치다, 2수
是日宿水陸寺, 寄北山淸順僧, 二首

10-1 其一

풀은 강둑을 덮고 비가 와 마을은 어둑어둑
절은 긴 대나무 숲에 가리워져 절 문이 보이지 않는다.
땔나무 주워 약을 다리며 스님의 병을 안스러이 여기고
땅바닥 쓸고 향불 피워 나그네의 혼을 깨끗하게 한다.

농사는 그치지 않았는데 소설(小雪)이 닥쳐오고
부처님 앞 등불 막 달아 올려 황혼을 알린다.
근자에 점차 그윽한 산중 맛 알게 되어
고승과 침상을 마주하며 논하고 싶다.

   草沒河堤雨暗村, 寺藏修竹不知門.
   拾薪煮藥憐僧病, 掃地焚香淨客魂.
   農事未休侵小雪, 佛燈初上報黃昏.
   年來漸識幽居味, 思與高人對榻論.
   (卷8)

주석

- **清順**(청순) : 자(字)는 이연(怡然)이다. 시에 능하다. 『냉재야화(冷齋夜話)』에, 그는 "청고(淸苦)하여 아름다운 시구가 많다(淸苦多佳句)"고 하였다. 왕안석(王安石)이 서호에서 노닐 때 일찍이 그와 교유했고, 동파도 자주 그와 왕래하고 창화(唱和)하였다고 한다.
- **侵小雪**(침소설) : 소설(小雪)이 닥치다. 소설(小雪)은 24절기의 스무째로, 양력 11월 22, 23일 경.
- **高人**(고인) : 고승. 청순(淸順) 스님을 가리킨다.
- **榻**(탑) : 좁고 길며 비교적 낮은 침상(평상).

해제

37세(熙寧5년, 1072년) 10월, 동파는 인화현(仁和縣) 탕촌진(湯村鎭)에서 비 오는 가운데 운염하(運鹽河)의 공사를 독촉하고 나서, 밤에 수륙사에서 묵으며 이 시를 지었다. 두 시는 수륙사의 그윽하고 고요한 환경과 스님의 담박한 생활을 묘사하고 있다. 두 수 모두 앞6구는 주로 자신을 묘사하고 있고, 뒤2구는 청순 스님을 묘사하고 있다.

10-2 其二

종소리 북소리가 호수와 산을 시끄럽게 하는 것을 늘상 싫어했더니
여기 환경은 쓸쓸하면서도 자연스럽다.
걸식하려고 마을을 돌아다님은 정말 배를 채우기 위함이요

말없이 나그네 대함은 본래 참선하는 것 아니라네.

개암나무 숲 헤치고 길을 찾아 진흙길 뚫고 들어와
발 씻고 문을 닫고 우수수 내리는 비 소리 들으며 잠을 잔다.
아득히 생각건대 청순 스님은 궁핍했던 시인 가도(賈島)의 후신이
리라.
차가운 밤에 으레 시 지으며 어깨 으쓱하시겠지.

長嫌鐘鼓聒湖山,　此境蕭條却自然.
乞食遶村眞爲飽,　無言對客本非禪.
披榛覓路衝泥入,　洗足關門聽雨眠.
遙想後身窮賈島,　夜寒應聳作詩肩.
(卷8)

주석

● 賈島(가도) : 당(唐)의 시인. 승려가 된 적이 있어 이름을 무본(無本)
이라 하였고, 뒤에 환속하였다. 그의 시는 맹교(孟郊)와 이름을 나란
히 하여, 동파는 그들의 시를 평해 "맹교는 차고 가도는 말랐다(郊寒
島瘦)"라 하였다. 여기서 청순(淸順)을 가도(賈島)의 후신(後身)이라
고 하였다.

11. 육화사 충 스님이 산의 계곡 물을 막아 물가 정자 [水軒]를 만들다
六和寺冲師閘山溪爲水軒

맑은 냇물을 자유자재로 흘러가게 하고프나
어찌 얼음 눈으로 하여금 모래밭에 떨어지게 하겠는가.
(냇물이) 산을 나서면 마침 강물과 조수에 의해 더럽혀질 테니
산의 스님을 위해 다시 조금 더 머무르게 하리.

> 欲放淸溪自在流, 忍敎冰雪落沙洲.
> 出山定被江潮涴, 能爲山僧更少留.
> (卷8)

주석

◉ 六和寺(육화사) : 일명 개화사(開化寺)로, 절에 육화탑(六和塔)이 있으며, 전당강(錢塘江)가에 있다.

◉ 水軒(수헌) : 물가에 지은 정자.

◉ 忍(인) : 불인(不忍). 기인(豈忍).

◉ 出山定被江潮涴(출산정피강조와) : 두보(杜甫)의 시 「가인(佳人)」, "산에서는 샘물이 맑았는데, 산을 벗어나자 샘물이 흐리다(在山泉水淸, 出山泉水濁)"의 뜻을 사용하였다.
  涴(와) : 더럽힐 와. 물 굽이쳐 흐를 완.

해제   이 시는 37세(熙寧5년, 1072년) 10월에 지었다. 산 시냇물을 막아 물가의 정자를 만들어, 맑은 냇물이 산을 나서면 강물과 조수에 의해 더럽혀 질 테니, 스님을 위해 이곳에 조금 더 머무르게 하고자 한다고 묘사하고 있다.

12. 희롱삼아 시를 써서 드리다
戲贈

쓸쓸한 사하당(沙河塘) 십리 가득 봄빛이 깔렸는데
한 번 꽃이 시들고 나면 다시 한 번 꽃이 핀다네.
작은 누각은 예전 그대로 저무는 햇빛 속에 있지만
누각 안에는 그때에 춤추던 사람들 다시는 볼 수 없구나.

> 惆悵沙河十里春,　一番花老一番新
> 小樓依舊斜陽裏,　不見樓中垂手人
> (卷8)

 주석

● 沙河(사하) : 송대(宋代)에 항주의 번화가인 사하당(沙河塘).

해제 봄날 항주의 번화가인 사하당 십리 길로 산책을 나갔다가 누각은 예전 그대로건만 예전 춤추던 무희는 보이지 않음을 묘사하고 있다.

13. 오중의 농부 아낙내의 탄식
吳中田婦歎

올해엔 메벼 익는 게 아주 늦어져
서리 바람 부는 가을이 얼마 안 되어 오기를 바랐지요.
서리 바람 불어올 수확기에 비가 쏟아지니
쇠스랑에 곰팡이 나고 낫에도 녹이 슬었다오.

눈물 마르도록 울어도 비는 그치지 않으니
누런 이삭이 논바닥에 누운 것을 어찌 차마 눈뜨고 보리오!
띠풀 거적 치고 한 달간 논두렁 위에서 잠자다가
날이 개자 벼를 베어 수레에 싣고 돌아왔지요.

땀 흘리며 어깨가 붉도록 짐 지고 시장으로 싣고 가니
애걸해도 값이 싸서 겨 싸라기 값만 받았지요.
소를 팔아 세금 내고 집 헐어 밥해 먹으니
생각 얕아 내년에 굶을 것 미처 생각 못했지요.

관청에서는 요즘 돈을 달라지 쌀은 마다하는데
(이유인즉) 서북 만 리의 강족(羌族)을 회유하기 위함이라오.
정치 잘하는 좋은 신하가 조정에 가득해도 백성은 더욱 고달파
차라리 강물에 몸을 던져 죽는 것만 못할 것이어요.

今年粳稻熟苦遲, 庶見霜風來幾時.
霜風來時雨如瀉, 杷頭出菌鎌生衣.
眼枯淚盡雨不盡, 忍見黃穗臥青泥.
茅苫一月隴上宿, 天晴穫稻隨車歸.
汗流肩頳載入市, 價賤乞與如糠粞.
賣牛納稅析屋炊, 慮淺不及明年飢.
官今要錢不要米, 西北萬里招羌兒.
龔黃滿朝人更苦, 不如却作河伯婦.
(卷8)

주석

- 吳中田婦歎(오중전부탄) : 제목 아래 소동파의 자주(自注), "화가수운(和賈收韻)". 가수(賈收)는 자(字)가 운로(耘老)이며, 오정(烏程)사람으로, 동파의 친구이다. 시집『회소집(懷蘇集)』이 있다. 오중(吳中)은 강절(江浙)일대를 가리킨다.
- 庶(서) : 추측이나 희망을 표시한다.
- 衣(의) : 녹.
- 忍見(인견) : 차마 볼 수 없다. 어찌 차마 보겠는가.
- 茅苫(모점) : 띠풀 거적.
- 官今要錢不要米(관금요전불요미) : 당시 추진중인 신법 규정에는 세

금 납부나 면역(免役)은 모두 현금으로 하였다. 농민들은 반드시 현물을 화폐로 바꾸었는데, 결과적으로 시장에서는 "통화(通貨)는 부족하고 쌀값은 싼" 현상이 출현했다.

✥ 西北萬里招羌兒(서북만리초강아) : 왕안석 등의 신법파는 서북쪽의 강족(羌族) 부락을 금전으로 회유하여 변방 방어를 공고히 하고자 했다. 그러나 그 금전은 백성에게서 나왔으므로 "통화(通貨) 부족" 현상은 더욱 가중되었다. 동파는 이에 대해 풍자하였다.
『송사(宋史)』, 「병지(兵志)5」, 「번병(蕃兵)」조(條)에 의거하면, 당시 서북번부(西北蕃部 : 羌族)는 서하(西夏)와 북송(北宋)사이에 유리(遊離)되었다. 송조(宋朝)는 그들을 취하여 서하(西夏)의 세력을 약화시키려고 그들의 수령(首領)에게 찬전(餐錢)을 주고, 번관(蕃官)에게는 월급을 주어 회유하는 방법을 채택했다. 동파는 이 일이 타당하지 않다고 반대했다.

✥ 龔黃(공황) : 공수(龔遂)와 황패(黃霸). 두 사람 다 한대(漢代)의 청렴한 관리로 정치를 너그럽게 하고 백성들을 구휼하였다.(『漢書』, 「循吏傳」 참조) 여기서는 신법을 추진하는 관리를 가리키는데, 풍자의 의미가 함유되어 있다.

✥ 河伯(하백) : 강물 귀신. 하신(河神).

✥ 河伯婦(하백부) : 전국(戰國)시대 위문후(魏文侯)때 업(鄴)땅의 무녀(巫女)가 '하백(河伯)이 부인을 얻는다'는 말로 백성을 우롱하여, 매년 여자 한 사람을 황하(黃河)에 던져 하신(河神)의 처로 삼도록 하여, 평안을 기원하였다. 이 일은 『사기(史記)』, 「골계열전・서문표치업(滑稽列傳・西門豹治鄴)」에 나온다. 여기서는 황하에 몸을 던져 자살하느니만 못하다는 의미로 쓰였다.

✥ 龔黃滿朝人更苦, 不如却作河伯婦(공황만조인갱고, 불여각작하백부) : 청렴한 관리가 조정에 가득해도 백성은 더욱 곤궁하고 괴로워, 차라리 물에 몸을 던져 하신(河神)에게 시집가는 것만 못하다.

해제 37세(熙寧5년, 1072년)에 지었다. 여기서 정치, 특히 신법의 시행착오로 인해 나타난 폐단에 대해 풍자하고 있다. 오중 지방 어느 농가 아낙의 탄식을 빌어 가을 비(자연현상)와 그릇된 세금정책(인위적 현상)으로 인해 빚어진 백성들의 참상을 기록한 시이다. 전반부에서는 가을비가 심하게 내리자 누런 이삭이 논바닥에 누워 버려 수확이 어렵게 된 상태를 묘사하고 있다. 후반부에서는 이윽고 날이 개어 벼를 수확하여 시장에 갔으나 겨우 싸라기 값에도 못 미치는 헐값에 팔수밖에 없었다. 그것으로 세금을 내려니 그나마 관청에서는 현금을 요구하기에 소를 팔아 세금을 내었다고 하였다.

이는 신법(新法)으로 인해 수반된 통화부족의 문제를 지적한 것이다. 이전에는 현물로 세금을 냈었는데 통화가 부족하자 이제 청묘법(靑苗法)에서는 세금을 현금으로 내라고 한다. 이러한 당시의 통화부족현상의 한 이유는 강국 서하(西夏)를 억제할 의도로 서북 지방 강족(羌族)의 장급(長級)을 돈으로 회유하였기 때문이다. 한대(漢代)의 '공수(龔遂)와 황패(黃霸)같은 훌륭한 신하가 조정에 가득해도 백성은 더욱 고달프다'는 것은 당시의 조정에 훌륭한 신하가 가득하다는 것으로 신법추진자들을 풍자, 조롱한 것이다. 아낙은 이런 세상에 사느니 차라리 강물에 몸을 던져 물귀신 마누라가 되느니만 못하다고 한탄하고 있다. 여기서 동파는 자연재해와 더불어 현물이 아닌 현금을 요구하는 신법의 조세정책에 의해 고통 받는 농민의 이중고를, 농사군 아낙의 한탄을 빌어 풍자하고 있다.

14. 손신로에게 주다, 절구 7수
贈孫莘老七絶

14-1 其一

아! 나와 그대 오래도록 세상 사람들을 떠나
귀로 듣는 것이 차갑고 마음은 재 사그러지듯 썰렁하여
온갖 일 들리지 않는다.
만일 청산을 마주보며 더러운 세상일 이야기한다면
마땅히 벌주로 술 한 사발 가득 들어 그대에게 드리리라.

嗟予與子久離羣, 耳冷心灰百不聞.
若對青山談世事, 當須擧白便浮君.
(卷8)

주석

❂ 莘老(신로) : 손각(孫覺)의 자(字), 고유(高郵)사람. 당시 호주지주(湖州知州)로 있었다.
❂ 白(백) : 대백(大白). 술잔. 술잔 이름.
❂ 浮(부) : 벌주. 가득히 마시다.

해제 이 연작시는 37세(熙寧5년, 1072년)에 지었다. 원래 모두

7수인데, 여기서는 세 수를 뽑았다. 이해 12월, 동파는 공무로 호주(湖州)에 가서 제언(堤堰)을 시찰하였는데, 호주지주(湖州知州) 손각(孫覺：字 莘老)과 만났다. 이 두 사람은 사귐이 아주 두터웠는데, 이번에 다시 만나게 되자 감개가 깊었다. 其一은 두 사람이 세상에 영합하지 못해 마음이 재와 같고 뜻이 썰렁하여 술로 우수를 풀은 것을 묘사했다. 其二, 其三은 오중(吳中)의 아름다운 산수 풍경을 묘사하였는데, 간혹 불평불만이 노출되고 있기도 하고, 혹은 한정(閑情)과 일취(逸趣)를 묘사하기도 했다.(王王)

14-2 其二

천목산 앞 푸른 물빛에 옷깃 적시고
벽란당 위에서 꼬리 물고 들어오는 배를 본다.
제방 만들어 물을 막는 것은 나의 일 아니니
한가로이 초계 냇물을 태호로 들어가도록 보내리.

  天目山前綠浸裾, 碧瀾堂上看銜艫.
  作隄捍水非吾事, 閑送苕溪入太湖.
  (卷8)

● 天目山(천목산) : 지금의 절강성 호주(湖州)에 있다.
● 碧瀾堂(벽란당) : 호주(湖州) 주치(州治)의 삽계관(霅溪館).
● 苕溪(초계) : 서초계(西苕溪)를 가리킨다. 천목산(天目山) 북쪽에서

발원하여 호주(湖州) 부근에서 태호(太湖)로 흘러 들어간다.
- 太湖(태호) : 강소성 남쪽에 있는 담수호.
- 作隄捍水非吾事, 閑送苕溪入太湖(작제한수비오사, 한송초계입태호) : 제방을 쌓아 홍수를 막는 것은 나의 일이 아니다, 고로 한가로이 초계를 태호로 들어 보내리. 동파는 제언(堤堰)을 시찰하러 호주에 간 것인데, 시에서는 "나의 일이 아니다"라고 했으니, 반어법으로, 신법의 "농전수리법(農田水利法)"에 대한 불만을 표현한 것이다.

14-3 其三

지난 밤새 비가 내려 푸른 산 멧부리 씻어내니
물결이 솟구치고 구름 몰려와 성곽을 둘러 쓸쓸하네.
듣자하니 (고깔 모양의) 변산이 있다는데 어느 곳일까
그대 위해 사방으로 변산을 찾아보기 원하네.

> 夜來雨洗碧巑岏, 浪湧雲屯遠郭寒.
> 聞有弁山何處是, 爲君四面竟求看.
> (卷8)

주석

- 巑岏(찬완) : 산이 뾰족하고 높은 모양.
- 弁山(변산) : 호주(湖州)에 있다. 산의 모양이 고깔처럼 생겨서 이렇게 이름 지었다.

15. 수주 보본선원의 고향스님 주지승 문장로
秀州報本禪院鄕僧文長老方丈

만리 아득한 고향 산 향해 한 바탕 꿈꾸는 사이에
내 아이들은 오 지방 사투리에 젖은 아이가 되어버렸다.
촉지방 출신인 문장로와 만날 때마다 종일토록 고향말로 대화하니
(그럴 때면) 바로 아미산의 푸른 기운이 공중을 뒤덮는 것을 느낀다.

스님께서 이미 말을 잊었으나 참으로 도가 있으신 분인데
나는 시 짓는 것 제외하고는 백가지가 아무런 공이 없네.
내년에 약초 캐러 천태산에 가시고 나면
다시 쓴 시가 절동 지방에 가득하길 바라네.

>   萬里家山一夢中,　吳音漸已變兒童.
>   每逢蜀叟談終日,　便覺峨眉翠掃空.
>   師已忘言眞得道,　我餘搜句百無功.
>   明年採藥天台去,　更欲題詩滿浙東.
>   (卷8)

주석

● 秀州(수주) : 지금의 절강성 가흥(嘉興).

● 報本禪院(보본선원) : 당대(唐代)에 지었는데, 송대(宋代)에는 본각사

(本覺寺)로 개명했다.
- **方丈**(방장) : 주지.
- **蜀叟**(촉수) : 촉(蜀) 땅의 늙은이. 문장로(文長老)를 가리킨다.
- **峨眉翠掃空**(아미취소공) : 아미산의 푸른 기운이 공중을 뒤덮어 쓸어버린다.
- **採藥**(채약) : 구도(求道)의 의미가 있다.
- **天台**(천태) : 천태산(天台山). 절동(浙東)의 명승지.

해제 37세(熙寧5년, 1072년) 연말에 지었다. 이 시에서는 동파가 수주(秀州)의 보본선원(報本禪院)에 들러 주지인 고향스님 문장로(文長老)를 만나 고향말로 이야기를 나누며 느낀 감회를 묘사하고 아울러 스님이 도가 있음을 찬미하고 있다. 역대의 평론가들은 동파시를 "청웅(淸雄)"하다고 평했는데, 이 시가 바로 "청웅"한 작품이다.(徐)

16. 왕복 수재의 거처에 있는 두 그루의 느티나무, 2수, 其二
王復秀才所居雙檜, 二首, 其二

두 그루 느티나무 늠름히 서 있으니 감히 서로 업신여기랴
곧게 뻗은 줄기가 하늘을 찌르니 굳이 기이한 것 요구하지 않

는다.
뿌리가 저 땅 아래로 구천(九泉)에 닿아도 구부러짐 없음을
세상에 오직 땅속에 숨은 용만이 알리라.

凜然相對敢相欺,　直幹凌空未要奇.
根到九泉無曲處,　世間惟有蟄龍知.
(卷8)

주석

● 王復(왕복) : 전당(錢塘)사람. 의술(醫術)에 뛰어나다.
● 未要奇(미요기) : 불요기(不要奇). 본분을 지키고 고아한 것으로 자처하지 않는다.
● 九泉(구천) : 땅속 깊은 곳.

해제　이 시는 느티나무의 곧게 뻗은 줄기가 하늘을 찌르는 것으로 외면을 묘사하였고, 뿌리가 곧은 것으로 내면을 묘사하였다. 왕복(王復)이 고상한 사람이며 표리가 같다고 칭찬하고 있다.

　이 시의 후반부 두 구는 일찍이 커다란 풍파를 일으켰다. 동파가 황주(黃州)에 유배되어 있을 때, 신종(神宗)은 여러 차례 그를 기용하려고 했는데, 재상 왕규(王珪)가 동파의 "이 마음 오직 땅속에 숨은 용만이 알리라(此心惟有蟄龍知)"구가 폐하에게 불경스럽다고 했다. 왜냐하면 폐하는 비룡재천(飛龍在天)인데, 동파는 도리어 땅속의 숨은 용으로 자신의 지기(知己)로 삼고 있다는 것이다. 신종은 "예로부터 용(龍)을 칭하는 경우가 많으니, 예를 들면 순씨(荀氏)의 팔용(八龍), 제갈공명의 와룡(臥龍) 등이 어찌 인군(人

君)이겠는가?"라고 하였다. 이상의 고사는 왕공(王鞏)의 『문견근록(聞見近錄)』에 근거한다. 왕공은 동파와는 사우지간(師友之間)이다. 이외에도 송대에는 이 일에 대한 여러 기록이 있는데, 그 내용이 서로 조금씩 다르다.(孔劉)

17. 법혜사의 횡취각
法惠寺橫翠閣

아침에 본 오산(吳山)은 가로로 뻗어있더니
저녁에 보니 오산이 세로로 일어섰구나.
오산은 본디 여러 자태라
형태가 변하여 그대 위해 용모를 꾸민다.

스님이 이 절경에다 붉은 누각을 지었는데
그 안에는 아무 물건도 없이 텅 비었다.
오직 천보(千步)의 멧부리 오산이 있어
동서로 병풍처럼 둘러 있다.

봄이 와도 고향에 돌아갈 기약 없어
남들은 가을이 서글프다지만 나는 봄이 더 서글프다.
이윽고 서호에 배 띄우니 고향의 탁금강이 그리웁고
더욱이 횡취각을 보니 고향의 아미산 생각나네.

아로새긴 난간은 얼마나 좋은 세월 보며 서 있을까?
단지 난간에 기대어 나만 쉽게 늙을 뿐이 아니리라.
백년의 흥망성쇠가 더욱 슬프니
아득히 알겠도다. 연못과 누대가 풀숲으로 변화될 것을.

훗날 유람객아 내가 옛날 놀던 곳을 찾으려거든
다만 오산이 가로지른 이곳을 찾아오게나.

> 朝見吳山橫,　暮見吳山縱.
> 吳山故多態,　轉折爲君容.
> 幽人起朱閣,　空洞更無物.
> 惟有千步岡,　東西作簾額.
> 春來故國歸無期,　人言秋悲春更悲.
> 已泛平湖思濯錦,　更看橫翠憶峨眉.
> 雕欄能得幾時好,　不獨憑欄人易老.
> 百年興廢更堪哀,　懸知草莽化池臺.
> 遊人尋我舊遊處,　但覓吳山橫處來.
> (卷9)

 주석

- 法惠寺(법혜사) : 항주의 청파문(清波門) 남쪽에 있는데 오월왕(吳越王)이 지었다. 경내에 횡취각(橫翠閣)이 있다.
- 吳山(오산) : 『함순임안지(咸淳臨安志)』에 의하면, "오산은 성중(城中)에 있는데, 오나라 사람들이 이 산 위에 오자서의 사당을 모셨기 때문에, 서산이라고 불렀다(吳山在城中, 吳人祠子胥山上, 因名曰胥山)"라고 했다.

❁ 橫(횡) : 저 멀리 가로로 뻗어있는 모양.

❁ 縱(종) : 세로로 서 있는 것.

❁ 爲君容(위군용) : 그대를 위해 용모를 꾸민다. 이러한 용법의 예로, "선비는 자신을 알아주는 사람을 위해 죽고, 여자는 자신을 기쁘게 해주는 사람을 위해 용모를 꾸민다(士爲知己者死, 女爲悅己者容)"라는 말이 있다.

❁ 千步岡(천보강) : 오산(吳山)을 가리킨다.

❁ 簾額(렴액) : 발과 액자. 여기서는 '병풍'으로 이해하면 쉽다.

❁ 故國(고국) : 고향.

❁ 濯錦(탁금) : 금강(錦江). 일명 민강(岷江).

해제 38세(熙寧6년, 1073년), 항주통판시절에 지었다. 동파가 법혜사(法惠寺) 횡취각(橫翠閣)을 유람하면서 바라본 오산(吳山)의 변화무쌍한 자태와 횡취각에 대한 감개를 묘사한 시이다. 먼저 시간에 따라 오산이 변모하는 모습을 묘사하고, 다음에 세월의 흐름에 따라 없어질 누각을 예상하는 감개를 거시적 안목으로 표현하고 있다.

특히 오산을 인격화시켜, 오산은 본디 여러 자태인데 유람객을 위해 산이 용모를 꾸민다고 표현하였다. 6구 '그 안에는 아무 물건도 없이 텅 비었다(空洞更無物)'에서의 '무물(無物)'은 불교에서는 우주와 내가 하나라는 뜻으로 보고 있다. 끝으로 이 횡취각은 언젠가는 소멸될 것이니 훗날 유람객이 동파 자신이 놀던 곳을 찾아오려면 오산이 가로지른 이곳을 찾아오라고 당부하고 있다. 이는 작자의 거시적 안목과 먼 훗날까지 불멸할 자신의 시에 대한 자부심을 느끼게 해준다.

왕사한(汪師韓)은 『소시선평전석(蘇詩選評箋釋)』, 권2에서 어

시를 평해 "초당체(初唐體)를 지어 청려(淸麗)하고 무성하며, 신운 (神韻)이 뛰어났다(作初唐體, 淸麗芊眠, 神韻欲絶)."라고 하였다.

18. 호수 가에서 술을 마시는데 처음에는 날이 쾌청하다가 나중에 비가 내리다
飮湖上初晴後雨, 二首

18-1 其一

눈부신 아침 햇살 손님 맞아 겹겹 멧부리 곱게 비추고
석양 무렵 내리는 비는 사람을 머무르게 해 취향(醉鄕)에 들게 하누나.
이러한 멋 절로 멋들어지니 그대는 모르리라
한잔 술을 수선왕(水仙王) 사당에 권해 드리리라.

朝曦迎客艶重岡, 晚雨留人入醉鄕.
此意自佳君不會, 一杯當屬水仙王.
(卷9)

해제 여기서는 아름다운 자연 속에서 술에 무르녹아 낭만적 정취를 구가하는 동파의 모습을 발견할 수 있다. 아침 햇살이 겹겹의 멧부리를 곱게 비추고, 저녁 비는 술을 마시게 한다. 이러한 멋을 즐기며 술에 취하는 작자의 모습에는 절로 풍류가 솟아나고 있다.

18-2 其二

호수 물빛이 반짝반짝 날이 맑아 바야흐로 아름답더니
산색이 안개 끼어 어스름하게 비 오니 이 또한 기이하구나.
서호(西湖)를 서시(西施)에게 견준다면
엷은 단장이든 짙은 화장이든 모두 어울리네.

> 水光瀲灩晴方好, 山色空濛雨亦奇.
> 欲把西湖比西子, 淡粧濃抹總相宜.
> (卷9)

 주석

- 瀲灩(염렴) : 물결이 햇빛에 반짝이는 모양.
- 空濛(공몽) : (안개비 따위가 내려) 뿌옇다.
- 西子(서자) : 전국시대 월(越)나라의 유명한 미인 서시(西施).

해제 38세(熙寧6년, 1073년), 항주(杭州)에서 지었다. 이는 동파가 서호(西湖)를 읊은 유명한 절구이다. 작자가 서호 가에서 술

四. 항주통판(杭州通判) 시절 223

을 마시다 날씨가 개였다가 금시 구름이 끼어 비 오는 날씨의 변화를 통해 호수의 순간형상을 핵심적으로 포착하여, 그 총체적인 특징을 구현해 놓았다. 똑같은 서호가 확연히 다른 날씨로 인해 판이한 두 개의 개성미 넘치는 형상으로 나타남을 신선한 비유와 생동하는 언어로 묘사했다. 여기서 아름다운 서호를 같은 '서(西)'자로 시작되는 절세미인 서시(西施)에 비유한 것은 타당하다.

19. 보조사에서 나와 두 암자를 유람하고
自普照遊二庵

큰 소나무에 솔바람 불고 저녁에 이슬비 부슬부슬 내리는데
동쪽 암자는 반쯤 닫혀 있고 서쪽 암자는 완전히 닫혀 있다.
온종일 산길을 걸어도 사람하나 못 만나고
하늘거리는 들매화 향기 옷소매에 들어온다.

스님은 웃으며 내가 산수 경치를 좋아한다고 하며
스스로는 산이 깊어 빠져나갈 엄두를 못낸다고 싫어한다.
나는 비록 산을 사랑한다 하나 또한 절로 웃음이 난다
혼자 산길을 가면 정신이 손상되니 다시 걸을 생각이 없다.

서호에서 맛있는 술 마시며
아름다운 여인의 향내가 상투를 덮는 것만 못하다.

시 지어 고사리 뜯는 노인에게 보내 사례를 드리니
내 본래 사람을 피하지 않는데 어찌 세상을 피하랴.

長松吟風晩雨細, 東庵半掩西庵閉.
山行盡日不逢人, 裛裛野梅香入袂.
居僧笑我戀淸景, 自厭山深出無計.
我雖愛山亦自笑, 獨往神傷後難繼.
不如西湖飮美酒, 紅杏碧桃香覆髻.
作詩寄謝採薇翁, 本不避人那避世.
(卷9)

- 普照(보조) : 절 이름. 당(唐)나라 때에 지어져, 오대(五代) 후진(後晉) 천복(天福)연간에 중수되었다.
- 二庵(이암) : 보조사(普照寺)로부터 멀지 않은 곳에 있는 연수원(延壽院) 동암(東庵)과 서암(西庵)을 말한다.
- 裛裛(읍읍) : 향기가 옷에 배다.
- 自厭山深出無計(자염산심출무계) : 스님의 말.
- 紅杏碧桃(홍행벽도) : 서속(徐續)에 의하면, 항주 서호의 가희(歌姬)를 가리킨다고 한다.
- 採薇翁(채미옹) : 은(殷)나라와 주(周)나라의 즈음에 백이(伯夷)와 숙제(叔齊)는 수양산(首陽山)에 은거하며 고사리를 캐어 먹었다. 여기서는 은사(隱士)를 가리킨다.

38세(熙寧6년, 1073년) 동파가 항주통판으로 재직시, 정

월과 2월 사이에 동파가 부양(富陽)을 순시할 때 지었다. 이 시는 출세(出世)와 입세(入世)의 인생태도 문제를 언급하고 있다. 고적한 두 암자의 스님은 산이 깊어 벗어날 수 없다고 한다. 작자는 비록 산림을 좋아하지만 세상을 벗어나 길이 산중에서 살기를 원하지는 않는다. 동파는 "내 본래 사람을 피하지 않는데 어찌 세상을 피하랴"라는 적극적 입세사상을 표현하고 있다.(徐)

20. 신성 길에서, 2수
新城道中, 二首

20-1 其一

봄바람은 내가 산 구경 가는 줄 아는 듯
처마 새에 여러 날 낙숫물 소리를 불어서 멎게 했다.
고개 위의 맑은 흰 구름은 하얀 솜 모자를 쓴 듯하고
반짝반짝 갓 나온 해님은 나무 가지 위에 구리 징처럼 걸려 있다.

나지막한 대울타리 안에는 들복사꽃이 활짝 웃음을 머금었고
맑은 모래 시냇가에는 버들이 흥겨워 한들거린다.
서쪽 산모퉁이 농가에는 마냥 즐거운 듯
미나리 부침 지지고 죽순 볶아 봄에 밭가는 농부에게 새참내가네.

東風知我欲山行,　吹斷簷間積雨聲.
嶺上晴雲披絮帽,　樹頭初日掛銅鉦.
野桃含笑竹籬短,　溪柳自搖沙水清.
西崦人家應最樂,　煮芹燒筍餉春耕.
(卷9)

- **新城**(신성) : 지금의 절강성 부양현(富陽縣) 신등진(新登鎭). 항주의 서남쪽에 있으며, 송(宋)나라 때는 항주의 속현(屬縣)이었다.
- **絮帽**(서모) : 엷은 구름이 산 고개를 휘감은 것을 비유한다.
- **西崦**(서암) : 널리 서산(西山)을 가리킨다.
- **餉**(향) : 술과 음식을 대접하다. 여기서는 농부에게 새참 드리는 것을 말한다.

38세(熙寧6년, 1073년) 봄, 항주통판시절에 지었다. 동파가 항주부근의 임지를 시찰하는 행로인 신성(新城) 길에서 밝고 흥겨운 봄날 평화로운 농촌의 풍정을 흥겹게 묘사한 시이다. 비가 갠 청명한 봄 날씨에 행로에서 본 농촌은 복사꽃이 웃음을 함빡 머금고 있고 버들이 한들거리는 정취를 지니고 있다. 작자는 흥겨운 감정을 풍물 속에 이입시키고 있는데, 자연은 작자를 반겨주고 작자는 그 자연 속에 일체감을 이루고 있다. 곧 경관과 작자의 정서가 융합되어 있다. 고개 위의 흰 구름은 하얀 솜 모자를 헤쳐 쓴 것 같다고 하고, 갓 나온 태양을 구리 징으로 묘사한 비유법은 신선하다. 특히 마지막 두 구는 농부의 아내가 미나리 부침을 해서 새참으로 농부에게 내가는 농촌의 정경을 아쉬움 없이 묘사하고 있다. 이 시는 직접 농사짓는 농부로서가 아닌 지나가는 길에서 관리로서 보는 농촌의 정경을 흥겹게 묘사해 내었다.

　　왕사한(汪師韓)은 "야도(野桃), 계류(溪柳) 한 연은 시어를 제련함이 신필이다. 보통사람이 이를 얻으면 세상에 이름이 나기에 족하다.(有野桃, 溪柳一聯, 鑄語神來, 常人得之便足以名世.)"(汪師韓,『蘇詩選評箋釋』, 권2)라 했다.

20-2 　其二

신세(身世)가 한가로운 나의 이번 나들이
냇물 가에서 말고삐 늦추고 졸졸 시냇물 소리 듣는다.
(나 같은) 쓸모없는 재목은 숲에서 재목 찾는 사람들의 도끼를 볼까 두렵고
피로한 말은 휴식시간 알리는 징소리를 그리워하네.

가랑비 촉촉 내릴 때면 차 끓이는 집 좋아하고
굽이굽이 깊은 산중 이곳 지방관리가 청렴하더라.
인간 세상 갈래 길 그 얼마더냐
시험 삼아 뽕나무밭에서 짝지어 일하는 농부들에게 물어보네.

　　　　　身世悠悠我此行,　溪邊委轡聽溪聲.
　　　　　散材畏見搜林斧,　疲馬思聞卷斾鉦.
　　　　　細雨足時茶戶喜,　亂山深處長官淸.
　　　　　人間岐路知多少,　試向桑田問耦耕.
　　　　　(卷9)

주석

✿ 委轡(위비) : 말고삐를 늦추다.

✿ 散材(산재) : 쓸모 없는 재목.

✿ 散材畏見搜林斧(산재외견수림부) : 쓸모 없는 재목일지라도 벌목하는 사람의 도끼를 볼까 두렵다.『장자(莊子)』,「산목(山木)」, "장자가 산길을 가다가 가지와 잎이 무성한 큰 나무를 보았다. 벌목꾼도 그 옆에 머물었지만 베지 않았다. 그 까닭을 물으니, '쓸모가 없기 때문이다'라고 했다. 장자가 말했다. '이 나무는 재목이 못되어 천수를 다 할 수 있구나'(莊子行於山中, 見大木, 枝葉盛茂, 伐木者止其旁而不取也. 問其故, 曰 : '无所可用.' 莊子曰 : '此木以不材得終其天年!')" 여기서는 그 뜻을 반대로 사용하였다.

✿ 卷斾鉦(권패정) : 깃발을 거두다. 휴식 신호. 옛날에 행군할 때, 북을 치면 전진하고 징을 울리면 후퇴한다.

　鉦(정) : 징.

✿ 長官(장관) : 조단우(晁端友 : 晁補之의 부친)를 가리키는데, 그는 당시 신성현령(新城縣令)에 재직하고 있었다.

✿ 亂山深處長官淸(난산심처장관청) : 이 구는 조단우(晁端友)가 청렴함을 찬미하고 있다.

해제　임지를 시찰하는 행로에서 시냇물 가에서 말고삐를 늦추고 시냇물 소리를 들으며 자신의 느낌을 읊고 있다. 자신 같은 쓸모없는 재목을 재목 찾는 사람들이 베어갈까 두렵다고 여기고 있다. 이곳 지방장관인 조단우(晁端友)가 청렴하다고 하며, 더불어 인간세상 갈래길에 대해 농부에게 물어본다.

21. 산촌, 절구 5수
山村, 五絶

21-1 其一

대나무 울타리 초가집 시냇물 따라 비스듬하고
봄날에 산촌에 드니 곳곳마다 꽃이라.
형상이 없는 것이 태평시대인데 도리어 형상이 있으니
외로운 연기 일어나는 곳 거기가 인가이다.

> 竹籬茅屋趁溪斜, 春入山村處處花.
> 無象太平還有象, 孤烟起處是人家.
> (卷9)

해제 38세(熙寧6년, 1073년) 봄에 지었다. 其二, 其三, 其四는 모두 신법을 풍자하고 있다. 其二, 其三은 조정의 염법이 지나치게 가혹한 것을 지적하고 있고, 其四는 청묘법의 폐단을 풍자하고 있다. 시에서 반어(反語)를 운용하였는데, 말이 날카로워 신법에 대한 불만과 우국충정의 정이 복잡하게 교차되어 있다.(王王)

其二 - 其四는 지방관으로 보고들은 사실을 기록하여 객관적인 형상으로 사회 현실을 반영하고 있다.

21-2 其二

안개비가 부슬부슬 내리는데 닭은 꼬끼오 개는 컹컹
생명 있는 것 어느 곳에선들 편히 살지 못하겠는가.
다만 칼 차는 것 대신 누런 송아지를 기른다면
뻐꾸기가 어찌 수고로이 백성에게 농사를 권장하리오.

> 烟雨濛濛雞犬聲, 有生何處不安生.
> 但令黃犢無人佩, 布穀何勞也勸耕.
> (卷9)

주석

- **有生**(유생) : 생명 있는 것.
- **黃犢**(황독) : 칼을 가리킨다. 서한(西漢)의 공수(龔遂)는 발해태수(渤海太守)로 재직하고 있었는데, 그곳의 사람들은 칼을 차기를 좋아했다. 공수는 그들에게 칼을 팔고 송아지를 사라고 권하여, "어찌 소와 송아지를 허리에 차느냐(何爲帶牛佩犢)"라고 했다.
- **但令黃犢無人佩, 布穀何勞也勸耕**(단령황독무인패, 포곡하로야권경) : 다만 누런 송아지를 찰 사람이 없게 한다면, 뻐꾸기가 어찌 수고로이 농사를 권장하리오. 만약 사염(私鹽) 판매금지를 완화한다면, 사람들로 하여금 다시는 칼을 차고 사염을 판매하게 하지 않을 것이다. 그렇다면 그들은 자연히 농사를 권장할 것이오, 뻐꾸기가 농사를 권장할 필요가 없다. 당시의 신법은 사염 판매를 엄하게 금하였다. 민간에서 몰래 판매하는 자는 반드시 칼을 차서 관군(官軍)이 가로막는 것을 방지하였다.

21-3 其三

칠십 노인이 손수 허리에 낫을 차고
(소금 양념 못하고) 봄 산에서 대순이나 고사리 뜯어먹기 좋아함을 부끄러워하네.
어찌 순 임금의 소(韶)음악을 듣는 취미에 빠져 맛을 잊은 것이리요
요 근래 석 달 동안이나 식사에 소금이 없었다오.

> 老翁七十自腰鎌,　慚愧春山筍蕨甛.
> 豈是聞韶解忘味,　邇來三月食無鹽.
> (卷9)

― 주석 ―

❋ 豈是聞韶解忘味(기시문소해망미) : 『논어(論語)』, 「술이(述而)」에서, 공자는 순(舜)임금의 소(韶)음악을 듣고, 음악의 멋에 빠져 석 달이나 고기의 맛을 몰랐다고 한다.

21-4 其四

명아주 지팡이 짚고 점심을 싸들고 성안으로 총총히 걸어가니
눈 깜짝할 사이에 관가에서 빌린 청묘전이 금방 텅 비었네.
아이들만이 도시의 말씨를 익혔을 뿐
일 년에 반 이상을 (돈 빌리느라 세금 내느라) 성안에 머무르네.

杖藜裏飯去忽忽,　過眼靑錢轉手空.
　　贏得兒童語音好,　一年强半在城中.
　　(卷9)

주석

- 靑錢(청전) : 청묘전(靑苗錢). 신법의 청묘전 규정에 의하면, 매년 춘궁기에 정부가 농민에게 금전을 대여해 주고 가을 이후에 상환하라고 하였다.
- 贏得(영득) : 획득하다.
- 贏得兒童語音好, 一年强半在城中(영득아동어음호, 일년강반재성중) : 여기서는 반어(反語)로서, 농민들이 대부금을 빌리기 위해, 혹은 납세를 위해 늘상 성안에 머물러 생산에 차질이 생겼음을 가리킨다.

22. 호수가에서 밤에 돌아가며
湖上夜歸

나는 술 마심에 술 그릇 다 비울 정도는 아니고
반쯤 취해 거나하니 술맛 더욱 흥겨워라.
가마타고 호숫가에서 집으로 돌아가는데
봄바람이 얼굴을 스치니 시원한 기분이다.

고산(孤山) 서쪽으로 가니
밤기운이 이미 어두컴컴하네.
꿈결 속에 맑게 시를 읊조리니
시구를 얻었으나 금방 잊어버리네.

아직도 기억나네, 배꽃 핀 마을에서
산들산들 꽃향내가 바람에 날려 오던 일
성안에 들어오니 어느 때쯤일까?
빈객은 반쯤 사라져가 버렸네.

졸리는 눈으로 홀연 놀래 두리번거리니
사하당 거리의 불빛이 화려하구나.
손뼉 치며 껄껄 웃는 시가지의 사람들
내 모습은 숲 잃은 사슴 같다.

비로소 깨달았네. 산과 들의 자태가,
취미가 다른 사람은 스스로 억지로 하기가 어렵다는 것을.
인생사는 편안함이 즐거운 것
내 여태껏 벼슬길 잘못 살아왔다네.

> 我飮不盡器, 半酣味尤長.
> 籃輿湖上歸, 春風灑面涼.
> 行到孤山西, 夜色已蒼蒼.
> 淸吟雜夢寐, 得句旋已忘.
> 尙記梨花村, 依依聞暗香.
> 入城定何時, 賓客半在亡.
> 睡眼忽驚矍, 繁燈鬧河塘.

市人拍手笑,　狀如失林麏.
始悟山野姿,　異趣難自强.
人生安爲樂,　吾策殊未良.
(卷9)

 주석

◉ 器(기) : 술잔 등의 주기(酒器).
◉ 籃輿(남여) : 가마. 대나무로 만든 교자(轎子).
◉ 孤山(고산) : 항주 서호 안의 작은 산.
◉ 淸吟雜夢寐(청음잡몽매) : 꿈결(잠결)에 맑게 시를 읊었는데.
◉ 梨花村(이화촌) : 이러한 마을 이름이 있는지는 확실하지 않으나, 여기서는 배꽃이 많기 때문에 이렇게 불렀다고 여겨진다.
◉ 依依(의의) : 한들거리는 모양.
◉ 定(정) : 필경. 도대체.
◉ 亡(망) : 떠나가다.
◉ 河塘(하당) : 사하당(沙河塘). 항주의 거리이름. 송대(宋代) 때 항주에서 가장 번화한 거리로 푸른 기와와 붉은 처마가 있고, 노래와 풍악 소리가 그치지 않았다고 한다.
◉ 始悟山野姿, 異趣難自强(시오산야자, 이취난자강) : 바야흐로 깨달았네. 산과 들의 자태는 취미가 다른 사람은 스스로 억지로 하기 어렵다는 것을.
◉ 策(책) : 계책. 결정. 나와서 벼슬한다는 의미.

해제 이는 38세(熙寧6년, 1073년) 봄에 지었다. 항주 서호에서 술을 마시고 집으로 돌아가면서 길가에서 느낀 감회를 노래하고 있다. 동파는 주량이 많지 않아, 반쯤 취하니 더욱 흥겹다. 서늘한 봄바람을 맞으며 가마를 타고 가니 날은 어둑어둑하다. 졸면서 시구를 지었으나 금방 잊어버린다. 항주 성안의 번화한 거리 사하당을 지나니 내 모습은 숲 잃은 사슴 같다. 인생사 편안함이 최고인데, 여태껏 벼슬길 잘못 살아왔다고 자책하고 있다.

23. 떠나는 님에게 드리다
贈別

파랑새가 수건을 입에 물고 날아가려 하니
노란 꾀꼬리가 주인을 이별하여 더욱 슬피 운다.
제발 부탁하노니 우리가 작별하던 이곳 잊지 말게나
서호의 동쪽이요 봉황령의 서쪽이라.

> 青鳥銜巾久欲飛,　黃鶯別主更悲啼.
> 殷勤莫忘分攜處,　湖水東邊鳳嶺西.
> (卷9)

주석

● 青鳥(청조) : 파랑새. 후에 편지를 전하는 사자(使者)의 의미를 가지

게 되었다. 중국신화에서는, 서왕모(西王母)의 사자(使者).
- 黃鶯別主更悲啼(황앵별주갱비제) : 당(唐)의 한황(韓滉)이 절서(浙西)지방을 지키고 있을 때 융욱(戎昱)은 관내의 자사(刺史)였다. 군(郡)에 아름다운 기생이 있었는데 융욱은 그녀에게 향한 정이 깊었다. 한황의 담당관이 그녀를 차출해 갔다. 융욱은 감히 머물게 하지 못하고 호숫가에서 이별하며 가사를 지어 주었으니, 그 가사는 다음과 같다. "잘 가게나 봄바람 부는 호숫가의 정자에서, 버들가지와 등나무 넝쿨에 이별의 정 매어있네. 꾀꼬리도 오래 살아 서로 모두 잘 아는 터라, 이별하려고 함에 몇 번이고 자꾸 울어댄다(好去春風湖亭上, 柳條藤蔓繫離情. 黃鶯久住渾相識, 欲別頻啼四五聲)." 후에 그녀는 한황에게 가서 이 노래를 불렀더니 한황은 즉시 담당자를 꾸짖고는 즉시 선물을 주고 그녀를 돌려보냈다.
- 青鳥銜巾久欲飛, 黃鶯別主更悲啼(청조함건구욕비, 황앵별주갱비제) : 앞 구는 상대가 정이 있어 헤어지기 어렵다는 것을 말했고, 뒤 구는 마침내 눈물을 머금고 이별하는 것을 묘사하고 있다.
- 殷勤(은근) : 은근하다. 정성스럽다. 친밀한 정.
- 鳳嶺(봉령) : 봉황령(鳳凰嶺). 서호의 남쪽에 있다.

해제 38세(熙寧6년, 1073년)에 지었다. 남자가 여자에게 주는 시이다. 제1구에서 파랑새를 신화 가운데의 서왕모(西王母)의 사자로 삼아 다정한 여인을 비유하고 있다. 그녀에게 신비한 색채와 고귀함을 부여하고 있다. 제2구에서 융욱(戎昱)의 고사(故事)를 빌어 곡절있는 애정을 설명하고 있다. 3, 4구에서는 여인의 입으로 이별의 정을 말하고 있다.(孔劉)

24. 차운하여 작별의 정을 표하는 것을 대신하다
次韻代留別

붉은 촛불 깜빡깜빡 타 들어가는데 술잔을 빨리 돌리며
이별가를 지어 부르다 그침에 만 줄기 눈물 흘리며 운다.
훗날 한 척 배로 범려를 따라 간다면
응당 나의 집이 옛날 서쪽 마을에 있다고 기억하세요.

　　絳蠟燒殘玉斝飛,　離歌唱徹萬行啼.
　　他年一舸鴟夷去,　應記儂家舊住西.
　　(卷9)

주석

❋ 絳蠟(강랍) : 붉은 촛불.
❋ 斝(가) : 고대의 술잔.
❋ 玉斝飛(옥가비) : 옥 술잔이 날다. 서로 빨리 잔을 돌리다.
❋ 舸(가) : 큰 배.
❋ 他年一舸鴟夷去(타년일가치이거) : 『사기(史記)』, 「월왕구천세가(越王勾踐世家)」에서, 월(越)나라의 모신(謀臣) 범려(范蠡)는 월왕(越王) 구천(勾踐)을 도와 오(吳)나라를 멸망시켰다. 이 이전에 그는 약야계(若耶溪) 서쪽에서 빨래하던 월나라의 미인 서시(西施)를 오왕(吳王)에게 바쳤다. 오나라를 멸망시킨 후 범려는 월왕 구천이 공신(功臣)을 죽이려 하자 몰래 떠나가서 치이자피(鴟夷子皮 : 가죽 주머니)로

이름을 바꾸고, 배를 띠워 오호(五湖)를 노닐었다. 전설에서는 서시(西施)도 데리고 갔다고 한다. 여기서 치이자피(鴟夷子皮)는 월(越)의 범려가 구천을 도와 오나라를 멸한 후에 제나라에 가서 변성명함을 이름.

❋ 他年一舸鴟夷去, 應記儂家舊住西(타년일가치이거, 응기농가구주서)
: 만약 그대가 이름을 바꾸어 멀리 떠나 간다면, 나를 데리고 가는 것을 잊지 말라.

> **해제** 38세(熙寧6년, 1073년)에 지었다. 이는 앞 시의 화작(和作)이다. 장차 떠나가려는 여인이 남자에게 남겨주는 말이다. 뒤의 두 구는 이후에 그대가 은거한다면 자신을 데리고 갈 것을 잊지 말라고 하였다.

25. 진술고가 이 말을 듣고 이튿날 즉시 오다. 좌중에서 다시 지난번의 운자를 써서 함께 짓는다
述古聞之, 明日卽至, 坐上復用前韻, 同賦

신선의 옷은 가위로 재단할 것 없고
미인은 새벽 묘주(卯酒)에 취한다.
태수가 꽃에게 물으니 꽃은 말한다
"그대 위해 시들고 그대 위해 꽃피워요"

仙衣不用剪刀裁, 國色初酣卯酒來.
太守問花花有語, 爲君零落爲君開.
(卷9)

- 述古(술고) : 당시 항주지주였던 진양(陳襄)의 자(字).
- 卯酒(묘주) : 아침 술. 신주(晨酒). 묘시(卯時) 곧 아침 6시경에 마시는 술. 해장술.

항주지주 진술고가 길상사의 모란꽃을 보러 오지 않아서 지은 「길상사화장락이술고부지(吉祥寺花將落而述古不至)」시에 이어서 지은 시이다. 선녀의 옷인 듯 아름답고, 술 취한 듯 발그스름한 모란꽃의 자태를 묘사하고 있다. 진술고가 모란꽃에게 물으니, 모란꽃은 "그대 위해 시들고 그대 위해 꽃피워요"라고 대답하는 듯하다.

26. 오잠령 조숙 과거합격 동기생의 야옹정
於潛令刁同年野翁亭

산골 노인은 산을 벗어나지 않고
시내의 노인은 늘 시냇가에 있으나

들에 사는 노인이 시냇물과 산 사이를 왕래하며
위로는 사슴과 벗하고 아래로는 오리·따오기와 벗함만은 못하다.

들 노인에게 묻노니 "무슨 즐거움이 있어서
삼년동안 떠나지 않아 (다른 사람이) 번거롭게 밀어내도록 하는가"
노인이 대답하길, "이 사이에 또 즐거움 있으니
현악기도 관악기도 아니요 아리따운 여인도 아니라네.

산사람(山人)은 취한 뒤에 (도사들이 쓰는) 철관을 떨어뜨리기도 하고
시내가의 여자는 웃을 때 머리에 꽂은 은빗이 나직이 처진다오".
내가 이곳에 와 정치를 살피고 민요를 물으니
모두 말하길 "짖는 개가 (뛰어다닐 일 없어) 발에 털이 돋아났는데,

다만 두렵기는 이 노인이 하루아침 이곳을 버리고 떠나가
오래도록 산골사람은 적막하고 시냇가 여인을 울게 할 것이라"
하네.

山翁不出山,　　　　溪翁長在溪.
不如野翁來往溪山間,　上友麋鹿下鳧鷖.
問翁何所樂,　　　　三年不去煩推擠.
翁言此間亦有樂,　　　非絲非竹非蛾眉.
山人醉後鐵冠落,　　　溪女笑時銀櫛低.
我來觀政問風謠,　　　皆云吠犬足生氂.

但恐此翁一旦捨此去, 長使山人索寞溪女啼.
(卷9)

주석

❂ 於潛(오잠) : 지금의 절강성 항주 서쪽 200여리에 있다. 전통적으로 우리나라 전통한학자들은 '오잠'으로 독음한다.『원화군현지(元和郡縣志)』, "오잠현 서쪽에 잠산이 있다. 이 때문에 이름 지었다(於潛縣西有替山, 因名)."

❂ 刁同年(조동년) : 동파의 과거합격 동기인 조숙(刁璹).

❂ 山翁不出山, 溪翁長在溪(산옹불출산, 계옹장재계) : 동파의 자주(自注)에, "전임(前任) 두 현령이 이옹정을 지었다(前二令作二翁亭)." 이 옹정은 곧 산옹정(山翁亭)과 계옹정(溪翁亭)을 말한다.

❂ 野翁(야옹) : 조숙(刁璹)을 가리킨다.

❂ 推擠(추제) : 밀치다.

❂ 山人(산인) : 도사. 동파 자주(自注)에, "천목산의 당도사는 항상 철관을 쓰고 다닌다. 오잠의 부녀자들은 모두 머리에 한 자 가량의 커다란 은빗을 꽂고 다니는데, 이것을 '봉답'이라고 한다(天目山唐道士, 常冠鐵冠, 於潛婦女皆揷大銀櫛, 長尺許, 謂之蓬沓)."

❂ 鐵冠(철관) : 도사가 쓰는 모자.

❂ 吠犬足生氂(폐견족생리) :『후한서(後漢書)』, 「잠팽전(岑彭傳)」에, 위군(魏郡) 백성들은 태수(太守)인 잠희(岑熙)의 공덕을 찬미하고 있음을 다음과 같이 기록하고 있다. "나에게 탱자나무와 가시나무가 있었는데, 잠씨 어른이 그것을 베어 주셨네. 나에게 해충이 있었는데, 잠씨 어른이 그것을 막아주셨네. 짖던 개도 놀라지 아니하여 발바닥에 털이 생겼네(我有枳棘, 岑君伐之, 我有蟊賊, 岑君遏之, 吠犬不驚, 足下生

氅)." 집을 지키는 개도 할 일이 없이 종일토록 쉬게 되므로 발바닥에 털이 생긴다고 했다. 여기서는 정사(政事)가 무위이치(無爲而治)하여 백성들이 휴식을 취할 수 있게 되었다는 것을 말한다.

해제   항주통판 시절인 38세(熙寧6년, 1073년)에 지었다. 동파의 과거합격 동기생인 오잠현 현령 조숙(刁璹)은 야옹정을 지었는데, 동파는 그를 위해 이 시를 지어 그의 훌륭한 정치를 찬미하고 있다. 이 시는 신선한 비유, 함축적인 해학으로 조숙의 정치적 업적이 맑아서 백성들에게 존경을 받고 있다고 했다. 풍격이 청신하여 자못 풍취가 있다.(吳夏蕭)

27. 오잠 스님의 녹균헌
於潛僧綠筠軒

식사에 고기가 없는 것은 괜찮지만
거처에 대나무가 없어서는 안되지.
고기가 없으면 사람을 마르게 하지만
대나무가 없으면 사람을 속되게 하지.

사람이 마른 것은 그래도 살찌게 할 수가 있지만
선비의 속된 것은 고칠 수 없는 것.
주위 사람들은 이 말을 비웃어

고상한 것 같으면서도 어리석은 것 같다고 하네.

만약 이 대나무를 대하고서 고기를 마음껏 먹는다면
세상에 어찌 (돈 두둑이 가지고 학을 타고 신선세계에 노닌다는)
양주학이 있으리오.

    可使食無肉,   不可使居無竹.
    無肉令人瘦,   無竹令人俗.
    人瘦尚可肥,   俗士不可醫.
    旁人笑此言,   似高還似癡.
    若對此君仍大嚼, 世間那有揚州鶴.
    (卷9)

주석

❋ 於潛僧綠筠軒(오잠승녹균헌) : 오잠승(於潛僧)은 이름이 자(孜), 자(字)는 혜각(惠覺)이다. 오잠(於潛) 적조사(寂照寺)에 거주하였다. 절 안에 녹균헌(綠筠軒)이 있다.

❋ 醫(의) : (병을) 고치다.

❋ 此君(차군) : 왕휘지(王徽之)의 말로, 대나무를 가리킨다. 『진서(晉書)』, 「왕휘지전(王徽之傳)」, (왕휘지가) 일찍이 빈 집을 빌려서 산 적이 있는데, 즉시 대나무를 심으라고 했다. 사람들이 그 까닭을 묻자, 그는 대나무를 가리키며, "어찌 하루라도 이 군자가 없을 수 있겠는가(何可一日無此君)"라고 했다.

❋ 揚州鶴(양주학) : 『은운소설(殷芸小說)』에, 몇 사람이 함께 각자 자신의 소원을 이야기 하였다. 한 사람이 양주자사(揚州刺史)가 되고 싶다고 했고, 다른 한 사람은 돈을 많이 벌고 싶다고 했다. 또 다른 한

사람은 학을 타고 하늘을 날고 싶다고 했다. 마지막 한 사람의 차례가 되자, "허리에 십만 관(貫)의 돈을 차고서 학을 타고 양주(揚州)로 올라가고 싶다"고 했다. 이는 세 사람의 소원을 겸하고자 한 것이다. 양주학은 동시에 얻기 힘든 여러 가지를 한꺼번에 얻게 해 주는 것을 말한다. 이 구는 모든 욕망을 만족시키는 것은 불가능하다는 것을 비유하고 있다.

해제 항주통판 시절인 38세(熙寧6년, 1073년)에 지었다. 작자는 줄곧 대나무를 좋아하여 대나무를 읊었을 뿐만 아니라 대나무를 그리기도 하여, 대나무를 고아한 군자로 비유하였다. "대나무가 없으면 사람을 속되게 하지", "선비의 속된 것은 고칠 수 없다" 등의 구에서 작자의 고결한 흥회를 볼 수 있다. 끝 두 구는 해학적이며 그 맛이 무궁하다.(吳夏蕭)

고매한 정신세계에서 소요하고 있으며 해학적이다. 아울러 모든 것을 병존하는 것은 어렵다는 것을 토로하고 있다.

28. 오잠의 여인
於潛女

푸른 치마 흰 소매 옷 입은 오잠의 여인네
서리같이 하얀 두 발은 맨발이구나.
머리털은 실 꿰어 나가는 베틀 북과 같이 나풀나풀

四. 항주통판(杭州通判) 시절

큰 은비녀를 꽂고 앞이마 가리고 비바람 속을 달린다.

이는 오월왕 궁중의 장식으로 조상 때부터 유행이었는데
백성들에게 전해져 지금껏 내려오니 옛 왕조 망한 것 서글퍼라.
초계의 수양버들 버들솜 날리는 때
여인은 시냇물에 얼굴 비춰 눈썹을 그리고는 냇물을 건너네.

나무하고 돌아오는 낭군님 만나자 아리따운 모습으로 애교를 띠니
양반귀족에도 이처럼 예쁜 여인이 있을까.

青裙縞袂於潛女,　兩足如霜不穿屨.
鬐沙鬢髮絲穿柠,　蓬沓障前走風雨.
老濞宮粧傳父祖,　至今遺民悲故主.
苕溪楊柳初飛絮,　照溪畫眉渡溪去.
逢郎樵歸相媚嫵,　不信姬姜有齊魯.
(卷9)

주석

❃ 於潛(오잠) : 옛 현(縣) 이름. 지금은 이미 절강성 임안현(臨安縣)에 편입되었다.

❃ 鬐沙鬢髮絲穿柠(다사빈발사천녕) : 나풀나풀 검은 머리를 은빛으로 꽂은 것이, 마치 검은 실이 베 짜는 북을 뚫는 것 같다.

❃ 蓬沓(봉답) : 은빗. 오잠 지방의 부녀의 머리에 꽂은 1척(尺) 가량의 큰 은빗.

❃ 障前(장전) : 은빗이 앞이마를 가리다.

❂ **老濞**(노비) : 한(漢)나라 초(初) 오왕(吳王) 유비(劉濞). 여기서는 오대(五代)의 오월왕(吳越王)을 가리킨다. 이 구절은 오잠 여자의 머리 장식은 오월왕 때의 궁중장식으로부터 유래되어 대대로 이어졌는데, 지금까지 변하지 않았다는 것을 말한다.

❂ **故主**(고주) : 오대(五代) 때의 오월왕(吳越王).

❂ **苕溪**(초계) : 여기서는 동초계(東苕溪)를 가리킨다. 천목산(天目山) 남쪽에서 발원하여 오잠을 흘러간다.

❂ **姬姜**(희강) : 서주(西周) 초(初)에, 강상(姜尙)은 제(齊)나라에 봉해지고, 주공 단(周公 旦)의 아들은 노(魯)나라에 봉해졌다. 희(姬), 강(姜)은 제로(齊魯) 귀족의 성(姓)이다. 여기서는 희성(姬姓), 강성(姜姓)의 귀족 미녀를 가리킨다. 이 구의 의미는 다음과 같다. 제로(齊魯)의 강(姜), 희(姬) 두 가문의 귀족에 무슨 미녀가 있다는 것을 믿지 않는다. 다시 말해, '양반 귀족에만 이처럼 예쁜 여인 있었던 것 아니라네.' '희, 강 같은 미인 제, 노에만 있었던 것 아니라네.'로 이해할 수 있겠다.

해제 38세(熙寧6년, 1073년) 동파가 항주통판에 재직시 오잠을 순시할 때 지은 시이다. 옷과 장신구가 소박하고 고풍 있는 산골 여인네의 건강한 모습을 부각시켜 그녀의 아름다운 외모와 부부가 도란도란 어울리는 즐거움을 찬미하고 있다. 여기서는 작자의 심미이상을 기록하고 있다. 바로 질박하고 순후한 아름다움, 원시자연적인 생활방식을 추구하고, 아울러 귀족부녀의 온화하고 화려함 및 그 생활방식을 낮게 평가하며, 중국시가의 인물 화랑(畫廊)에 새로운 형상을 더하고 있다.(王王)

버들솜 한들한들 봄기운이 한창 무르녹을 때 시냇물에 비춰 얼굴을 매만지고 눈썹을 그리고는, 나무해 오는 낭군을 마중 나가는 시골 여인네의 소박미와 자연적인 생활방식을 잘 묘사하고 있다.

四. 항주통판(杭州通判) 시절   247

29. 청순 스님이 수운정을 새로 짓다
僧淸順新作垂雲亭

강과 산 아무리 많더라도
꼭 맞는 자리에 정자 만들기 어려운 것.
올라가 보면 제자리를 얻지 못해
주위 경치에 어울리지 않곤 한다.

아깝도다, 수운정은
어찌하여 이토록 늦게서야 제자리를 잡았는가?
조물주가 정자 터의 방향을 따져 정한 듯
시 짓는 눈으로 교묘하게 더할 것은 더하고 뺄 것은 뺐다.

길이 막히면서 붉은 난간이 눈에 띄고
산은 가파르고 벼랑 험한 이곳.
바다 어귀가 땅의 축에 스며들고
호수 끝이 구름 나오는 봉우리를 안았네.

수목이 울창하고 성곽은 화려하고
뿌옇게 안개 덮인 마을은 아득하네.
어지러이 까치는 날아가고
고기잡이꾼, 나무꾼은 하나하나 집으로 돌아오네.

이 멋진 장관 속에 정자가 상쾌하게 새로 들어섰고
이 숨은 경치는 옛날 남이 알지 못했던 곳.

정자를 지은 스님은 참으로 옛 사람 같아
휘파람 불며 혜강과 완적의 풍모를 사모하네.

짚신은 매양 스스로 삼고는
빈 서재에 부들과 갈포 깔고 누웠다.
하늘은 시인의 곤궁함 가련히 여겨
이 경치를 시인에게 시의 재료로 빌려 주었다네.

내 오래도록 시를 짓지 않아서인지
지은 시가 거칠고 까끄러워 다시 다듬는다.
스님 따라 좋은 시구 찾느라
이리저리 조탁하느라고 아침밥도 잊었다네.

江山雖有餘, 亭榭苦難穩.
登臨不得要, 萬象各偃蹇.
惜哉垂雲軒, 此地得何晚.
天公爭向背, 詩眼巧增損.
路窮朱欄出, 山破石壁很.
海門浸坤軸, 湖尾抱雲巘.
蔥蔥城郭麗, 淡淡烟村遠.
紛紛鳥鵲去, 一一漁樵返.
雄觀快新獲, 微景收昔遁.
道人眞古人, 嘯詠慕嵇阮.
空齋臥蒲褐, 芒屨每自捆.
天憐詩人窮, 乞與供詩本.
我詩久不作, 荒澀旋鋤墾.

從君覓佳句, 咀嚼廢朝飯.
(卷9)

주석

○ 淸順(청순) : 자(字)는 이연(怡然)이다. 시에 능하다. 『냉재야화(冷齋夜話)』에, 그는 "청고(淸苦)하여 가구(佳句)가 많다(淸苦多佳句)"고 하였다. 왕안석(王安石)이 일찍이 서호에서 노닐 때 그를 좋아했었다. 동파는 자주 그와 왕래하고 창화(唱和)하였다.

○ 垂雲亭(수운정) : 항주 보엄원(寶嚴院)에 있다.

○ "江山(강산)" 4구 : 강산은 천 가지 자태가 있다. 그러나 만약 정자가 땅을 선택하는 것이 타당하지 않다면, 시점(視點)이 아름답지 않고 경치도 아름답지 않다.

○ 偃蹇(언건) : 오만하다.

○ 坤軸(곤축) : 대지의 지주(支柱).

○ 微景收昔遁(미경수석둔) : 숨어있던 경치는 옛날 도망갔던 것 거두어들였다. 이 숨은 경치는 옛날 남이 알지 못했던 곳이다.

해제 38세(熙寧6년, 1073년)에 지었다. 정자가 알맞은 장소를 얻은 것을 묘사하고, 이어서 이 정자를 지은 청순 스님의 고아한 생활풍모를 그리고 있다.

30. 이별하는 자리에서 다른 사람을 대신해서 떠나는 사람에게 지어주다, 3수
席上代人贈別, 三首

30-1 其一

처량한 이별곡에 원망스런 후렴이 목이 메어 노래 마치지 못하니
설사 다시 온다 해도 (세월 흘러가 우리가 모두) 늙음을 어찌할꼬.
하염없는 눈물 소나기처럼 끝없어 흘러
닦고 또 닦아도 다시 줄줄 나오네.

> 悽音怨亂不成歌, 縱使重來奈老何.
> 淚眼無窮似梅雨, 一番勻了一番多.
> (卷9)

주석

◎ 亂(난) : 음악의 종장(終章). 풍류 끝 가락 '란'.
◎ 梅雨(매우) : 매실이 익을 무렵에 오는 장마비. 중국의 강회(江淮) 일대는 초여름에 비가 열흘이나 계속 오는데, 이때 매실이 누렇게 익으므로 '매우(梅雨)'라고 했다.

해제 38세(熙寧6년, 1073년)에 지었는데, 한 기녀의 입장을

四. 항주통판(杭州通判) 시절 251

대신하여 이별하는 자리에서 떠나는 사람에게 지어준 시이다.

30-2 其二

하늘의 기린이 어찌 이 티끌 세상에 태어났던가
새장 안에 갇힌 비취새는 제 몸을 자유롭게 하지 못하네.
어찌 알았으랴? 어젯밤 향내 나는 규방 안에
이별하는 사람 있어 다시 남몰래 훌쩍거림을.

> 天上麒麟豈混塵, 籠中翡翠不由身.
> 那知昨夜香閨裏, 更有偸啼暗別人.
> (卷9)

 주석

❊ 不由身(불유신) : 몸을 자유롭게 하지 못하다.

해제 님과 이별함에 규방 안에서 남몰래 훌쩍거리는 기녀를 묘사하고 있다.

31. 당도인이 말하길, 천목산에서 천둥치는 가운데 비
내리는 것을 굽어보니, 큰 번개 천둥 칠 때마다 구
름 속에서 애기 울음소리만 들리고 천둥소리는 들
리지 않는다 하네

唐道人言, 天目山上俯視雷雨, 每大雷電, 但聞雲中
如嬰兒聲, 殊不聞雷震也

보잘 것 없는 헛된 명성과 몸을 버리고 나니
하찮은 번개와 천둥이 어찌 신(神)과 같으리오?
산꼭대기에서는 어린아이 울음소리에 불과한데
세상에서는 천둥소리에 젓가락 놓친 (유비같은) 이들 한없이
많더라.

　　　己外浮名更外身, 　區區雷電若爲神.
　　　山頭只作嬰兒看, 　無限人間失箸人.
　　　(卷9)

 주석

◉ 唐道人(당도인) : 자(字)는 자하(子霞), 일찍이 『천목산진경록(天目山
　眞鏡錄)』을 지었다.
◉ 外(외) : 도외시하다. 경시하다. 동사로 쓰였다.
◉ 區區(구구) : 작다.

✪ 神(신) : 천목산(天目山) 위에 뇌신택(雷神宅)이 있다.
✪ 區區雷電若爲神(구구뇌전약위신) : 하찮은 천둥과 번개가 어찌 신(神)과 같겠는가. 일설에는 "하찮은 천둥소리와 번개에도 마치 신처럼 두려워한다."
✪ 失箸人(실저인) : 원래는 유비(劉備)를 가리킨다.『삼국지(三國志)』, 「촉지(蜀志)·선주전(先主傳)」, 조조(曹操)는 "조용히 유비(劉備)에게 말하기를, '지금 천하의 영웅은 오직 그대와 나 둘뿐이요, 원소같은 무리는 칠 것도 없소'라고 했다. 유비가 한창 식사를 하고 있다가 수저를 떨어뜨렸다."

해제 38세(희녕6년, 1073년)에 지었다. "천목산 위에서 천둥 치는 가운데 비 내리는 것을 굽어보면, 큰 번개 천둥 칠 때마다 구름 속에서 애기의 울음소리만 들리고 천둥소리는 들리지 않는다"는 당도인의 말을 듣고, 천둥소리와 번개를 보고 놀라는 세인의 모습을 묘사한 시이다. 보잘것없는 명성과 몸을 도외시하면 천둥도 또한 대단할 것이 없으며, 세인을 놀라게 하는 것도 실은 아이의 울음소리에 불과하다는 것을 말하고 있다.

32. 입추날 기우제를 지내고 영은사에서 주빈·서숙 두 현령과 함께 잠자다
立秋日禱雨宿靈隱寺, 同周徐二令

책상에 가득 공문서 쌓였는데 (기우제 명목으로) 몸 빼내 한가로움 얻어
나뭇잎 떨어지는 가을 소리 들으며 침상 앞에서 꾸벅꾸벅 조네.
침상아래 눈서리 내렸는가 했더니 창문밖에 휘영청 달빛 비추고
베개 베고 듣는 거문고 소리는 바로 뜨락에 떨어지는 샘물소리.

기구하게 지낸 세상맛은 내 일찍이 두루 겪었고
적막한 산에 깃들이니 늙어감에 마음 점점 편안해지네.
오직 백성들의 고달픈 농사 걱정 하느라
일어나 은하수를 점쳐 보니 날씨 (비 안 올까) 더욱 근심되네.

   百重堆案挈身閑, 一葉秋聲對榻眠.
   牀下雪霜侵戶月, 枕中琴筑落階泉.
   崎嶇世味嘗應遍, 寂寞山棲老漸便.
   惟有憫農心尚在, 起占雲漢更茫然.
   (卷10)

 주석

● 靈隱寺(영은사) : 항주 영은산(靈隱山) 아래에 있는 절 이름.

◉ 周徐二令(주서이령) : 주빈(周邠), 자(字)는 개조(開祖), 전당현령(錢塘縣令). 서숙(徐璹), 일설에는 서주(徐疇), 인화현령(仁和縣令).
◉ 百重堆案(백중퇴안) : 많은 공문서가 책상에 쌓여 있다. 당시 동파는 바쁜 공무를 두고 기우제를 지내러 왔다.
◉ 挈(철) : 뽑다. 빼다.
◉ 榻(탑) : 긴 걸상. 좁고 길며 비교적 낮은 침대(평상).
◉ 牀下雪霜(상하설상) : 침상아래 눈서리 내렸는가 했더니. 오래도록 달빛을 본다는 것을 묘사하고 있다.
◉ 枕中琴筑(침중금축) : 누워 샘물 소리를 듣는다는 것을 형용하고 있다. 이 두 구는 잠을 들지 못하는 것을 암시하고 있다.
筑(축) : 옛날, 거문고 비슷한 현악기.

해제 38세(熙寧6년, 1073년)에 지었는데, 동파가 입추날 전당현령(錢塘縣令) 주빈(周邠)과 인화현령(仁和縣令) 서숙(徐璹)과 함께 기우제를 지내고 항주 영은사에서 함께 자면서 쓴 시이다. 기우제를 지냈는데도 아직 비가 오지 않아 망연한 느낌이 있고, 잠을 못 이루는 데서 백성을 위하는 마음이 드러나고 있다.

33. 병든 몸 이끌고 조탑원을 노닐며
病中遊祖塔院

자줏빛 오얏 노란 참외 시골길 향긋한데
검은 깁 흰 갈옷 도포가 시원하다.
문 닫은 시골 절엔 소나무 그늘 (시간에 따라) 옮겨가고
바람 부는 난간을 베개하고 누운 손님은 잠이 깊어라.

병 핑계로 한가로운 시간을 얻어 자못 기분 싫지 않으니
마음 편한 것이 약이라 다른 처방 따로 없네.
스님은 섬돌 앞 샘물 아끼지 않고
바가지 빌려주니 내 마음껏 마셔본다.

紫李黃瓜村路香, 烏紗白葛道衣涼.
閉門野寺松陰轉, 欹枕風軒客夢長.
因病得閑殊不惡, 安心是藥更無方.
道人不惜階前水, 借與匏樽自在嘗.
(卷10)

주석

◉ 祖塔院(조탑원) : 지금의 항주 호포사(虎跑寺). 당(唐) 개성(開成) 2년 흠산법사(欽山法師)가 지었다.

◉ 安心是藥更無方(안심시약갱무방) : 『경덕전등록(景德傳燈錄)』, 권3,

四. 항주통판(杭州通判) 시절

「제이십팔조보리달마(第二十八祖菩提達磨)」에서, 승(僧) 신광(神光 : 慧可)이 달마에게 불법(佛法)을 구했다. "신광이 말하길, '나는 마음이 아직 편안하지 않습니다. 스님에게 구하노니 편안하게 해 주시길 청합니다'. 달마가 말하길, '마음을 내게 가져와라, 너를 편안하게 해 주겠다.' 신광이 말하길, '마음을 찾아도 끝내 얻을 수 없습니다.' 달마가 말하길, '내가 너에게 마음을 편안하게 해 주었다.'(光曰, 我心未寧, 乞師與安. 師曰, 將心來與汝安. 曰, 覓心了不可得. 師曰, 我與汝安心竟)."

해제 동파는 시에서 선종(禪宗)의 고사를 쓰기를 좋아하여, 자주 선어(禪語)로 시를 지었다. 이 병중에 절을 유람하는 시에서는 앞 4구는 실경(實景)을 묘사하고 있고, 뒤 4구는 선리(禪理)를 가지고 인생을 묘사하였는데, 의미가 심장하고 정취가 있다.(吳夏蕭)

34. 유미당의 폭우
有美堂暴雨

유람객의 발밑에서 우르릉 천둥소리 요란하고
온 좌석에 가득 덮인 먹구름은 걷히지 않는다.
하늘 저쪽에서 검은 폭풍 일자 해일 같은 파도 우뚝 서서 달려오더니
절강(浙江) 동쪽 날리는 빗줄기가 강을 건너 뿌옇게 몰려오네.

신나게 쏟아져 내리는 비는 술잔 위에 철철 넘치는 술 같고
많은 작대기로 장고 두드리듯 빗방울이 소리치며 내리 퍼붓는다.
옥황상제가 술 취한 적선(謫仙) 이태백을 불러 하늘 샘물로 얼굴 씻어 술 깨우듯
바다를 뒤집어 보배 같은 시구를 쏟아 뿌린다.

>游人脚底一聲雷, 滿座頑雲撥不開.
>天外黑風吹海立, 浙東飛雨過江來.
>十分瀲灩金樽凸, 千杖鼓鏗羯鼓催.
>喚起謫仙泉灑面, 倒傾鮫室瀉瓊瑰.
>(卷10)

주석

- **有美堂**(유미당) : 항주 오산(吳山)의 제일 높은 곳에 위치하며, 멀리 해문(海門)과 마주하고 있다. 송(宋) 인종(仁宗) 가우(嘉祐) 초년(初年)에 지어졌다.

- **浙東**(절동) : 항주(杭州)는 절강(浙江 : 錢塘江)의 서쪽에 있기 때문에 이와 같이 불렀다.

- **'喚起**(환기)' 구 : 적선(謫仙)은 이백(李白)을 지칭한다. 들건대, 당 현종(唐玄宗)은 이백(李白)을 불러 시를 짓게 하였다. 마침 이백은 술에 취해 있었는데, 현종(玄宗)은 맑은 물을 그의 얼굴에다 뿌려서 깨어나게 하였다(『舊唐書』, 「李白傳」). 이 구의 대의는 천제(天帝)가 적선(謫仙) 이백(李白)을 술에서 깨우려고 하여 폭우를 내렸다는 의미이다.

- **瀲灩**(염렴) : 철철 넘침. 물결이 넘실거리는 모양. 물결이 햇빛에 반짝이는 모양.

❋ '倒傾(도경)' 구 :『술이기(述異記)』, 권상(卷上)과 장화(張華)의『박물지(博物志)』에 모두 남해(南海)에 교인(鮫人 : 일종의 인어)이 있다고 기재하였다. 그 인어가 눈물을 흘리면 구슬이 되고 비단을 짜면 아주 기이하다. 瓊瑰(경괴) : 진귀한 옥석(玉石)인데, 여기서는 빼어난 시문(詩文)을 비유한다. 동파의「우송정호조(又送鄭戶曹)」: "그대가 늦게서야 나의 좌객이 되니, 새로운 시는 마치 구슬과 같다(遲君爲座客, 新詩出瓊瑰)",「답임사중가한공(答任師中家漢公)」: "취중에 홀연 나를 생각하니, 맑은 시는 아름다운 옥을 꿴 것 같은 좋은 시이다(醉中忽思我, 淸詩綴瓊琚).

해제 동파가 항주통판 재직시인 38세(熙寧6년, 1073년)에 항주에서 지었다. 전반부(1-4구)는 폭우가 내리기 전 먹구름이 일고 천둥이 치다가, 폭우가 내리자 비바람 함께 불어 바다가 "서서(立)" 달려오듯 해일이 일고 비가 강으로 몰려오는 경관을 묘사했는데, 기세가 웅장하고 긴장감과 박력이 넘친다. 후반부(5-8구)는 비유와 전고가 어울리고 있다. 강물은 술잔이 철철 넘치듯 불어나고 빗방울은 북치듯 폭우가 된다. 연상이 풍부하고 기이하다. 끝으로 심한 폭우가 내리는 모습이 시정이 솟아오르는 계기가 되고 있다. 동파의 청웅(淸雄)한 풍격의 대표작이다.(王王)

항주 서호가의 오산(吳山)의 최고봉에 위치한 유미당에서 본 폭우가 내리는 전당강의 장관을 시간의 추이에 따라 묘사한 시이다. 천둥과 먹구름, 폭풍우와 파도가 웅장하여 박력이 넘친다. 비오기 전과 폭풍우가 내리는 광경이 동태적이고 긴박감이 넘치게 묘사되고 있다. 여기서 제5, 6구는 폭우가 쏟아지는 형상이 시각적, 청각적 이미지로 순간의 형상을 밀도 있게 파악하고 있다. 특히 "바다를 뒤집어 보배 같은 시구를 쏟아 뿌린다"는 마지막 구는 산수유람과 시창작과의 관계를 묘사하여, 격동하는 자연현상이 작자의 영감을 격발시켜 시 창작에 큰 역할을 함을 밝히고 있다.

이 시에 대해 사신행(查愼行)은 "전체 시는 대부분 폭우를 묘사한 것인데, 장법(章法)이 또한 기발하다(通首多是摹寫暴雨, 章法亦奇)."라고 평하였다.

35. 8월 15일 조수를 보다, 절구 5수
八月十五日看潮五絶

35-3 其三

강가에 서자 내 몸과 세상 모두 다 아득하여
오래도록 푸른 파도와 흰 머리 함께 하네.
조물주는 사람이 쉬이 늙는 것 알아
일부러 강물을 서쪽으로 흐르게 하네.

> 江邊身世兩悠悠,　久與滄波共白頭.
> 造物亦知人易老,　故敎江水向西流.
> (卷10)

 주석

❋ **故敎江水向西流**(고교강수향서류) : 전당강 강물이 바다 조수가 용솟음침에 따라 역류하므로 이렇게 말했다. 대개 중국의 강물은 동쪽으

로 흐른다. 여기서 '일부러 강물을 동쪽으로 흐르게 하네'는 흐름을 되돌려 나이가 더 젊어지게 한다는 의미이다.

> 해제   이 연작시는 38세(희녕6년, 1073년) 중추절에 전단강(錢塘江)의 조수(潮水)를 보며 지었다.

35-4 其四

오월지방 아이들은 나고 자라면서 파도와 깊은 물에 익숙해 이익을 구하기 위해 생명을 가벼이 하여 스스로 몸을 아끼지 않는다.
동해 용왕이 (백성을 불쌍히 여기는) 신종황제의 뜻을 안다면 응당 바닷가 갯펄을 뽕나무 밭으로 만들어 경작하게 하리.

> 吳兒生長狎濤淵,　冒利輕生不自憐.
> 東海若知明主意,　應教斥鹵變桑田.
> (卷10)

주석

● 狎(압) : 익숙하다.
● 冒(모) : 탐하다. 탐내다.
● 1-2구 : 오월(吳越) 일대의 남자 아이는 어려서부터 해변에서 자라, 이익(해산물채취)을 구하기 위해 생명의 위험을 돌아보지 않고 조수

(潮水)를 탄다.
- 3, 4구 : 동파의 자주(自注), "이때 새로 성지가 내려 조수를 타는 것을 금했다(是時新有旨禁弄潮)."
  明主(명주) : 여기서는 북송(北宋) 신종(神宗)을 가리킨다.
  斥鹵(척로) : 염분이 많은 땅. 이 두 구의 의미는 다음과 같다. 동해의 용왕이 과연 신종이 조수 타기를 금지한 진실된 뜻을 안다면, 염분이 많은 땅을 밭으로 바꾸어 조수를 타는 아이로 하여금 밭을 경작하게 하여 먹고 살게 할 것이다.

해제 전당강 조수는 역대로 시인 묵객이 읊던 소재로, 동파 자신도 조수를 읊은 몇 수의 시가 있다. 其四, 其五 두 수에서는 민생질고에 대한 작가의 두터운 정을 토로하고 있다. 其四는 제방을 쌓아 논밭 만들기를 추진하는 왕안석의 신법을 암시적으로 풍자하여, 동해 용왕이 개펄을 뽕밭으로 만들어 민간의 고통을 줄여 주기를 기원하고 있다.(王王)

35-5 其五

강신(江神)과 하백(河伯)은 둘 다 하찮은 벌레 같은데
바다 신이 동쪽에서 조수 몰아오는 기세가 무지개를 토하는 듯하다.
어찌 오왕 부차의 물소가죽 입은 사수(射手)를 얻어
삼천의 강한 쇠뇌로 성에 근접하지 못하도록 조수를 향해 쏠까.

江神河伯雨醯雞,　海若東來氣吐霓.
安得夫差水犀手,　三千強弩射潮低.
(卷10)

주석

- **醯雞**(혜계) : 벌레, 눈에놀이. 술, 초, 간장 등에 잘 덤벼드는 파리. 초파리. 멸몽(蠛蠓). 여기서는 강신(江神)인 하백(河伯)의 미약함을 가리킨다.
- **海若**(해약) : 고대 전설 가운데의 해신(海神)의 이름.
- **海若東來氣吐霓**(해약동래기토예) : 조수가 몰려 올 때의 흉용(洶湧)한 모양을 형용한다.
- **夫差**(부차) : 춘추시대 오왕(吳王) 부차(夫差). 여기서는 오월왕(吳越王) 전류(錢鏐)를 가리킨다.
- **水犀手**(수서수) : 물소 가죽으로 만든 갑옷을 입은 사수(射手).
- **弩**(노) : 쇠뇌. 석궁. 어떤 장치에 의하여, 화살이나 돌을 잇달아 쏠 수 있게 된 활. 고대 병기(兵器)의 일종.
- **三千强弩射潮低**(삼천강노사조저) : 전설에 의하면, 오월왕 전류는 방파제를 만들 때, 강물이 강안에 부딪쳐 수축할 수 없자, 5백 명의 사수(射手)에게 명령하여 조수(潮水)를 쏘아 조수가 낮아지도록 했다. 그랬더니 조수가 방향을 바꾸었다고 한다.

해제　해신(海神)과 싸워 이겨 밀려오는 조수의 피해로부터 백성들을 안전하게 하기를 희망하고 있다. 동일한 제재에서 다양한 시각으로 다양한 의미를 발견하였으니, 참으로 동파의 풍부하고 복잡한 중요한 요소를 형성하고 있다.(王王)

36. 해회사에서 자며
宿海會寺

남여타고 사흘이나 산속 길 가는데
산중이 진실로 아름다우나 넓고 평탄한 곳 적다.
아래로는 황천길 계곡이요 위로는 푸른 하늘
오솔길에서는 매양 원숭이와 다툰다.

이층 누각은 마치 꽉 짜인 듯 서 있어
움푹 파인 시냇물을 만났는데
두 다리는 시큰시큰하고 굶주린 배는 꼬로록 소리가 난다.
북쪽으로 구름다리 건너니 삐걱삐걱 소리 나고
절 담장 백보나 둘러있어 옛 성곽 같아라.

큰 종을 옆으로 치니 많은 스님들이 맞이하고
높은 당(堂)에는 손님맞이 하느라 밤에도 빗장 안 채웠네.
삼나무 물통으로 냇물 많이 담아 목욕하니
본래 때 없는 몸 씻으니 더욱 가뿐하다.

침상에 거꾸로 누워 자며 코고는 소리에 주위 사람 놀라고
둥둥 오경 북 치는 소리 들리건만 날은 아직 어둑어둑.
목어소리가 식사시간 알리니 밝고 또 맑아서
사람소리 안 들리고 신 끄는 소리만이 들려온다.

籃輿三日山中行,　山中信美少曠平.
下投黃泉上靑冥,　線路每與猿狖爭.
重樓束縛遭澗坑,　兩股酸哀飢腸鳴.
北渡飛橋踏彭鏗,　繚垣百步如古城.
大鐘橫撞千指迎,　高堂延客夜不扃.
杉槽漆斛江河傾,　本來無垢洗更輕.
倒牀鼻息四鄰驚,　紞如五鼓天未明.
木魚呼粥亮且淸,　不聞人聲聞履聲.
(卷10)

주석

❃ 籃輿(남여) : 대나무로 만든 가마.

❃ 靑冥(청명) : 푸른 하늘.

❃ 線路每與猿狖爭(선로매여원유쟁) : 길이 좁아서 매양 원숭이와 길을 다툰다는 의미이다.

　猿狖(원유) : 팔이 긴 원숭이와 꼬리가 긴 원숭이.

❃ 重樓束縛遭澗坑(중루속박조간갱) : 이층 누각은 마치 속박된 듯(꽉 짜인 듯) 서 있어 움푹 파인 시냇물을 만났는데.

❃ 彭鏗(팽갱) : 삐걱삐걱. 둥둥. 발로 구름다리를 밟아서 나는 소리.

❃ 千指(천지) : 천 손가락, 곧 백 사람. 사람이 많음을 형용한다.

❃ 扃(경) : 빗장. 문을 닫다.

❃ 槽(조) : 욕조.

❃ 斛(곡) : 곡식을 되는 그릇의 총칭. 물을 담아 씻는 도구.

❃ 江河傾(강하경) : 욕실(浴室)의 물이 많음을 형용한다.

❃ 紞(담) : 둥둥. 북치는 소리.

해제 해회사(海會寺)는 바로 죽림사(竹林寺)인데, 항주의 대찰로서 양(梁)나라때 처음 지어져, 오월왕(吳越王)때 확장되고, 송(宋) 진종(眞宗)때 중수되었다. 사주(查注)에서 채양(蔡襄)의 「비기(碑記)」를 인용하여, "이때 오중(吳中)의 부도(浮屠)는 비록 천백(千百)으로 헤아려지지만, 이 절과 비할 것은 없다."고 했다. 38세(희녕6년, 1073년) 가을, 작자는 일찍이 이곳에서 머물러 자며 이 시를 지었다. 전반부에서는 절에 가는 행로를 묘사했고, 후반부에서는 종소리, 목욕, 잠, 새벽 북소리, 그리고 식사시간을 알리는 목어소리 등 절 안의 풍정을 묘사하고 있다.

37. 쌍죽사 담 스님의 방에 쓰다
書雙竹湛師房二首

37-1 其一

나는 본래 강호에서 낚시하는 배 타는 걸 좋아하지
높은 집은 으스스 썰렁해서 싫어한다.
겨우 사방 한 길인 스님의 방에
한 심지 맑은 향불 냄새 종일토록 흘러넘침을 부러워한다.

> 我本西湖一釣舟, 意嫌高屋冷颼颼.

四. 항주통판(杭州通判) 시절

羨師此室纔方丈,　一炷清香盡日留.
(卷11)

- **雙竹**(쌍죽) : 항주 광엄사(廣嚴寺)에는 죽림(竹林)이 있는데, 그 대나무는 쌍으로 짝이 되어 자란다. 그러므로 쌍죽사(雙竹寺)라고도 한다.
- **冷颼颼**(냉수수) : 바람이 싸늘하다.
  颼(수) : 바람소리.
- **纔**(재) : 겨우.
- **方丈**(방장) : 사방 1장의 넓이.
- **炷**(주) : 심지.

해제 38세(희녕6년, 1073년) 가을에 지었다. 쌍죽사(雙竹寺)는 항주에 있으며, 담 스님[湛師]은 이 절의 주지이다. 담 스님의 작은 방에 맑은 향불 냄새가 종일 넘쳐흐름을 부러워한다고 했다.

37-2 其二

저녁 북소리 아침 종소리 제멋에 땅땅 울리는데
문 닫고 외로이 베개 베고 깜빡깜빡 꺼져가는 등잔을 대한다.
흰 재를 자꾸 헤치어 붉은 불씨 환하게 돋우고는
창을 쏴쏴 두드리는 빗소리를 누워서 듣는다.

暮鼓朝鐘自擊撞,　閉門孤枕對殘釭.
白灰旋撥通紅火,　臥聽蕭蕭雨打窓.
(卷11)

- 釭(강) : 등잔.
- 蕭蕭(소소) : 의성어. 쏴아. 후드득.

38. 겨울 모란을 노래한 술고의 시에 화답하여, 4수, 其一
和述古冬日牡丹四首, 其一

한 떨기 어여쁜 붉은 모란꽃 선명하여 흐드러지게 피었는데
봄빛이 돌아와 비추니 눈서리가 슬슬 녹아버린다.
조물주가 다만 새로운 솜씨를 나타내고자 하여
한가로운 꽃이 조금도 쉬지 못하게 하네.

　　　一朶妖紅翠欲流,　春光回照雪霜羞.
　　　化工只欲呈新巧,　不放閑花得少休.

(卷11)

주석

❂ 述古(술고) : 진양(陳襄), 자(字)는 술고(述古), 당시 항주지주(杭州知州)이다.

❂ 翠(취) : 촉어(蜀語)로 '취(翠)'는 '선명(鮮明)'하다는 뜻으로 색깔이 아니다.

❂ 呈(정) : 드리다. 보이다.

해제 38세(희녕6년, 1073년)에 지었다. 『오대시안』에 의하면, "희녕6년, (동파가) 항주통판에 재직할 때, 지주(知州)는 지제고(知制誥) 진양(陳襄)으로, 자는 술고(述古)이다. 이해 겨울 10월에, 한 절[寺]에 모란꽃이 몇 송이가 피었다. 진양은 4수의 절구를 지었는데, 동파는 이에 화답하였다." "이 시들은 모두 당시 집정대신(執政大臣)을 풍자한 것이다. 조물주를 비유하여, 다만 새로운 뜻을 내어 배치하여, 백성들로 하여금 잠시의 한가로움도 얻지 못하게 하였다." 모란은 일반적으로 초여름에 꽃이 피는데, 지금 앞당겨서 10월에 피었다. 그러므로 '조물주'가 '새로운 솜씨'를 추구하여, 꽃이 피는 것으로 하여금 쉴 때가 없도록 한다는 것이다. (孔劉)

39. 밤에 영락에 있는 문장로의 절에 이르렀는데, 문장로는 이때 와병중이라 절에서 물러났다
夜至永樂文長老院, 文時臥病退院

밤에 촉 지방 고향스님 문장로가 시골마을에서 와병중이란 소식 듣고
(이곳에 와) 달빛 비치는 삼경 깊은 밤에 절문을 두드리네.
지난 일 지난 세월 어제와 같은데
이내 몸은 죽지 않고 거듭 고담을 나눈다.

늙어 고향 그리워함이 아니라 정으로 맺어진 우리 사이
와병중이라 설법하지 않아도 스님의 도는 더욱 높아라.
오직 이곳에 외로이 서식하는 오래된 학만이
머리를 쳐들고 이 나그네 보고는 오래도록 반겨 이야기 해주는 듯하다.

夜聞巴叟臥荒村, 來打三更月下門.
往事過年如昨日, 此身未死得重論.
老非懷土情相得, 病不開堂道益尊.
惟有孤棲舊時鶴, 擧頭見客似長言.
(卷11)

 주석

✪ 永樂(영락) : 영락향(永樂鄉)은 수수현(秀水縣)에 있다. 지금의 절강성 가흥시(嘉興市).

✪ 院(원) : 보본선원(報本禪院). 당대(唐代)에 지었는데, 송대(宋代)에는 본각사(本覺寺)로 개명했다.「수주 보본선원 고향스님 주지승 문장로(秀州報本禪院鄉僧文長老方丈)」시에 보인다.

✪ 巴叟(파수) : 문장로를 가리킨다.「수주 보본선원 고향스님 주지승 문장로(秀州報本禪院鄉僧文長老方丈)」에서는 '촉수(蜀叟)'라 하였다.

✪ 往事過年如昨日, 此身未死得重論(왕사과년여작일, 차신미사득중론) : 처음 문장로를 만난 지 한 해가 되었는데 마치 어제 일과 같다. 다행이 이 몸은 죽지 않아서 또 선사(禪師)와 이야기할 기회를 얻었다.

✪ 懷土(회토) : 고향을 그리워하다.

✪ 開堂(개당) : 불교의 의식. 절의 주지가 설법하는 것.

해제 결구는 부드럽고 완곡하게, 외로운 학의 모습으로서 문장로가 황량한 마을에서 와병하고 있는 처량한 모습을 부각시키고 있다. '늙어 고향 그리워함이 아니라 정으로 맺어진 우리 사이'에서 문장로에 대한 작자의 깊은 감정을 볼 수 있다.(吳夏蕭)

40. 제야에 상주성 밖 들판에서 자며, 二首
除夜野宿常州城外二首

40-1 其一

여행자들이 노래하고 들판에서 곡하는 것이 둘 다 매우 슬프게 들리고
저 멀리 등불과 낮은 별이 하나둘 점차 희미해지는 새벽이라.
섣달 그믐밤 새느라고 그런 것도 아닌데 병든 눈 잠들지 못하고
고향 사투리로 대화할 짝 없는 이곳 사무치게 고향 돌아갈 생각만 한다.

겹이불에도 다리 썰렁하니 밖에는 무서리가 많이 내렸나보다
(일어나) 머리 감으니 드문 머리털 가뿐하게 느껴진다.
희미해지는 등불이 나그네를 싫어하지 않아 고맙고
외로운 배 하룻밤 서로 의지함을 허락하더라.

> 行歌野哭兩堪悲,　遠火低星漸向微.
> 病眼不眠非守歲,　鄕音無伴苦思歸.
> 重衾脚冷知霜重,　新沐頭輕感髮稀.
> 多謝殘燈不嫌客,　孤舟一夜許相依.
> (卷11)

- 孤舟一夜許相依(고주일야허상의) : 이 시에는 동파의 다음과 같은 발문(跋文)이 있다. "나는 당시 39세로, 윤주 도중에 제야를 만나 지었다(僕時三十九歲, 潤州道中值除夜而作)."

해제 38세(희녕6년, 1073년) 11월, 동파는 명을 받아, 상주(常州), 윤주(潤州) 등 관내의 지역으로 구휼하러 가서, 이듬해 5월에 일을 마치고 항주에 돌아오게 된다. 이 시는 제야에 상주성 밖 들판에서 자며, 들판에서 밤에 들리는 소리와 분위기, 그리고 잠 못 이루고 고향생각을 하는 모습을 그리고 있다.

40-2 其二

남쪽 항주로 와 삼년 객지생활 지냈으니
이러다간 평생을 노상에서 마칠까 두려워라.
늙어감에 (세월이 훌쩍 흐를까 싶어) 새 달력 볼까 두렵고
집에 돌아가서는 (악귀 못 오도록) 북숭아 부적 붙여야겠네.

연화세계엔 이미 봄기운 머금어 포근한데
서릿발과 눈발은 굳이 병든 나그네의 수염에 달라붙는다.
다만 근심고생 없애버리고 건강히 오래 살아서
(내 나이도 이제 늙어 나이 어린 순서로 마시는)
도소주(屠蘇酒 : 귀밝이술) 사양 않고 나중에 마시네.

南來三見歲云徂,　直恐終身走道途.
老去怕看新曆日,　退歸擬學舊桃符.
烟花已作青春意,　霜雪偏尋病客鬚.
但把窮愁博長健,　不辭最後飲屠蘇.
(卷11)

- 三見歲云徂(삼견세운조) : 이미 3년이 지나가다.
  徂(조) : 가다. 지나가다. 작자는 희녕4년 겨울 항주통판에 임용되었으니, 지금 이미 세 번째 제야를 지낸다.
- 擬(의) : 생각하다.
- 桃符(도부) : 옛 풍습에, 정월 초에 두 장의 복숭아나무로 켠 판자에 신도(神荼), 울뢰(鬱壘) 두 문신(門神)을 그려서, 문짝에 붙여 악귀를 쫓던 부적으로, 매년 한 번 바꾼다.
- 烟花(연화) : 봄날의 아름다운 경치.
- 把窮愁(파궁수) : 궁함과 수심을 끌어다가(없애버리고).
- 博長健(박장건) : 넓고 길이 건강하다. 博(박) : 넓다. 얻다.
- 屠蘇(도소) : 술에 담가 연초에 마시는 약의 이름. 도소주(屠蘇酒). 설날에 먹으면 사기(邪氣)를 물리친다는 술. 옛 풍습에, 정월 초 집안사람이 나이 어린 사람부터 차례로 도소주를 마신다.

동파가 명을 받아 상주(常州), 윤주(潤州) 일대를 구휼하고, 제야에 상주 교외에서 잘 때 지었다. 제야에는 세월의 빠른 흐름에 대한 탄식이 나온다. 동파는 들에서 자니, 그 감개가 더욱 깊다. 이 시는 작자의 처량한 심경을 부각시켜, 연화세계(인간세계)의 봄

뜻과 비교하여, 작자의 늙고 무력한 상심이 표현되고 있으나, 그는 당시 40세도 채 안되었다. 마지막 2구는 밝은 색조를 띠어, '장건(長健 : 길이 건강하다)'하다고 격려하나, 밝은 색조도 한계가 있어 끝으로 늙음을 자처하니, 전체에 쓸쓸한 분위기가 감돌고 있다.(王王)

41. 초산의 윤장로의 벽에 쓰다
書焦山綸長老壁

법사는 초산에 거주했으나
실은 일찍이 거주한 적이 없었지.
내가 와서 문득 불법을 물어도
법사는 끝내 아무 말씀 없었지.

법사가 말씀이 없었던 것이 아니라
대답할 바의 연고를 몰랐겠지.
그대 보았지, 머리와 발은
본래 스스로 갓과 신발에 편히 여기는 것을.

수염 긴 사람에 비유하자면
수염 긴 것을 고생스럽게 여기지 않았네.
어느 날 아침 어떤 사람이 물었다.
"잘 때마다 수염을 어디다 두는지요?"

돌아와 이불 안에 놓았다가 이불 밖에 놓았다가
하루 밤도 한 곳에 머무르지 않네.
이리저리 뒤척거리다 드디어 새벽에 이르니
마음으론 다 뽑아버리고 싶네.

이런 말 비록 하찮게 여기겠지만
그래서 저절로 깊은 의미가 있네.
이것을 가지고 법사에게 물으니
법사는 한바탕 웃음으로 허락하네.

法師住焦山,　而實未嘗住.
我來輒問法,　法師了無語.
法師非無語,　不知所答故.
君看頭與足,　本自安冠屨.
譬如長鬣人,　不以長爲苦.
一旦或人問,　每睡安所措.
歸來被上下,　一夜無著處.
展轉遂達晨,　意欲盡鑷去.
此言雖鄙淺,　故自有深趣.
持此問法師,　法師一笑許.
(卷11)

주석

❂ **法師住焦山, 而實未嘗住**(법사주초산, 이실미상주) : 『금강경(金剛經)』, "만약 마음이 머무름이 있다면, 바로 머무르는 것이 아니다(若心有住,

則爲非住)".

○ 鬣(렵) : 수염.
○ 被上下(피상하) : 이불 속에 놓았다가 이불 밖에 놓았다가 하다.
○ 鑷(섭) : 뽑다.

해제 39세(희녕 7년, 1074년)에 지었다. 동파는 항상 시로서 선(禪)을 담론하는 것을 좋아했다. 이 시는 평이한 비유를 사용하여 깊은 이치를 설명하고 있는데 그 맛이 넘쳐난다. 다른 사람이 이러한 시를 지으면 스님의 게(偈)와 같아 시의 맛이 조금도 없을 것이다. 참료(參寥)는 일찍이 이러한 류의 시를 가리켜, "노파(동파)의 이와 뺨 사이에는 별도로 하나의 화로가 있다(老坡牙頰間別有一副爐鞴)"라고 하였다.(吳夏蕭)

42. 상주·윤주 길에서 전당[杭州]이 생각나서 술고에게 부치다, 5수, 其二
常潤道中, 有懷錢塘, 寄述古, 五首, 其二

풀은 강남에서 자라고 꾀꼬리는 어지러이 나는데
근년 들어 일마다 내 마음과 어긋난다.
꽃은 후원에서 피었다가 다시 쓸쓸히 떨어지고
제비는 대청에 들었다가 (내가) 돌아오지 않음을 괴상히 여긴다.

세상의 공명(功名)은 어느 날에나 있는가?
술잔 들고 헤아려보면 몇 사람이나 없는가?
지난 해 버들개지 날릴 때
기억하네, 황금 새장을 열고 흰 비둘기를 날려 보냈던 일.

草長江南鶯亂飛, 年來事事與心違.
花開後院還空落, 燕入華堂怪未歸.
世上功名何日是, 樽前點檢幾人非.
去年柳絮飛時節, 記得金籠放雪衣.
(卷11)

- 述古(술고) : 당시 항주태수 진양(陳襄), 자(字)는 술고(述古).
- 雪衣(설의) : 흰 비둘기(白鴿). 집비둘기 합.
- 記得金籠放雪衣(기득금롱방설의) : 동파 자주(自注), "항주 사람은 비둘기를 놓아줌으로써 태수를 위해 축수(祝壽)하였다(杭人以放鴿爲太守壽)"

해제 39세(희녕 7년, 1074년) 봄에 지었다. 작자는 항주에서 삼년간 머무르며, 비록 태수 진술고와 창수(唱酬)하였고 교의(交誼)가 깊었지만, 여전히 다른 사람의 배격을 받았던 고로, "근년 들어 일마다 내 마음과 어긋난다"고 하였다. "새장을 열고 비둘기를 날려 보냈지"라고 하여, 태수가 백성에게 덕정(德政)을 베풀었음을 표현했다.(吳夏蕭)

43. 무석 길에서 수차를 읊다
無錫道中賦水車

수차 물이 엎어지면서 번갈아 나옴은 꼬리 문 채 하늘 나르는 까마귀 같고
크고 견고한 수차(水車)가 불끈 솟아 오르는 게 허물을 벗는 뱀과 같다.
밭둔덕 사이로 푸른 물결과 구름 진(陣) 달리듯 이 이랑 저 이랑으로 물 보내
물에 푸른 침을 찌르니(볏모를 심으니) 벼 싹이 뾰족뾰족하다.

5월 태호 동정산가에 (날 가물자) 모래까지 날리려 하고
깊은 굴에서 나는 자라소리는 둥둥 북소리처럼 들린다.
하느님이 내리시는 비가 보이지 않자 늙은이 (가물어 농사 못 짓겠다고) 눈물짓는다
(내가) 아향(阿香) 불러와 천둥수레 밀게 하여 천둥비가 퍼붓게 하리.

> 翻翻聯聯銜尾鴉, 犖犖确确蛻骨蛇.
> 分疇翠浪走雲陣, 刺水綠鍼抽稻芽.
> 洞庭五月欲飛沙, 鼉鳴窟中如打衙.
> 天公不見老翁泣, 喚取阿香推雷車.
> (卷11)

주석

- 翻翻聯聯銜尾鴉(번번연련함미아) : 수차가 움직이는 모습을 그리고 있다. 꼬리를 물고 나는 까마귀는 수차의 끊임없이 움직이는 모습을 형용하고 있다.
- 犖犖确确蛻骨蛇(낙락학학태골사) : 이 구는 허물을 벗고 뼈만 남은 뱀을 사용하여 정지해 있는 수차(水車)의 골격을 형용하였다. 낙락학학(犖犖确确)은 몸체가 크고 견고한 모습이다.
- 洞庭(동정) : 태호(太湖)의 동정산(洞庭山).
- 鼉(타) : 속어에 "저파용(猪婆龍)"이라고 불리는데, 파충류동물인 자라이다. 전해오길 하늘이 가물 때 자라가 굴속에서 우는데, 그 소리가 북을 치는 것과 같다고 한다.
- 打衙(타아) : 북을 치다.
- 阿香(아향) : 전설에 천둥수레를 미는 여자귀신을 말한다고 한다.

해제 39세(희녕7년, 1074년) 봄에 지었다. 열정적으로 당시의 신식 농기구인 용골차(龍骨車 : 水車)를 읊고 있다. 1, 2구는 수차(水車)가 움직일 때와 정지했을 때의 서로 다른 형상을, 3-4구는 수차의 효용을 묘사하였다. 후반부 4구에서는 필봉을 전환시켜, 마침 가뭄이 든 해인지라, 수차가 하늘에서 비를 내리게 하는 천둥수레(자연적인 천둥을 의미)에 못 미친다는 것을 얘기하였다. 이 시에서 작자는 가뭄 때의 농민에 대한 동정심과 농업생산에 대한 관심을 표현하였다. 이처럼 농기구를 묘사한 시는 중국시사(中國詩史)에서 드물게 보이는 것이다.(王2)

44. 영락 마을을 들르니, 문장로께서 이미 서거하시다
過永樂, 文長老已卒

처음 만났을 때 (장로는) 학처럼 말라 놀래 알아보지 못하겠더니
어느새 구름타고 열반하시니 찾을 곳 없네.
세 번 (문장로의) 절문을 지나는데 노(老), 병(病), 사(死)를 다 보았고
한번 손마디 퉁길 순식간에 전생, 금생, 내생이 다 있구나.

살고 죽음을 익히 보아왔던 터라 죽음 자체에 대해선 눈물 전혀 없지만
시골 고향에서 같이 살던 정 잊기 어려워 아직도 마음에 있네.
전당에서 (문장로) 그대를 찾아 방문하려면
내세에 갈홍천가에서 추석 때 재회할 수 있겠지.

   初驚鶴瘦不可識, 旋覺雲歸無處尋.
   三過門間老病死, 一彈指頃去來今.
   存亡慣見渾無淚, 鄉井難忘尚有心.
   欲向錢塘訪圓澤, 葛洪川畔待秋深.
   (卷11)

주석

● 永樂(영락) : 향명(鄉名), 수주(秀州 : 지금의 절강성 嘉興)에 있다.

❃ **文長老**(문장로) : 수주(秀州) 보본선원(報本禪院)의 주지.

❃ **彈指**(탄지) : 불교의 용어. 시간이 짧음을 비유한다.

❃ **去來今**(거래금) : 삼세(三世)를 가리킨다. 불교에서는 과거세(過去世), 현재세(現在世), 미래세(未來世) 곧 전생, 금생, 내생을 삼세(三世)라고 한다.

❃ **渾**(혼) : 전연.

❃ **鄕井**(향정) : 문장로는 작자의 동향(同鄕)이다.

❃ **欲向錢塘訪圓澤, 葛洪川畔待秋深**(욕향전당방원택, 갈홍천반대추심) : 원택(圓澤)은 당(唐) 낙양(洛陽) 혜림사(惠林寺)의 스님으로 이원(李源)과는 13년간 친구의 정을 나누었다. 두 사람은 함께 촉(蜀) 땅을 유람하였다. 원택이 죽음에 임하여, 이원에게 '내가 죽으면 왕씨(王氏)의 아들로 다시 태어날 터이니 12년 후 가을 달밤에 항주 천축사(天竺寺) 밖에서 만나자'고 했다. 원택이 죽은 후 이원이 약속대로 항주로 가니, 갈홍천 가에서 원택의 후신인 한 목동이 소를 타고 뿔피리를 불며 「죽지사(竹枝詞)」를 노래하고 있었다. 그 노래가사가 이원과 원택 자신들을 얘기하고 있는 듯하였다. 이에 이원은 그 목동이 원택의 후신임을 알고 안부를 물었다는 고사이다. 여기서 동파가 사후(死後)의 세계를 어느 정도 인정하고 있음을 알 수 있다.

해제 39세(희녕7년, 1074년)에 지었다. 이는 동파가 세 번째로 절을 찾아가니 동향스님인 문장로(文長老 : 법명은 文及)가 열반한 사실을 묘사한 시이다. 여기서 그의 죽음에 대한 감정과 그와 사후세계(死後世界)에서의 재회에 대한 희망을 표현하고 있다.

이 시는 동파가 문장로를 찾아간 삼부작의 마지막 편이다. 그 1부작은 희녕5년에 지은 「수주 보본선원 고향스님 주지승 문장로(秀州報本禪院鄕僧文長老方丈)」인데, 이는 소동파가 수주를 지나다가 동향스님인 문장로를 첫 번째로 방문하고 쓴 시이다. 여기서 그는 도가 있는 이 동향스님을 만나 고향말로 대화하며 진지한 감정을 교류하고 있다. 2부작은 그 이듬해 두 번째로 문장로를 만나서 지은,「밤에 영락에 있는 문장로의 절에 이르렀는데, 문장로는 이때 와병중이라 절에서 물러났다(夜至永樂文長老院, 文時臥病退院)」이다. 당시 동파는 명을 받고 상주(常州)로 가는 도중, 수주를 지나다가 문장로가 병환중이라는 소식을 듣고 병문안을 갔던 사실을 묘사한 시이다. 달밤에 문장로를 찾아가니 그는 병이 악화되어 대답할 수 없는 상황이었다. 그래도 문장로 대신에 늙은 학이 머리를 들고 자신을 바라보며 긴 얘기를 해주는 듯한 감을 느꼈었다.

다시 1년 후에 이 제3부작이 지어졌다. 동파는 세 번 이 절을 찾아왔는데, 그 사이에 문장로의 노(老), 병(病), 사(死)를 다 볼 수 있었고, 이 짧은 순간에 전생, 내생, 금생을 다 느꼈었다. 그리고 이미 불교의 '생사일여(生死一如)', 곧 진여(眞如)의 편으로 보면, 생(生)도 없고 사(死)도 없어 그 사이에 조금도 차별이 없는 평등함을 느꼈었다. 더불어『장자(莊子)』,「대종사(大宗師)」의 "죽음과 삶 및 있음(存)과 없어짐(亡)이 하나임(死生存亡之一體)" 등을 익히 들었기에, 스님의 열반 자체에 대해서 동파는 눈물을 흘리지 않았다. 그래도 고향에서 함께 살던 생각에 서글픈 정을 느끼지 않을 수 없었다. 여기서 동파는 그의 죽음이 슬프지만 비애의 감정을 절제하고 있다.

말(末) 2구에서는 내세에 문장로와 재회하기를 바라고 있다. 여기서 하나의 고사를 사용하고 있다. 옛날 당(唐)의 이원(李源)이 전당(錢塘)에서 이미 열반에 든(서거한) 친구인 원택화상(圓澤和尙)을 방문하여 그의 후신(後身)을 만났듯이, 갈홍천(葛洪川)가에서 깊은 가을에 문장로를 다시 만날 수 있으리라고 기대하고 있다.

45. 영은사의 고봉탑을 유람하며
遊靈隱高峯塔

고봉탑에 유람가려고
새벽밥 먹고 들에 놀러가는 행장을 꾸렸다.
붉은 구름 가을에 사라지지 않는데
이날 초하루 아침에 시원하다.

안개비 오니 바위계곡 어둑어둑하고
태양이 솟아오르니 초목이 향기롭다.
아름답구나, 나와 함께 놀이 온 사람은
오래도록 물 좋고 구름 아름다운 이곳이 마음 편했다.

좀 더 걷자고 서로 격려하는데
앞길은 높고도 멀구나.
노송은 용과 뱀 휘어잡는 것 같고
괴석은 소와 양 등위에 앉은 듯하다.

점차로 종과 경쇠 소리 들리니
날던 새 모두 아래로 날아간다.
문에 들어서도 텅 비어 아무 것도 없고
구름바다만 넓고 아득하구나.

단지 귀먹은 스님이
늙고 병들고 양식도 없음이 보인다.

연세를 물으니 웃으면서 대답하지 않고
다만 구멍이 난 명아주 침상을 가리킬 뿐.

마음에 다시 오지 못할 줄 알아서
돌아가고자 하니 더욱 서성거리게 된다.
이별함에 한 필의 베(布)를 두고 오니
올해 날씨 서리가 일찍 오리라.

言遊高峯塔, 蓐食治野裝.
火雲秋未衰, 及此初旦涼.
霧霏巖谷暗, 日出草木香.
嘉我同來人, 久便雲水鄉.
相勸小攀足, 前路高且長.
古松攀龍蛇, 怪石坐牛羊.
漸聞鐘磬音, 飛鳥皆下翔.
入門空有無, 雲海浩茫茫.
惟見聾道人, 老病時絶糧.
問年笑不答, 但指穴藜牀.
心知不復來, 欲歸更傍徨.
贈別留匹布, 今歲天早霜.
(卷12)

주석

❈ 言(언) : 어조사.

❈ 高峯塔(고봉탑) : 『무림산기(武林山記)』에, "북고봉(北高峰)은 (항주)

286 텅 비니 만 가지 경지가 다 담기네

영은사(靈隱寺)의 뒷산에 있다"고 했다.『함순임안지(咸淳臨安志)』에, "북고봉탑(北高峰塔)은 천보(天寶)연간에 지었는데 높이가 7층이다" 라고 했다.

❁ 蓐食(요식) : 일찍 밥을 먹다. 새벽밥을 먹다. 이른 아침 이부자리에 서의 식사.

❁ 雲水鄕(운수향) : 구름과 호수가 있는 경치 좋은 곳. 물 좋고 구름 아름다운 곳.

❁ 古松攀龍蛇(고송반룡사) : 노송은 용과 뱀 휘어잡는 것 같고.

❁ 怪石坐牛羊(괴석좌우양) : 괴석은 소와 양 등위에 앉은 것 같다.

❁ 年(년) : 나이. 연세.

❁ 穴(혈) : 구명. 구멍을 뚫다.

❁ 藜牀(여상) : 명아주 침상. 긴 나무 걸상. 나무 침상. 삼국시대의 고상한 선비인 관녕(管寧)은 요동(遼東)에 거처하였는데, 그는 항상 나무 걸상에 앉아 50여년을 사용하였다. 그 걸상은 그의 무릎과 허리에 의해 마모되어 구멍이 났다. 여기서는 귀먹은 스님이 오래도록 앉았기에 마모되어 뚫어진 걸상의 구멍을 가리키며, 그의 나이가 많음을 묘사하고 있다.

❁ 今歲天早霜(금세천조상) : 작자가 베(布)를 선물로 주고 올 때 한 말이다.

46. 청우령 높고 빼어난 곳에 작은 절이 있는데, 인적이 드물다
青牛嶺高絶處有小寺, 人迹罕到

해 저물녘 귀로에 말을 타고 사하당을 달리니
밥 짓는 연기 하늘하늘 십리 멀리까지 향내난다.
아침에 지팡이 끌고 청우령을 가니
찬 샘물 퐁퐁소리에 온 산이 다 고요하구나.

그대 웃지 말게나
늙은 스님 귀먹어 불러도 들리지 않는다고
백년 인생 모두 가련한 사람이라
내일 아침 또다시 성(城)을 떠나면
흰 구름은 도리어 내가 시를 써놓은 그 절의 벽에 있으리라.

暮歸走馬沙河塘,　爐烟裊裊十里香.
朝行曳杖靑牛嶺,　寒泉咽咽千山靜.
君勿笑
老僧耳聾喚不聞,　百年俱是可憐人.
明朝且復城中去,　白雲卻在題詩處.
(卷12)

 주석

❃ 沙河塘(사하당) : 항주의 번화한 거리이름.

❃ 嫋嫋(요뇨) : 간들거리는 모양. 나부끼는 모양.

❃ 青牛嶺(청우령) : 『함순임안지(咸淳臨安志)』에, "신성현(新城縣) 서쪽 70리 남신향(南新鄕)에 있다. 옛 이름은 보복산(寶福山)이다."라고 했다.

❃ 咽咽(열열) : 목메이다. 흐느끼다.

해제   이는 30세(희녕 7년, 1074년) 8월 25일에 절의 벽에 쓴 시이다. 청우령은 보복산(寶福山)이며 절 이름은 다복사(多福寺)이다.

47. 내 초상화를 그려준 하충수재에게 드리다
贈寫眞何充秀才

그대는 보지 못했는가
노주별가 벼슬했던 당 현종이 눈은 번개불처럼 반짝여서
왼손에 활을 걸고 화살을 비껴 당기는 것을.
또 보지 못했던가
눈 속에 나귀 탄 맹호연이
눈썹 찌푸린 채 시 읊을 적에 양어깨가 산처럼 솟은 초상화를.

추위와 배고픔 또 부귀는 다 어디에 있는가?
공연히 초상화만 이 세상에 남겨 놓았을 따름이라.
이 몸은 항상 바깥 사물[外物]과 동화할 것을 생각하여
뜬 구름처럼 변화무쌍 남은 자취도 없다네.

묻노니 그대 어찌 내 초상화를 그리려는가?
그대는 말했지, 그리는 것을 좋아하여 잠시 스스로 즐기는 것이라고.
(내 초상화는) 누런 갓에 야인의 옷을 입은 산사람 모습이니
(이는 그대가) 나를 산과 바위 가운데 두어 숨어살게 하려는 뜻이라.

공적과 명성있는 장수나 재상이야 지금 어찌 한둘이랴
가서 포공이나 악공 같은 이들의 초상화를 그리게나.

君不見
潞州別駕眼如電,　左手挂弓橫撚箭.
又不見
雪中騎驢孟浩然,　皺眉吟詩肩聳山.
飢寒富貴兩安在,　空有遺像留人間.
此身常擬同外物,　浮雲變化無蹤跡.
問君何苦寫我眞,　君言好之聊自適.
黃冠野服山家容,　意欲置我山巖中.
勳名將相今何限,　爲寫褒公與鄂公.
(卷12)

주석

◎ 何充(하충) : 소주(蘇州)사람. 초상화를 그리는 송대의 유명한 화가이다. 사진(寫眞)은 초상화, 혹은 초상화를 그린다는 뜻이다. 그의 자(字)는 호연(浩然)이다. 동파는 왕정국(王定國)에게 보낸 편지에서 그의 그림이 아주 정묘하여, "소주(蘇州)의 하충(何充)은 그림이 핍진하여, 비록 모두 다 닮지는 않았지만 필묵의 정교로움이 이미 기이하다"라고 언급하고 있다.

◎ 君不見潞州別駕眼如電, 左手挂弓橫撚箭(군불견노주별가안여전, 좌수괘궁횡년전) : 당 현종(唐 玄宗)은 처음에 임치왕(臨淄王)에 봉해졌는데, 노주별가(潞州別駕)를 겸하였다. 전해 오는 말에, 당 현종은 한 쪽 눈이 사시(斜視)였다. 그러므로 화가는 "비껴서 화살을 잡는" 모습을 그렸다.

◎ 又不見雪中騎驢孟浩然, 皺眉吟詩肩聳山(우불견설중기려맹호연, 추미음시견용산) : 맹호연은 당(唐)의 유명한 시인이다. 당의 명화가 정건(鄭虔)과 왕유(王維)가 모두 맹호연이 나귀 등에서 시구를 찾는 모습을 그리고 있다.

◎ 飢寒富貴(기한부귀) : 주리고 가난했던 맹호연과 부귀로웠던 현종을 가리킨다.

◎ 黃冠野服(황관야복) : 도인(道人)의 관복(官服).

◎ 褒公與鄂公(포공여악공) : 포공(褒公)은 단지현(段志玄), 악공(鄂公)은 울지경덕(尉遲敬德). 이들은 당(唐)나라의 개국공신이다.

해제

이는 39세(희녕 7년, 1074년)에 지은 것으로, 작자가 화가 하충에게 준 시이다. 작자는 하충이 자신을 위해 초상화를 그려주니, 당 현종과 맹호연의 초상화가 연상되었다. 생전에 당 현종은 부귀롭고 맹호연은 배고프고 헐벗어 그 모습이 서로 다르나, 모두 다 죽음으로 귀결되었다. 그래서 단지 "부질없이 초상화만 이 세상에 남겨 놓았을" 뿐이라고 했다. 전체 시는 의론이 종횡으로 나타나고 있고, 무한한 감개를 표현하고 있다.(吳夏蕭)

이는 동파가 자신의 초상화에서 외물(外物)과 동화하고자 하고 또 은거하고자 하는 자아형상을 발견하고, 더불어 이것을 그려 준 하수재(何秀才)에 대한 감사의 표시를 하고 있는 시이다.

1-6구에서 한때 노주별가(潞州別駕)의 벼슬을 지냈던 당(唐) 현종(玄宗) 및 맹호연(孟浩然)의 초상화에 관하여 언급하여, 생전에는 빈부와 귀천의 차이가 있어도 인간은 결국 죽어 없어지는 존재임을 밝히고 있다. 동파 자신의 인생은 뜬구름과 같이 자취도 없이 사라질 순간적인 것이라고 생각하고 있다. 그리하여 이 변화무쌍한 인생에서 외물과 동화하여 자아와 대상이 일치되기를 희망하고 있다. 이것은 동파의 거시적인 인생관과 초월정신의 반영이다. 이어서 초상화에 나타난 자신의 모습이 은거하는 산사람의 모습임을 드러내어 은근히 은거를 희망하는 자아형상을 반영하고 있다. 이처럼 이 초상화에는 작자의 핵심적 정신특징이 구현되고 있다고 생각된다. 더불어 말미에 자신과 같은 사람보다는 고관대작의 초상화를 그리는 것이 더 나은 것이라고 하여 은근히 자신의 초상화를 그려 준 하수재에 대한 고마움을 함축하여 표출하고 있다.

五. 밀주지주(密州知州) 시절

1. 눈 온 후에 북대의 벽에 쓰다
雪後書北臺壁二首

1-1 其一

황혼 무렵에 오히려 부슬부슬 보슬비 내리더니
밤이 깊어지자 바람은 없는데 찬 기운은 점점 더 세어진다.
다만 내가 덮은 이불이 이미 물 뿌린 듯 으슥하게 춥더니
어느새 뜨락에는 소금같은 흰 눈이 쌓여있다.

새벽녘 훤한 빛이 서재 휘장에 밝아오고
새벽의 눈 내리는 소리 단청처마에 사각사각 들려온다.
슬며시 북쪽 누대에 쌓인 눈을 쓸고서 마이산을 바라보니
아직껏 눈 덮이지 않은 두 봉우리만 보인다.

> 黃昏猶作雨纖纖,　夜靜無風勢轉嚴.
> 但覺衾裯如潑水,　不知庭院已堆鹽.
> 五更曉色來書幌,　半夜寒聲落畫簷.
> 試掃北臺看馬耳,　未隨埋沒有雙尖.
> (卷12)

주석

● 堆鹽(퇴염) : 소금이 쌓이다. 흰 눈이 쌓인 것을 가리킨다.

❂ 五更(오경) : 새벽 3시 - 5시

❂ 書幌(서황) : 서재의 휘장.

❂ 寒聲(한성) : 눈이 많이 내려 눈 내리는 소리가 나다.

❂ 北臺(북대) : 밀주(密州)의 소재지 제성(諸城) 북쪽의 성 담 위에 있는 누대.

❂ 馬耳(마이) : 산 이름.

❂ 雙尖(쌍첨) : 마이산의 쌍봉.

해제 39세(희녕7년, 1074년) 9월 항주통판을 사직하고 밀주지주로 임명되어, 11월에 부임하고서 12월에 지은 시이다. 북대(北臺)는 밀주(密州) 북쪽에 있는데, 희녕 8년 동파가 개축하였고, 아우 소철이 '초연대(超然臺)'로 명명하였다. 동파의 「초연대기(超然臺記)」가 있다. 이 시는 깊은 밤에 내리는 눈을 묘사하였는데, 황혼 무렵의 보슬비 - 눈 내리는 밤 - 새벽으로 시간이 변동하고 있다.

1-2 其二

성 꼭대기에 아침 해 솟자 (흰 눈 속에) 비로소 까마귀 날고
날 개어 언덕 눈 녹은 질퍽한 길엔 이미 수레바퀴가 묻혔다.
양 어깨는 꽁꽁 얼어 살에 소름이 돋아나고
온 세상 흰 눈 빛으로 가득 차 눈이 어릿어릿 부신다.

남은 메뚜기 알이 땅속 깊이 천자나 묻히니
익어가는 보리 누런 벌판 되는 게 몇 집이나 있겠는가?

(내년 보리농사 누런 들판에 풍작이리라.)
늙고 병들어 시 창작력이 줄음을 탄식하며
부질없이 「빙주(冰柱)」 시 읊으며 당의 시인 유차(劉叉)를 생각한다.

城頭初日始翻鴉,　陌上晴泥已沒車.
凍合玉樓寒起粟,　光搖銀海眩生花.
遺蝗入地應千尺,　宿麥連雲有幾家.
老病自嗟詩力退,　空吟冰柱憶劉叉.
(卷12)

주석

⊙ 玉樓(옥루) : 옥 같은 누대. 흰 눈 덮인 누대. 도가(道家)에서는 '양 어깨'를 '옥루(玉樓)'라고 한다.

⊙ 起粟(기속) : 소름이 돋아나다.

⊙ 銀海(은해) : 은 바다. 은빛 바다 같은 대지. 도가(道家)에서는 눈[眼]을 '은해(銀海)'라고 한다.

⊙ 遺蝗(유황) : 땅에 남은 메뚜기 알. 희녕 7년 하반기에 밀주일대에는 메뚜기 재해가 있었다. 『소식시집(蘇軾詩集)』에는, 송나라 학자의 주(注)를 인용하여, "눈[雪]은 보리에 적합하여 메뚜기를 물리친다. 그러므로 풍년의 상서로운 조짐이다. 메뚜기는 땅속에 알을 남기는데, 만약 눈의 깊이가 일척(一尺)이면 땅에 일장(一丈) 들어가는데, 보리는 눈을 만나면 발육이 왕성하여 풍년을 이룬다. 이는 늙은 농사꾼의 말이다."라고 했다.

⊙ 宿麥(숙맥) : 보리는 가을과 겨울에 파종하는데, 그 다음해에 비로소

익으므로 '숙맥(宿麥)'이라고 부른다. 숙(宿)은 '지나다'의 뜻이다.
- ✪ 連雲(연운) : 바라보아 끝이 없음이 마치 구름이 서로 이어진 것 같다.
- ✪ 遺蝗入地應千尺, 宿麥連雲有幾家(유황입지응천척, 숙맥연운유기가) : 메뚜기 알 땅 속 깊이 천자나 묻히니 (메뚜기 알이 하나도 없겠고), 익어가는 보리 누런 벌판 되는 게 몇 집이나 되겠는가. 이는 '큰 눈이 내려 메뚜기가 줄어드니 내년에 보리는 반드시 풍작일 것이다'라는 의미이다.
- ✪ 詩力(시력) : 시의 창작력.
- ✪ 劉叉(유차) : 당(唐) 원화(元和)연간의 시인. 젊었을 때 의협을 행하다가, 후에 책을 읽었다. 시가에 능하였고, 일찍이 한유(韓愈)에게 배웠다.
- ✪ 空吟冰柱憶劉叉(공음빙주억유차) :『신당서(新唐書)』,「유차전(劉叉傳)」에, 유차는 또 "「빙주(冰柱)」,「설거(雪車)」라는 두 수의 시를 지었는데, 노동(盧仝)과 맹교(孟郊)의 위에 있다"고 하였다.

해제 이튿날 눈이 갠 후의 기쁜 감정을 묘사하고 있는데, 서설(瑞雪)로 풍년 조짐의 기쁨이 나타나고 있다. 방회(方回)는 『영규율수(瀛奎律髓)』, 권21에서, "우연히 험운(險韻)을 사용하였는데 심히 험(險)하다. 다시 화운(和韻)하니 더욱 좋다. 어떤 사람은 동파의 율시(律詩)가 고시(古詩)만 못하다고 했으나, 재주가 높고 기개가 웅장하여 붓을 댐에 앞에 옛 사람이 없을[前無古人] 정도이다. 눈에 관한 이 시[雪詩]를 보면, 또한 고금에 으뜸이다. 비록 왕형공(王荊公 : 王安石)이라도 심복(心服)하여 누차 화답해 마지 않았으나, 끝내 압도할 수 없었다."라고 했다.

2. 자유의 시에 화답하여, 4수, 其二. 봄을 보내며
和子由, 四首, 其二, 送春

꿈속에 청춘시절을 쫓을 수 있을까
시구를 지어 나머지 남은 봄빛(청춘시절)을 얽어매고자 한다.
술에 푹 빠진 병든 나그네는 오직 포근히 잠자고만 싶고
꿀을 잔뜩 먹은 누런 벌은 날기를 게을리 한다.

(봄이 지나) 작약과 앵두가 모두 땅을 쓸듯 사라지고
(나는) 실 같은 귀밑털과 선탑(禪榻)으로 생사존망(生死存亡)을 잊는다.
그대에 의지해 법계관(法界觀)을 얻어
인간만사 잘못된 것을 다 씻어버리리라.

> 夢裏靑春可得追, 欲將詩句絆餘暉.
> 酒闌病客惟思睡, 蜜熟黃蜂亦懶飛.
> 芍藥櫻桃俱掃地, 鬢絲禪榻兩忘機.
> 憑君借取法界觀, 一洗人間萬事非.
> (卷13)

 주석

◉ 將(장) : 가져다가.
◉ 酒闌(주란) : 술 마시는 것을 장차 파하려 하다. 술에 푹 빠지다.

○ 掃地(소지) : 꽃이 지다는 의미이다.

○ 榻(탑) : 좁고 길며 비교적 낮은 침대(평상). 긴 의자인데, 침상보다는 짧다. 승상(僧床). 스님이 좌선할 때 올라앉는 자리.

○ 忘機(망기) : 득실과 이욕(利慾)을 잊다. 영욕득실을 잊다. 생사존망(生死存亡)을 잊다.

○ 法界觀(법계관) : 불교 화엄종의 중요한 저작의 하나로, 법계관문(法界觀門)을 가리킨다. 「수대방광불화엄경법계관문(修大方廣佛華嚴經法界觀門)」의 약칭. 당(唐) 두순(杜順)이 지었다.

○ 憑君借取法界觀, 一洗人間萬事非(빙군차취법계관, 일세인간만사비) : 동파의 자주(自注)에, (자유로부터) "편지가 와서 이르길, '근래에 이 책을 읽었다고 했는데, 나는 일찍이 아직 읽지 않았다.'"고 했다.

해제　40세(희녕8년, 1075년)에 지었다. 소철(蘇轍)은 당시 제주(齊州)(治所는 지금의 산동성 濟南)장서기(掌書記)로 있었는데, 일찍이 「차운유민전승송춘(次韻劉敏殿丞送春)」시를 지었다. 동파의 이 시는 그 화운(和韻)이다. 시간을 아끼는 정과 영욕득실(榮辱得失)과 생사(生死)를 잊는 모습이 잘 드러나 있다.

3. 서재
西齋

서쪽 서재 깊고도 밝은데
그 가운데 육척의 침상이 있네.
병든 이는 아침에 잠 충분히 자고
꼿꼿이 앉아 긴 햇빛을 즐기네.

술에 취하지도 않았건만 나른하고
미치지도 않았건만 혼자 외로이 다니네.
대나무 숲에서 부는 바람아래 옷을 걷으니
온화한 가운데 조금 서늘하네.

일어나 서편 정원을 거니니
초목에 그윽한 향기가 감도네.
석류꽃은 한 가지 피어있고
뽕나무와 대추나무는 윤택하여 빛이 난다.

비둘기는 아름다운 그늘에서 울다가
곤해 서서 날아갈 생각도 잊은 듯 날개를 접는다.
꾀꼬리는 또한 스스로 즐거워
둥근 주둥이로 새로운 곡조를 노래하네.

명아주 지팡이를 짚고 삼라만상의 변화를 살펴보고
또한 나의 인생을 돌이켜본다.

만물이 모두 때를 얻었는데
나는 평생토록 날마다 어쩔 줄 모르고 서성거린다.

西齋深且明, 中有六尺牀.
病夫朝睡足, 危坐覺日長.
昏昏旣非醉, 踽踽亦非狂.
褰衣竹風下, 穆然中微涼.
起行西園中, 草木含幽香.
榴花開一枝, 桑棗沃以光.
鳴鳩得美蔭, 困立忘飛翔.
黃鳥亦自喜, 新音變圓吭.
杖藜觀物化, 亦以觀我生.
萬物各得時, 我生日皇皇.
(卷13)

주석

◉ 危坐(위좌) : 꼿꼿이 앉다.

◉ 踽踽(우우) : 외로이 다니다. 홀로 가다.

◉ 褰衣(건의) : 옷을 걷다.

◉ 穆然(목연) : 온화하다.

◉ 杖藜(장려) : 명아주 지팡이[청려장]를 짚고.

◉ 觀物化(관물화) : 사물의 변화를 살펴보다.

◉ 皇皇(황황) : 서성거리는 모습.

해제 깊고도 밝은 서재(西齋)에서 잠을 충분히 자고 앉아서 긴 햇빛도 즐긴다. 대나무 바람을 맞으며 그 서늘함도 즐긴다. 정원을 산책하니 그윽한 향기가 감돈다. 작자는 지팡이를 의지해 거닐며 자신의 인생에 대한 성찰을 하고 있다. 우주의 만상이 모두 조화로운 경지에서 각기 제 위치를 찾고 있는데, 자신만은 뭔가 쫓기듯 보내고 있다고 반성하고 있다.

4. 서호를 그리워하여 조미숙 동년에게 부치다
懷西湖寄晁美叔同年

서호의 경치는 천하에 으뜸이라
현자(賢者)와 우자(愚者) 가릴 것 없이 모두 와 노닌다.
얕든 깊든 각기 자기가 구하는 것을 발견하고 감상하니
누가 항주의 전경(全景)을 알리오.

아! 나는 본래 우직하고 미치광이라
일찍이 세상으로부터 버림받았다.
홀로 산수를 즐기는 낙을 독차지하니
이렇게 한 것이 어찌 하늘의 뜻이 아니리요?

삼백 육십 개의 절을
일 년 내내 헤매고 다녔다.

가는 곳마다 그 묘함을 터득하니
마음으론 아나 입으로 전하긴 어렵구나.

지금도 맑은 밤 꿈속에도
매혹적인 그 경치 내 눈과 귀에 남아있다.
그대 이제 그곳으로 부임해 간다는데
풍채가 구름과 안개처럼 찬란하구나.

맑은 시내와 푸른 봉우리
어찌 그대를 위해 곱게 하리오.
어찌 그대의 시종을 물리치고
스님에게 빌린 의자에서 낮잠을 즐겨보지 않으려나?

내가 일찍이 벽에 써놓은 시를 읽으며
청량한 산 공기로 어지러운 그대 머리를 식히게나.
지팡이 짚고 아무데고 마음대로 거닐면서
직접 그대 가보고 싶은 곳을 가 보게나.

늙은 어부를 만나거든
갈대숲 사이에서 그들과 계속 머물게나.
그들에게 도(道)를 물어 만약 지혜로운 대답을 듣거들랑
가격을 따지지 말고 물고기를 사게나.

> 西湖天下景,　游者無愚賢.
> 淺深隨所得,　誰能識其全.
> 嗟我本狂直,　早爲世所捐.
> 獨專山水樂,　付與寧非天.

```
三百六十寺,   幽尋遂窮年.
所至得其妙,   心知口難傳.
至今清夜夢,   耳目餘芳鮮.
君持使者節,   風采爍雲煙.
清流與碧巘,   安肯爲君妍.
胡不屛騎從,   暫借僧榻眠.
讀我壁間詩,   清涼洗煩煎.
策杖無道路,   直造意所便.
應逢古漁父,   葦間自延緣.
問道若有得,   買魚勿論錢.
```
(卷13)

주석

- **晁美叔**(조미숙) : 이름은 단언(端彦). 당시 제점양절형옥(提點兩浙刑獄), 치사항주(置司杭州)로 있었다. 이 시는 이때 지었다. 소성(紹聖) 초(初)에 장돈(章惇)이 재상이 되자, 조미숙은 그가 시행하는 정치를 경계하여, 섬주지주(陝州知州)로 강등되었다. 그의 아들 조설지(晁說之) 또한 동파를 따라 배웠다.

- **同年**(동년) : 과거 합격 동기생. 동파와 조미숙은 함께 진사(進士)에 급제하였으므로 '동년(同年)'이라고 칭했다.

- **直造意所便**(직조의소편) : 마음대로 발길 가는대로 걷다.

- **延緣**(연연) : 유련(留連). (헤어지기가 섭섭해) 계속 머무르다. 연분이 지속됨. 『장자(莊子)』, 「어부(漁父)」에서, 공자는 어부를 보고 대도(大道)를 배우고자 청했으나, 어부는 배를 저어 갈대 사이에 머물렀다.

五. 밀주지주(密州知州) 시절

해제 40세(희녕 8년, 1075년) 밀주(密州)에서 지었다. 시의 전반부는 항주 서호의 경치와 과거 자신이 마음껏 유람할 때의 정경을 묘사하고 있다. "아! 나는 본래 우직하고 미치광이라, 일찍이 세상으로부터 버림받았다(嗟我本狂直, 早爲世所捐)" 두 구는 작자의 울적한 정회를 토로한 것이다. "그대 이제 그곳으로 부임해 간다는데(君持使者節)" 이하의 몇 구에서 현달한 귀인은 산수의 아름다움을 감상할 수 없으니, 홀로 쾌적하게 마음껏 유람하는 것만치 유쾌하지 않다고 했다. 전체 시는 언어는 얕으나 사유는 깊고, 말은 드러나지만 의미는 은미하다.(吳夏蕭)

이는 동파가 지난 날 항주유람의 총체적인 회상을 기록해 친구에게 보내는 시이다. 먼저 항주 서호의 경치는 천하에 으뜸이라서 현자와 우자가 모두 와서 유람하지만 항주의 전경(全景)을 다 알기는 어렵다고 했다. 이어서 자신은 자아와 현실세계가 괴리되었기에 반대급부적으로 산수자연을 즐기는 낙을 독차지하고 있는데, 그것이 바로 하늘의 뜻이라고 하였다. 그는 항주에 있는 360개의 절(寺)을 모두 일년내내 헤매고 다녔으며, 가는 곳마다 그 묘함을 터득하지만, 입으로는 전하기 어렵다는 표현능력의 한계도 토로하고 있다.

자연과 현실세계의 괴리에서 연유된 번뇌를 표현하고 있으며, 그는 산수유람을 통해 이 번뇌를 해결하고 있다. 여기서 동파는 한 수 시 자체에서 어떤 문제를 제기하고는, 그 시 안에 그 해결점도 함께 마련해 놓고 있다는 점을 느끼게 해 준다.

5. 상산에서 제사지내고 돌아오다가 사냥하다
祭常山回小獵

푸른 수레 탄 귀인 앞에 선발대가 검은 깃발을 세우고
누런 띠풀 언덕 아래서 몰이꾼이 빙 둘러서 포위한다.
바람 타듯 빠른 날랜 말은 허공에 솟아 섰고
토끼 쫓는 푸른 매는 땅을 치며 채고 날아간다.

돌아보니 흰 구름이 푸른 산에서 생기고
돌아오니 단풍잎이 사냥 옷에 가득하다.
영명하신 천자께서 만일 나를 서량주부(西涼主簿)로 써주신다면
흰 깃 부채를 한 번 휘둘러 전쟁에 공로를 세우리라.

> 青蓋前頭點皂旗, 黃茅岡下出長圍.
> 弄風驕馬跑空立, 趁兔蒼鷹掠地飛.
> 回望白雲生翠巘, 歸來紅葉滿征衣.
> 聖明若用西涼簿, 白羽猶能效一揮.
> (卷13)

주석

✿ 常山(상산) : 밀주(密州)의 경내에 있다. 당시 동파는 상상(常山)으로 가서 겨울제사를 거행하였다.

✿ 青蓋(청개) : 푸른 수레.

五. 밀주지주(密州知州) 시절

✪ 皂旗(조기) : 검은 깃발.

✪ 聖明(성명) : 임금. 천자. 현명하다. 도리에 밝다.

✪ 西凉簿(서량부) : 진(晉)의 사애(謝艾)를 가리킨다.『진서(晉書)』,「장중화전(張重華傳)」에, "중화(重華)는 서량(西凉)에 의거하여, 주부(主簿) 사애(謝艾)를 장군으로 삼고, 임하(臨河)로 진군(進軍)하여 마추(麻秋)를 공격했다. 사애는 흰 모자를 쓰고 호상(胡床)에 걸터앉고서 지휘하여, 크게 무찔렀다."고 하였다.

✪ 白羽(백우) : 흰 깃털 부채. 제갈량(諸葛亮)은 흰 깃털 부채로 삼군(三軍)을 지휘하였다.

✪ 聖明若用西凉簿, 白羽猶能效一揮(성명약용서량부, 백우유능효일휘) :『오대시안(烏臺詩案)』에서, 동파는 이 두 구에 대해 다음과 같이 말하였다. "내 생각으로는 서량주주부(西凉州主簿) 사애(謝艾)의 사적에서 취했다. 사애는 본래 서생(書生)으로, 용병(用兵)에도 능했다. 그러므로 이에 나 자신[동파]을 비유하여, 만약 나를 장군으로 등용한다면, 또한 사애보다 못하지 않겠다"고 했다.

✪ 效(효) : 다하다. 힘쓰다.

해제 40세(희녕 8년, 1075년) 10월, 밀주에서 지었다. 소동파의 시는 웅건(雄健)함으로 뛰어났다. 이 시는 가슴에 격정으로 가득 차, 자못 국가를 위해 공을 세우는 뜻이 있다. "바람 타듯 빠른 날랜 말은 허공에 솟아 섰고, 토끼 쫓는 푸른 매는 땅을 치며 채고 날아간다(弄風驕馬跑空立, 趁兎蒼鷹掠地飛)"는 그 정경이 그림과 같아서 웅건한 시풍의 대표작이다.(吳夏蕭)

공명을 바래는 포부가 드러나고 있는데, 그 기세가 웅혼하다.

6. 양천의 정원과 작은 못에 대해 지은 문여가의 시에 화답하여, 30수
和文與可洋川園池, 三十首

6-1 호수의 다리
　　　其一, 湖橋

붉은 난간 단청 기둥이 호수에 비쳐 환한데
흰 갈포 옷 입고 검은 사모 쓰고 신을 끌며 거닌다.
다리아래에 거북과 물고기 저녁 무렵에 무수히 몰려드니
그대가 지팡이 짚고 호수다리 건너는 소리를 알겠네.

　　朱欄畫柱照湖明,　白葛烏紗曳履行.
　　橋下龜魚晚無數,　識君拄杖過橋聲.
　　(卷14)

 주석

- ◉ **園池**(원지) : 정원과 작은 못.
- ◉ **文與可**(문여가) : 이름은 문동(文同). 자(字)는 여가(與可), 호(號)는 소소선생(笑笑先生). 재주(梓州) 영태(永泰 : 지금의 사천성 鹽亭)사람. 북송의 화가로 특히 대나무그림에 뛰어났으며, 시인이기도 하다. 소동파의 종표형(從表兄)이다. 희녕8년(1075년)에, 양주지주(洋州知

州)에 임용되었다.
- 洋川(양천) : 지금의 섬서성 양현(洋縣).
- 白葛烏紗(백갈오사) : 흰 갈포 옷과 검은 사모. 문여가가 정원에서 거할 때의 평상복.
- 曳履行(예리행) : 신을 끌며 거닌다. 문여가의 한적한 모습을 묘사하고 있다.
- 拄杖(주장) : 지팡이를 짚다.

해제   이 연작시는 41세(희녕9년, 1076년)에 지어졌다. 문동(文同)의 「양천수거원지, 30수(洋州守居園池三十首)」에 대한 화작(和作)이다. 문동의 시는 청유(淸幽)하고 평담(平淡)하며 자못 운치가 있다. 동파의 이 연작시도 같은 풍미가 있다.(曾曾)
　이 「호교(湖橋)」 등의 여러 시는 정원과 연못의 경치를 묘사하였는데, 더욱이 인물을 부각시키고 있으며, 문여가의 태도, 정조(情操), 그리고 생활이 모두 종이위에 드러나고 있다.(徐)
　이 시는 문동의 원시와 제목은 같으나, 자수(字數)와 각운이 다르다.

6-8 망운루
其八, 望雲樓

흐리거나 맑거나 아침이나 저녁이나 항상 무한정 새롭구나
이미 허공에다 이 몸 부쳤거늘
나옴에 본래 무심 터니 돌아와도 또한 좋아라

흰 구름은 또 구름을 바라보는 사람과 같아라.

陰晴朝暮幾回新,　已向虛空付此身.
出本無心歸亦好,　白雲還似望雲人.
(卷14)

❋ 望雲樓(망운루) : 양주(洋州) 경내에 있는 누각으로, 극히 높고 험준하다.

해제　망운정(望雲亭)에서 바라보는 구름을 청신(淸新)하게 묘사한 시이다. 망운정은 구름을 바라보는 정자란 의미이다. 구름의 변화무쌍함에는 영원한 자유인으로서의 동파가 대우주를 집으로 하고, 하고 싶은 대로 살고자하는 자유정신이 드러나고 있다. 곧 떠다니는 구름으로서 자아의 자유정신을 반영시키고 있다.

6-13　이은정
其十三, 吏隱亭

인생살이 속에 온갖 근심걱정으로 고통당하면서도
선생은 어떻게 그처럼 날마다 한가로운지 기이하구나.
어젯밤 북창으로 불어오는 미풍에 잠들었다가
아침에 깨어보니 상쾌한 공기가 서편 산에 가득하다.

五. 밀주지주(密州知州) 시절　311

縱橫憂患滿人間, 頗怪先生日日閑.
昨夜淸風眠北牖, 朝來爽氣在西山.
(卷14)

● 吏隱(이은) : 낮은 관직에 숨음. 오랜 세월 낮은 관직에 머묾.
● 縱橫憂患滿人間(종횡우환만인간) : 이런저런 우환이 인간세상에 가득차다.

 왕문고(王文誥)는 앞 두 구에 대해, "같은 태수(太守)이면서도, 문여가는 어느 때든지 즐겁지 않음이 없고, 동파는 근심스럽다고 여긴다. 대개 그 취향이 다른 까닭이다(同一太守也, 與可無時不樂, 而公以爲憂, 蓋其趣向不同故也)."라고 했다. 인생살이의 근심 속에서 한적함과 정신적 자유를 획득하고 있다.

6-18 계광정
其十八, 溪光亭

시냇물을 터놓아 호수로 흘러가게 하니 그 물결 정이 흘러넘쳐
도리어 아침햇살을 따라 처마와 기둥에 일렁거린다.
시냇물 빛은 예로부터 그린 사람 없으니
(소리 있는 그림인) 새로운 시로 그려 묘사해 볼까나.

決去湖波尙有情, 却隨初日動簷楹.
溪光自古無人畫, 憑仗新詩與寫成.
(卷14)

주석

◉ 決(결) : 물결 터놓을 결.

◉ 決去湖波尙有情, 却隨初日動簷楹(결거호파상유정, 각수초일동첨영) : 왕주차공왈(王註次公曰), "시의 뜻은 다음과 같다. 이미 이 시냇물을 터서 (흘러가) 횡호(橫湖)가 되니, 그 물결은 아침햇살을 따라 일렁거린다. 처마와 기둥 사이에서 그리워하여 떠나지 않으니, 이는 정이 있는 것이다."라고 했다.

◉ 溪光自古無人畫, 憑仗新詩與寫成(계광자고무인화, 빙장신시여사성) : 『고시화(古詩話)』에, "시인은 그림을 소리 없는 시라 하였고, 시를 소리 있는 그림이라고 하였다(詩人以畫爲無聲詩, 詩爲有聲畫)." 또 구양수(歐陽修)는 『육일시화(六一詩話)』에서, 매성유(梅聖兪 : 梅堯臣)가 말하길, "반드시 써내기 어려운 경치를 능히 눈앞에 있듯이 쓸 수 있고, 다하지 않은 생각을 포함시켜 언외에서 나타낼 수 있는 연후에야, 지극한 경지에 도달할 수 있다(必能狀難寫之景, 如在目前, 含不盡之意, 見於言外, 然後爲至矣)"라 했다.

해제 동파는 시냇물 빛을 보는 조망이 일품이라는 의미의 계광정(溪光亭)에서 시냇물을 보며, 표현하기 어려운 순간 형상을 잘 포착하고 있다. 작자가 호수 물결을 유정(有情)한 것으로 보고 있는 것에서 자연과 교감하고 있는 경지를 느낄 수 있다. 특히 시냇물 빛을 시를 지어 묘사해 내고자 하는 작자의 의욕과 빼어난 솜씨가 일품이다. 여기서 '시는 소리가 있는 그림'이라 할 수 있다.

五. 밀주지주(密州知州) 시절

6-24 운당곡
其二十四, 篔簹谷

한천의 긴 대나무 쑥대같이 흔한데
도끼가 어찌 일찍이 죽순을 용서하겠는가.
생각건대 청빈하면서도 먹는 데는 게걸스런 문태수(文同)는
위수 물가에 천 무(千畝)의 대나무밭을 가슴속에 품고 있더라.

漢川修竹賤如蓬,　斤斧何曾赦籜龍.
料得淸貧饞太守,　渭濱千畝在胸中.
(卷14)

주석

○ 漢川(한천) : 한수(漢水)를 가리킨다.
○ 修竹(수죽) : 긴 대나무.
○ 籜龍(탁룡) : 죽순을 가리킨다.
○ 饞(참) : 탐하다.
○ 漢川修竹賤如蓬, 斤斧何曾赦籜龍(한천수죽천여봉, 근부하증사탁룡)
  : 한수(漢水)가의 대나무는 많아서 쑥처럼 흔한데, 도끼로 베는데 어찌 죽순을 용서하겠는가.
○ 料得淸貧饞太守, 渭濱千畝在胸中(료득청빈참태수, 위빈천무재흉중)
  : 생각건대, 빈한하고 먹는데 게걸스런 문태수는 위수가의 천 무(千畝)나 되는 대나무를 모두 먹어 그대의 가슴속에 넣었겠지.
  渭濱(위빈) : 위하(渭河)는 섬서성을 횡단하는데, 양주(洋州)는 위하(渭河) 이남지역에 있다. 여기서 문여가가 죽순을 채취하여 먹는 것

은, 가슴속에 천 무의 대나무를 품고 있는 것과 다름이 없다고 하였으니, 농담이다.

해제 한천의 긴 대나무 쑥대같이 흔한데, 청빈하면서도 게걸스럽게 먹는 문동은 그 죽순을 먹어, 천 무(畝)의 대나무 밭을 가슴속에 품고 있다.

소동파의 「문여가가 그린 운당곡의 바람에 기울은 대나무(文與可畵篔簹谷偃竹記)」에, "운당곡(篔簹谷)은 양주(洋州)에 있는데, 여가는 일찍이 나로 하여금 양주(洋州)30수를 짓게 하였으니, 운당곡(篔簹谷)시는 그 중의 한 수이다. 나[동파]의 시구에, '한천(漢川)의 긴 대나무 쑥대같이 천한데, 도끼가 어찌 일찍이 죽순을 용서하겠는가. 생각컨대 청빈하고 먹는 데는 게걸스런 태수가, 위수 물가 천 무(千畝)의 대나무 밭을 가슴속에 품고 있더라' 여가는 이 날 그의 아내와 운당곡에서 노닐다가 저녁때에 죽순을 볶아 먹고는 함에 들어있던 예전의 시를 찾고는, 요절복통하며 웃다가 책상에 그득하도록 밥을 품어내었다(篔簹谷在洋州, 與可嘗令予作洋州三十詠, 篔簹谷其一也. 予詩云, '漢川修竹賤如蓬, 斤斧何曾赦籜龍, 料得淸貧饞太守, 渭濱千畝在胸中.' 與可是日與其妻游谷中, 燒筍晚食, 發函得詩, 失笑噴飯滿案)."

6-29 남원
其二十九, 南園

예쁜 복사꽃과 초록색 수양버들 심지 않고
태수는 응당 농업과 양잠을 백성에게 바라고자 할 것이다.

봄철 밭두둑에 사각사각 비 지나가니 (뽕잎 따는 여인의) 비단 소매 부드럽고

여름 밭두둑에는 바람이 산들 부니 새참 내가는 떡이 향기롭다.

> 不種夭桃與綠楊, 使君應欲候農桑.
> 春疇雨過羅紈膩, 麥隴風來餠餌香.
> (卷14)

주석

● 使君(사군) : 원님. 태수. 한 대(漢代) 이후, 주군(州郡)의 장관(長官)에 대한 존칭.

● 候(후) : 예측하다. 살피다. 조짐. 징후.

● 候農桑(후농상) : 농업생산의 추세와 수확의 좋고 나쁨을 예측하다.

● 使君應欲候農桑(사군응욕후농상) : 이 시는 권농시이다. 아울러 문동의 지주(知州)신분에도 은근히 부합된다.

● 春疇雨過羅紈膩, 麥隴風來餠餌香(춘주우과라환니, 맥롱풍래병이향) : 『냉재시화(冷齋夜話)』에서, "『화엄경(華嚴經)』의 결과를 들어 원인을 아는 것과 같다. 연꽃의 예를 든다면, 바야흐로 꽃을 토해 내면, 열매는 그 꽃술에 구비되어 있다는 것이다. 조어(造語)의 공교로움이 이에 이르렀으니, 고금의 변화를 다하였다."고 했다. 또한, '나환니(羅紈膩)'은 비온 뒤의 뽕잎으로 비유할 수 있고, '병이향(餠餌香)'은 바람 가운데의 보리 향기로 비유할 수 있다. 이 두 구는 실로 여러 종류의 수사기법의 종합적인 운용이라 할 수 있다.

밭에 복사꽃과 수양버들 심지 않고 뽕나무를 심은 것은

양잠을 장려하기 위한 것이다. 봄 밭두둑에 비 지나가니 뽕잎 따는 여인네 비단 소매 부드럽고 여름 밭에 산들바람 부니 새참 내가는 떡[보리 향기]이 향기롭다. 마치 한 폭의 풍경화와 같다.

7. 묽고 묽은 술, 2수
薄薄酒二首, 幷引

교서선생(膠西先生) 조명숙(趙明叔)은 집이 가난한데 술을 마시기를 좋아하여 아무 술이나 따지지 않고 마셔 취했다. 그는 항상 '묽은 술이라도 차(茶)보다는 좋고, 추하게 생긴 마누라라도 홀로 사는 빈방보다는 좋다'고 말했다. 그 말이 비록 속되지만 달관에 가깝다. 그러므로 그 의미를 확대시켜 동주(東州：密州)의 악부(樂府)를 보충하고자 한다. 그런데 그 말이 아직 부족함이 있다고 여겨져 다시 한 편을 화답해 지어, 애오라지 독자에게 한 가지 웃음거리를 제공할 생각이다.

> 膠西先生趙明叔, 家貧, 好飮, 不擇酒而醉.
> 常云..薄薄酒, 勝茶湯, 醜醜婦, 勝空房. 其
> 言雖俚, 而近乎達, 故推而廣之以補東州之
> 樂府. 旣又以爲未也, 復自和一篇, 聊以發
> 覽者之一噱云爾.

7-1 其一

묽은 술일망정
차보다는 낫고
거친 삼베옷일망정
옷이 없는 것보다 낫다.

못생긴 아내와 못된 첩일망정 독수공방보다 낫다.
꼭두새벽에 임금 조회 시간 기다리느라고 대루원(待漏院)에서
신발 가득 서리 맞는 벼슬살이는
삼복더위에 해가 높이 솟을 때까지 실컷 자고
북창 아래 시원한 바람을 쐬는 야인의 생활보다 못하다.

구슬로 장식한 수의를 입고 옥으로 만든 관에 넣어져
만인의 장송을 받으며 북망산으로 돌아가는 것은
누덕누덕 기운 남루한 옷을 입고
홀로 앉아 아침 햇볕 쬐며 살아가는 것만 못하다.

살아생전 부귀와 사후에 문장이 남겨지길 원하나
백년도 한 순간이요 만세(萬世)도 바삐 지나갈 뿐
어진 사람 백이숙제도 천하도둑 도척도 죽어 없어지기는 마찬가지
지금 당장 한 번 취하여
옳고 그름(是非), 근심과 즐거움(憂樂)을 모두 잊는 것만 못하다.

　　　薄薄酒, 勝茶湯,

麤麤布, 勝無裳.
醜妻惡妾勝空房.
五更待漏靴滿霜,
不如三伏日高睡足北窓凉.
珠襦玉柙萬人祖送歸北邙,
不如懸鶉百結獨坐負朝陽.
生前富貴, 死後文章,
百年瞬息萬世忙,
夷齊盜跖俱亡羊,
不如眼前一醉是非憂樂兩都忘.
(卷14)

주석

◉ 膠西(교서) : 옛 군국(郡國)이름. 여기서는 밀주(密州)를 가리킨다.

◉ 薄薄酒(박박주) : 맛이 담박한 술. 맛없는 술.

◉ 趙明叔(조명숙) : 이름은 고경(杲卿). 밀주(密州)사람. 주학교수(州學教授). 밀주향공진사(密州鄉貢進士)로 품행과 도의가 있다.

◉ 達(달) : 달관.

◉ 東州(동주) : 밀주(密州)를 가리킨다.

◉ 樂府(악부) : 원래는 고대의 음악을 관장하는 관청이름. 여기서는 민간의 악곡(樂曲) 가무(歌舞)를 가리킨다.

◉ 旣又以爲未也(기우이위미야) : 그 말이 또 뜻을 전부 표현해 내기에 아직 부족하다고 여겨지다.

◉ 聊(료) : 애오라지. 그런대로.

◉ 噱(거) : 웃음거리.

❋ 裳(상) : 치마. 하의. 여기서는 옷을 가리킴.

❋ 五更(오경) : 새벽 3-5시.

❋ 待漏(대루) : 관원이 입조(入朝)하는 시각. 신하들은 누각(漏刻)을 듣고 입조했기 때문에 이르는 말.
漏(루) : 물시계.
待漏院(대루원) : 이른 아침에 대궐 안으로 출근하는 사람이 대궐문이 열리기를 기다리는 곳.

❋ 珠襦玉柙(주유옥합) : 황실귀족의 염복(殮服)을 가리킨다.
柙(합) : 궤 합.

❋ 祖送(조송) : 길 떠나는 사람을 전송하는 일.
祖(조) : 도신(道神). 길 잔치를 열다. 송별연을 열어 길을 떠나는 사람을 보내다.

❋ 北邙(북망) : 산 이름. 지금의 하남성 낙양(洛陽)의 동북쪽에 위치함. 한 대(漢代) 이후의 왕후공경(王侯公卿)의 묘지. 무덤이 많은 곳.

❋ 懸鶉(현순) : 해진 옷. 옷이 해져서 너덜너덜한 것이 메추리의 꽁지깃이 빠진 것과 같다는 뜻.

❋ 百結(백결) : 해어진 옷. 누더기.

❋ 夷齊(이제) : 주(周)의 현인(賢人)인 백이(伯夷)와 숙제(叔齊). 주대(周代) 고죽군(孤竹君)의 두 아들. 백이는 아버지가 동생 숙제에게 선위(禪位)할 뜻이 있음을 알고 아버지가 돌아가신 후 나라를 사양하고 달아나니, 숙제 또한 형인 백이에게 나라를 사양하고 달아났다. 후에 주 무왕(周武王)이 상(商)을 칠 때 백이 형제가 말고삐를 잡고 신하의 도리가 아님을 간(諫)하였으나 주 무왕이 듣지 않으므로 주(周)의 녹 먹기를 부끄럽게 여기어 수양산(首陽山)에 들어가 고사리를 캐어 먹으며 숨어 살다가 굶어죽었다.

❋ 盜跖(도척) : 고대 중국의 큰 도적의 이름. 9천명의 부하를 거느리고

천하를 횡행하였다 한다.

◉ 俱亡羊(구망양) : 모두 양을 잃음. 한 사람은 독서를 하다가 양을 잃고, 또 한사람은 노름을 하다가 양을 잃었다는 고사(故事)에서, '하는 일이 달라도 같은 실패를 함'을 비유하여 이르는 말.『장자(莊子)』, 「변무(騈拇)」, "장과 곡 두 사람은 양을 치고 있다가 둘이 다 그 양을 잃고 말았다. 장에게 무엇을 하고 있었느냐고 물으니 죽간(竹簡)을 끼고 독서하고 있었다고 하였다. 곡에게 무엇을 하고 있었느냐고 물으니 노름하며 놀고 있었다고 하였다. 이 두 사람이 한 짓은 같지 않지만 양을 잃었다는 점에서는 같다(臧與穀二人相與牧羊而俱亡其羊. 問臧奚事, 則挾筴讀書, 問穀奚事, 則博塞以遊. 二人者, 事業不同, 其於亡羊均也)."

◉ 夷齊盜跖俱亡羊(이제도척구망양) : 결백한 백이 · 숙제도, 큰 도적인 도척(盜跖)도, 다 같이 얻고자 하는 것을 얻지 못하였으니, 사람은 큰 이상이나 욕망을 가지기보다는 그때그때의 즐거움을 찾아 향락을 누려야 한다는 뜻.『장자(莊子)』, 「변무(騈拇)」, "백이는 명예를 위해 수양산 아래에서 죽었고, 도척은 이욕 때문에 동릉산 위에서 죽었다. 이 두 사람이 죽은 것은 같지 않지만 목숨을 해치고 본성을 상하게 한 점에서는 같다(伯夷死名於首陽之下, 盜跖死利於東陵之上, 二人者, 所死不同, 其於殘生傷性均也)."

해제 이것은 서문에서도 밝혔듯이 "묽은 술이라도 차보다는 낫고, 못생긴 마누라도 독수공방(獨守空房)보다는 낫다"는 경험에 바탕한 인간의 보편적인 진리를 담고 있는 말에 착안하여, 그 의미를 확대시켜 지은 시이다. 이른 새벽부터 바쁜 벼슬살이는 실컷 자고 나서 시원한 바람을 쏘이는 야인의 생활만 못하며, 호화롭게 차려입고 무덤에 드는 것은 남루한 옷을 입고 아침 햇볕을 쬐는 것만 못하다는 실례를 들었다.

이를 통해 부자연스러운 부귀한 생활보다는 자유롭고 한적하게 사는 인생의 소소한 기쁨을 중시하는 소동파의 면모를 살필 수 있다. 더 나아가 작자는 인생이란 순간적인 것이니 눈앞에서 술 마시고 한 번 취하여 일체의 시비(是非)와 우락(憂樂)을 망각하는 상태에 이르고 있다. 곧 술은 근심을 해소하는데 그치지 않고 초탈의 상태로 전환시키는 매개체가 되고 있다.

여기서 소동파는 장자(莊子)적인 발상과 해학적인 어투로 음주를 통해 인간의 본원적 자유를 추구하는 초탈적인 인생태도를 보여주고 있다.

7-2 其二

맑고 맑은 술
두 병을 마시고
굵고 굵은 베옷
두 겹을 입는다.

좋고 나쁜 것 비록 다르나 취하게 하고 따뜻하게 하는 것은 마찬가지고
못생긴 처와 악첩이 제 남편을 오래 살게 한다.
은거하여 뜻을 구함에 의를 따르니
본래 부귀영화든 북창의 바람이든 따지지 않는다.

백년이 비록 길다하나 끝남이 있고
부자로 죽는 것이 꼭 살아 궁한 것보다 못한 것 아니지만

다만 두려운 것은 주옥(珠玉)이 그대 얼굴에 머물러
천년동안 썩지 않고 도적맞는 것이라.

문장은 스스로 맹인이나 벙어리를 속이기에 족한 것
누가 하루아침의 부귀로 얼굴 붉히게 하랴.
통달한 사람은 스스로 통달하니 술이 무슨 공인가
세간의 옳고 그름, 근심과 즐거움은 본래 텅 빈 것을.

薄薄酒, 飮兩鍾,
麤麤布, 著兩重,
美惡雖異醉暖同,
醜妻惡妾壽乃公.
隱居求志義之從,
本不計較東華塵土北窓風.
百年雖長要有終,
富死未必輸生窮.
但恐珠玉留君容,
千載不朽遭樊崇.
文章自足欺盲聾,
誰使一朝富貴面發紅.
達人自達酒何功,
世間是非憂樂本來空.
(卷14)

주석

✸ 鍾(종) : 술병. 술잔.

❋ **壽乃公**(수내공) : 제 남편을 장수하게 한다.
  乃(내) : 너.
❋ **義之從**(의지종) : 오직 의를 따르다.
❋ **東華**(동화) : 동화문(東華門)은 북송의 수도 변경(卞京)의 궁문(宮門) 이름이다. 백관이 입조하는 데 있어 출입하는 문이다.
❋ **本不計較東華塵土北窓風**(본불계교동화진토북창풍) : 본래 조정에 있든지 재야에 있든지를 따지지 않는다는 말이다.
❋ **樊崇**(번숭) : 서한(西漢) 말의 도적.『후한서(後漢書)』, 「유분자전(劉盆子傳)」, "번숭은 군사를 일으켜 입관(入關)하여, 여러 능을 도굴하고 그 보화를 취했으며, 드디어 여후의 시체를 욕보였다(樊崇起兵入關, 發掘諸陵, 取其貨寶, 遂汚辱呂后尸)."
❋ **達人**(달인) : 사리를 통달한 사람.

해제 술은 좋고 나쁜 것이 있으나 취하게 하는 것은 마찬가지고, 성긴 베옷이라도 몸을 따뜻하게 하는 것은 마찬가지다. 못생긴 처와 악첩이 제 남편을 오래 살게 한다. 달인은 스스로 통달하니, 술이 무슨 공이 있는가. 시비(是非)와 우락(憂樂)도 본래 텅 빈 것이라.

8. 칠월 오일, 2수
七月五日, 二首

8-1 其一

비방을 피하는 시는 의사를 찾으러 갔고
(시를 짓지 않고)
병을 두려워하는 술은 일하러 갔다.
(술도 못 마신다)
쓸쓸한 북창 아래서
긴긴 해 누구와 보낼까.

올해는 유난히 더위에 쪄서
초목은 뜨거운 기운에 타버렸네.
하물며 나는 일찍 노쇠한 사람
깊숙이 거하니 기(氣)가 가는 실처럼 약하다.

가을이 오니 좋은 흥이 일고
수수와 벼는 이미 찬 이슬 머금었다.
또 다시 이렇게 작게 읊조리니
가서 두보의 "술찌게미 거르는 채에 술이 줄줄 흐른다[糟牀注]"
는 시에 화답하겠다.

避謗詩尋醫, 畏病酒入務.
蕭條北窓下, 長日誰與度.
今年苦炎熱, 草木困薰煮.
況我早衰人, 幽居氣如縷.
秋來有佳興, 秔稻已含露.
還復此微吟, 往和糟牀注.
(卷14)

주석

● 往和糟牀注(왕화조상주) : 두보(杜甫), 「강촌(羌村)」, "가을에 벼와 기장을 수확하는 것을 알고, 술찌게미 거르는 첫다리에 술이 줄줄 흐르는 것을 느끼네(賴知禾黍收, 已覺糟牀注)"

해제 무더운 한여름이 지난 초가을에 북창 아래서 지은 시이다. 외부환경 때문에 술을 마시지 못함을 역설적이고 해학적으로 표현하고 있다. 여기서 "비방을 피하는 시는 의사를 찾으러 갔다"는 것은 비방을 피하기 때문에 시를 짓지 못한다는 의미이고, "병을 두려워하는 술은 일하러 갔다"는 것은 병이 두려워 술을 마시지 못한다는 의미이다. 곧 내심으로는 시를 짓고 싶지만 또다시 비방을 받을까봐서 시를 짓지 못하고, 술을 마시고 싶지만 병에 걸릴까 두려워 술을 못 마시는 억제된 자아의 현 위상을 해학적으로 표현하고 있다.

8-2 其二

어느 곳에서 새로운 가을을 찾으랴
시원한 북대(北臺) 위에서라.
가을이 온지 얼마 되지 않았는데
햇빛과 바람이 벌써 맑고 선선하구나.

구름 사이로 외롭고 푸르른 봉우리 솟았고
수풀 끝에 먼 강 물결이 떴다.
햇 대추 익어 점차 딸만 하고
늦 오이 그런대로 먹을 만하다.

서풍에 떨어지는 해를 보내니
만 구멍에 처량함 머금었다.
생각하면 마땅히 인생의 행락을 먼저 해야 하니
백발아 너는 오지 말아라.

> 何處覓新秋,　蕭然北臺上.
> 秋來未云幾,　風日已淸亮.
> 雲間聳孤翠,　林表浮遠漲.
> 新棗漸堪剝,　晚瓜猶可餉.
> 西風送落日,　萬竅含悽愴.
> 念當急行樂,　白髮不汝放.
> (卷14)

주석

❋ 蕭然(소연) : 선선하다.

 시원한 북대(北臺) 위에서 시원한 초가을을 만끽하고 있다. 멀리 보이는 경치를 묘사하고, 가을의 먹거리를 기대하고 있다. 아울러 즐거운 인생을 추구하며, 백발이 오지 않기를 바라고 있다.

9. 과거 합격 동기생 조단언이 구월 구일에 보내준 시에 화답하여
和晁同年九日見寄

우러러 보니 난새와 고니 하늘을 찌르듯 나르는데
이 몸은 늙어 부귀공명을 생각하지 않는다.
병든 말은 이미 천리 먼 곳 갈 뜻 없어지고
시인은 길이 이 가을 슬픈 것을 잊었다.

예로부터 중양절은 모두 이와 같았으니
이별한 후 서호를 누구에게 부치랴.
그대를 궁하고 수심 많게 하는 것은 하늘이 뜻있음이니

오중의 산수는 맑은 시를 요구하네.

> 仰看鷺鵠刺天飛,　富貴功名老不思.
> 病馬已無千里志,　騷人長負一秋悲.
> 古來重九皆如此,　別後西湖付與誰.
> 遣子窮愁天有意,　吳中山水要淸詩.
> (卷14)

 주석

- 晁同年(조동년) : 조단언(晁端彦). 자(字)는 미숙(美叔). 동년(同年)은 과거합격동기생을 말한다.
- 騷人(소인) : 시인. 묵객.
- 負一秋悲(부일추비) : 가을 슬픈 것을 잊었다. 일설에는, '가을 슬픈 것을 많이 못 짓네'.
- 別後西湖付與誰(별후서호부여수) : 조단언(晁端彦)이 항주(杭州)를 떠나게 된 것을 가리킨다.
- 遣子窮愁天有意, 吳中山水要淸詩(견자궁수천유의, 오중산수요청시) : 옛 사람은 궁한 가운데 좋은 시가 나온다고 여겼다. 하늘은 그대로 하여금 좌절을 겪게 하였으니, 그대는 오중에 가서 맑은 시를 많이 지을 것이다.

해제　41세(熙寧9년, 1076년)에 밀주(密州)에서 지었다. 고관은 산수 구경을 못해 좋은 시를 지을 수 없다. 당시 동파의 과거합격동기생 조단언(晁端彦)은 양절형옥제점관(兩浙刑獄提點官)에 재직하고 있었는데, 법을 위반하여 사적으로 서호기악연회(西湖妓

樂宴會)에 참가하였으므로, 해임되어 윤주(潤州)로 가서 심문을 받았다. 중양절에 그가 밀주에 있는 작자에게 시를 부쳤는데, 이에 작자가 화답한 것으로, 좌절을 겪은 후에 더 좋은 시들을 많이 짓게 된다는 것이다.

10. 동무의 유배석(流杯石)을 이별하여
別東武流杯

관직에 있는 것이 지나가는 여관과 같다고 웃지 마라
짐짓 인간세상은 뜬 구름과 같은 것.
백년 산 사람 그 누가 있는가
오직 두 그루 소나무가 있어 나를 알아주네.

> 莫笑官居如傳舍, 故應人世等浮雲.
> 百年父老知誰在, 惟有雙松識使君.
> (卷14)

주석

● 東武(동무) : 산동성 밀주(密州).
● 流杯(유배) : 유배석(流杯石). 밀주(密州)에 있다.
● 傳舍(전사) : 여관.

❉ *使君*(사군) : 군수. 여기서는 작자 자신을 가리킨다.

해제 41세(희녕9년, 1076년) 세모에 작자는 밀주지주(密州知州)를 이임하고 서주지주(徐州知州)로 발령을 받았다. 이때 많은 유별시(留別詩)를 지었는데, 이는 그 가운데 한 수이다. 작자는 자신이 관직을 따라 여행하는 나그네임은 물론, 인생 자체가 떠도는 구름과 같다고 여기고 있다.

六. 서주지주(徐州知州) 시절

1. 제야에 큰 눈이 내려 유주에 머물렀는데, 설날 아침 맑게 개여 드디어 떠났다. 도중에 다시 눈이 내렸다.
除夜大雪, 留濰州, 元日早晴, 遂行, 中途雪復作

제야에 눈이 내려 나를 머무르게 하더니
(유주에서 묵고)
설날에 날이 개어 나를 전송한다.
(길을 떠난다)
동풍은 어제 마신 술기운을 불어 흩뜨리고
마른 말 위에서 덜 깬 잠 끄떡끄떡 졸다.

걷히지 않은 눈[雪]에 비친 새벽 햇빛이 퍼지자
남은 눈꽃이 희롱하며 굴러 떨어진다.
말을 내려 들에서 술잔 드니
이 좋은 흥취를 누구와 같이 나눌까.

얼마 안 있어 저녁 구름 모여 들더니
어지러이 내리는 눈발에 하늘도 안보이네.
눈 맞은 말갈기가 거위 털처럼 새하얀 색
이 기분 흰 봉황을 탄 심정일세.

삼년 동안 동쪽 지방 가물어
도망간 백성의 집 텅 비어 연달아 쓰러졌다.
늙은 농부 따비를 놓고 탄식하니

눈물이 주린 창자로 들어가 쓰라리다.

봄눈이 비록 늦게까지 와도
봄보리는 그래도 심을만하다.
감히 내가 (말 타고 다니는) 행역(行役)의 수고로움 원망하겠는가
풍년가 노래하도록 도와주리라.

除夜雪相留,　元日晴相送.
東風吹宿酒,　瘦馬兀殘夢.
葱瓏曉光開,　旋轉餘花弄.
下馬成野酌,　佳哉誰與共.
須臾晚雲合,　亂灑無缺空.
鵝毛垂馬驄,　自怪騎白鳳.
三年東方旱,　逃戶連敓棟.
老農釋耒歎,　淚入飢腸痛.
春雪雖云晚,　春麥猶可種.
敢怨行役勞,　助爾歌飯甕.
(卷15)

주석

❋ 宿酒(숙주) : 숙취.

❋ 兀(올) : 우뚝. 갑자기.

❋ 無缺空(무결공) : 하늘에 빈틈없이 쏟아진다.

❋ 自怪騎白鳳(자괴기백봉) : 스스로 봉황새를 탔나 괴이하게 여기네.

❋ 助爾歌飯甕(조이가반옹) : 네가 '반옹(飯甕)' 노래하는 것을 도와주리

라. 봄눈은 풍년의 조짐이다. 작자는 이 시를 지어 농부가 풍년가를 노래하는데 도움이 되려 하였다.

해제 42세(희녕10년, 1077년) 정월에, 동파는 밀주(密州)를 이임하여 경사(京師 : 수도 汴京)로 가는 도중에 지었다. 유주(濰州)는 밀주 서북쪽으로 대략 70여리가 된다. 눈이 내려 그 흥취를 누리고 있으면서도, 삼년 동안 동쪽 지방이 가물어 도망간 백성의 집이 많았기에, 그들을 위해 상심하면서도 풍년이 되기를 바라는 애민사상이 드러나고 있다.

2. 한간의 「목마도」에 쓰다
書韓幹牧馬圖

남산의 아래
견수와 위수 사이에
개원과 천보 연간을 생각해본다.

팔방에 나누어 주둔하니 서쪽 진천(秦川) 땅이 좁구나.
사십만 필의 많은 말 구름연기 같다.
추(騅), 비(駓), 인(駰), 낙(駱), 여(驪), 유(駵), 원(騵),
백어(白魚), 적토마, 성(騂), 황(皇), 한(鶾) 등의 여러 말들.

六. 서주지주(徐州知州) 시절

용의 머리 봉황 목같이 생겨 사납고도 예쁘다.
기이한 자태와 초일(超逸)한 재주를 가진 말이 노둔한 말 속에 숨어 있는데
파란 눈의 오랑캐 아이가 맨발 벗고
해마다 말을 추려서 황제의 마구간에 들인다.

누런 도포 입은 황제가 못에 임하니 삼천 궁녀 그를 모시어
붉은 단장이 햇빛에 비치어 그 빛이 연못에 비춘다.
누각아래 옥룡(玉龍)은 맑고 찬 기운을 어흥 뱉고
왕래하여 달리는데 날리는 물결이 인다.

여러 화가들 붓을 빨아 붉은 물감에 섞으니
선생은 조패(曹霸)요, 제자는 한간(韓幹)이라.
마구간 말은 살이 많고 궁둥이는 둥근데
살 속에 뼈를 그리니 더욱 그리기 어려운 것 자랑한다.

금옥(金玉)으로 굴레하고 수놓은 비단으로 안장하고
채찍과 각인으로 자연성을 상하게 하니
이 그림의 자연에 가까운 것만 못하다.

평평한 모래에 말먹이 풀이 더부룩 거칠고 성하니
놀란 기러기와 달아나는 토끼가 선후를 다투는 듯 빨리 달린다.
왕량(王良)은 말채찍 잡고 하늘을 오르니
어찌 반드시 머리 구부려 짧은 끌채를 차리요?

南山之下,　　　汧渭之間.
想見開元天寶年.

八坊分屯隘秦川,　四十萬匹如雲烟.
騅駓駰駱驪騮騵,　白魚赤兎騂皇騟.
龍顱鳳頸獰且姸,　奇姿逸德隱駑頑.
碧眼胡兒手足鮮,　歲時剪刷供帝閑.
柘袍臨池侍三千,　紅粧照日光流淵.
樓下玉螭吐淸寒,　往來蹙踏生飛湍.
衆工砥筆和朱鉛,　先生曹霸弟子韓.
廐馬多肉尻脽圓,　肉中畫骨誇尤難.
金羈玉勒繡羅鞍,　鞭箠刻烙傷天全,
不如此圖近自然.
平沙細草荒芊綿,　驚鴻脫兎爭後先.
王良挾策飛上天,　何必俯首服短轅.
(卷15)

주석

❂ **韓幹**(한간) : 당대(唐代)의 저명한 화가. 남전(藍田 : 지금의 섬서성에 속한다)사람. 인물화를 잘 그렸고, 특히 말 그림에 뛰어났다. 처음에 조패(曹霸)를 스승으로 삼았다. 후에 현종(玄宗)에게 불려가 궁정에 들어가 마구간의 명마를 스승으로 삼았는데, 형상이 웅준(雄俊)하여 당시에 독보적이었다.

❂ **南山**(남산) : 진령산(秦嶺山)을 가리키는데, 농현(隴縣)의 동남쪽에 있다.

❂ **汧**(견) : 물 이름. 견수(汧水)는 감숙성 동남쪽에서 발원하여 보계시(寶鷄市)에 이르러 위수(渭水)로 들어간다.

❂ **八坊**(팔방) : 당(唐) 현종(玄宗) 때, 수도 장안(長安) 부근에 팔방(八

坊)의 땅 1,200여 경(頃)으로 둔전(屯田)하여 말을 길렀다.
- 騅(추) : 오추마. 검푸른 털에 흰 털이 섞인 말.
- 駓(비) : 황부루. 누른빛과 흰빛이 섞인 말.
- 駰(인) : 오총이. 흰 털이 섞인 거무스름한 말.
- 駱(락) : 가리온. 검은 갈기의 흰 말.
- 驪(려) : 가라말 려. 가라말 리. 온몸의 털빛이 검은 말.
- 騮(류) : 월다말. 털빛이 붉고 갈기가 검은 말.
- 騵(원) : 배 흰 월마말. 배가 희고 갈기가 검고 온몸이 붉은 털빛의 말.
- 白魚(백어) : 두 눈이 물고기의 눈과 같은 말.
- 赤兎(적토) : 적토마. 삼국시대에 여포(呂布)가 탔다는 준마. 후에 관우(關羽)의 소유가 되었음.
- 騂(성) : 붉은 말. 붉은 빛에 약간 누른빛을 띤 말.
- 皇(황) : 황부루. 황(騜). 누른빛에 흰빛이 섞인 말.
- 䯄(한) : 털이 긴 말.
- 騅駓駰駱驪騮騵, 白魚赤兎騂皇䯄(추비인낙여유원, 백어적토성황한) : 형형색색의 말들을 가리킨다.
- 碧眼胡兒手足鮮(벽안호아수족선) : 당시 황제의 말을 기르는 사람은 외국인으로, 그들은 우수한 기사(騎士)였다.
- 帝閑(제한) : 내정(內庭)의 마구간.
- 柘袍(자포) : 누런 도포. 황제가 입는 옷으로, 황제를 가리킨다.
- 臨池(임지) : 연못에 가다. 말을 씻기는 것을 가리킨다.
- 朱鉛(주연) : 그림을 그리는 안료(顏料).
- 先生曹霸弟子韓(선생조패제자한) : 조패(曹霸)는 한간(韓幹)의 선생이며, 두보(杜甫)가 가장 높이 일컬었던 화가이다. 두보의 「단청인(丹青引)」은 바로 조패를 위해 지은 것이다. 이상은 모두 개원(開元) 천

보(天寶)연간에 내외(內外) 마구간의 상황을 묘사하였는데, 이 구에 이르러 제목의 뜻에 들어간다.
- 平沙細草荒芊綿, 驚鴻脫兔爭後先(평사세초황천면, 경홍탈토쟁후선) : 전체 시에서 이 두 구만이 정면으로 「목마도(牧馬圖)」를 묘사하고 있다.
- 王良(왕량) : 춘추시대 조간자(趙簡子)의 말을 모는 사람으로, 말을 잘 몰았다.
- 마지막 두 구 : 의미는 다음과 같다. 마치 왕량(王良)같이 말 몰기에 능한 사람이 어찌 반드시 절개를 꺾어 등용되기를 구하겠는가.

해제 42세(熙寧10년, 1077년)에 변경(汴京)에서 지었다. 이는 한간(韓幹)의 「목마도(牧馬圖)」를 보고 지은 제화시(題畫詩)이다. 기이한 자태와 초일(超逸)한 재주를 가진 말이 노둔한 수많은 말 속에 숨어 있음을 드러내고 있는데, 그 말(馬)은 "다락아래 옥룡(玉龍)은 맑고 찬 기운을 어훙 뱉고, 왕래하여 달리는데 날리는 물결이 인다"고 할 정도로 뛰어난 기상을 지니고 있다. 이것은 자질과 능력을 갖추고 있으면서도 중앙정계에서 인정을 받지 못하는 동파 자아를 넌지시 비유하고 있다고 추측된다.

이어서 한간의 말(馬)그림에 대해 말의 살 속에 있는 뼈를 그렸다고 평가하여, 핵심을 꿰뚫는 한간의 그림 솜씨를 칭찬하고 있다. 그리고 "금옥으로 굴레하고 수놓은 비단으로 안장하고, 채찍과 각인으로 자연성을 상하게 하니, 이 그림의 자연에 가까운 것만 못하다"고 하여, 채찍과 각인 등 말의 자연성을 상실시키는 외부적 억압요소 배제를 의도하여, 자연성을 중시하는 작자의 풍모를 그려내고 있다. 끝 두 구에서는 자신의 본질적인 자아를 버리면서까지 등용을 바라지는 않고 있는 자부심 강한 자아형상도 반영하고 있다.

3. 공밀주의 칠언절구 5수에 화답하여, 其三, 동쪽 난간의 배꽃
和孔密州五絶, 其三, 東欄梨花

배꽃은 담담한 흰 빛 버들은 짙은 푸른 빛
버들개지 펄펄 날리는 봄에 배꽃이 온 성안에 만발했다.
가련하구나, 동쪽 난간에 핀 두 그루 눈처럼 흰 배꽃
사람의 한 세상에 몇 번이나 청명절을 볼 것인가.

> 梨花淡白柳深靑, 柳絮飛時花滿城.
> 惆悵東欄二株雪, 人生看得幾淸明.
> (卷15)

주석

❂ 孔密州(공밀주) : 공종한(孔宗翰). 자(字)는 주한(周翰). 그는 동파를 이어 후임 밀주지주(密州知州)가 되었으므로 이렇게 말하였다.

❂ 五絶(오절) : 절구(絶句) 5수.

❂ 東欄(동란) : 동쪽 난간. 동쪽 울타리.

❂ 二株雪(이주설) : 어떤 판본에는, "일주설(一株雪)".

❂ 淸明(청명) : 청명절. 절기의 하나. 춘분과 곡우의 사이로, 양력 4월 5-6일쯤.

해제 동파가 42세(熙寧4년, 1077년), 4월 밀주지주(密州知州)로부터 서주지주(徐州知州)로 부임했는데 이 시는 서주에 온 이후에 지었다. 시가 청려하고 정취가 있다. 1, 2구는 경치를 묘사해 버들개지로 배꽃을 부각시켰고, 온 성에 버들개지와 배꽃이 서로 어우러지는 봄 경치를 그렸다. 3, 4구는 동쪽 난간의 배꽃을 묘사하면서 아울러 인생의 유한성 및 오래 감상하지 못하는 담담한 애상을 느끼게 한다.(王王)

봄에 떨어지는 배꽃을 보면서 앞으로 몇 번의 청명절을 볼 것인가라고 인생의 유한성을 읊은 시이다. 시간의 흐름에 대한 안타까움이 내재되어 있다.

4. 사마광의 독락원
司馬君實獨樂園

푸른 산이 지붕 위에 있고
흐르는 냇물은 집 아래 있다.
그 가운데 다섯 무(畝)의 정원이 있어
꽃나무와 대나무가 수려하고도 야성미가 넘친다.

꽃향기가 지팡이와 신발에 들어오고
대나무의 푸른빛이 술잔에 배어있다.

한 동이 술로 사라지는 봄을 즐기고
바둑으로 긴 여름을 보낸다.

낙양은 예로부터 많은 선비들이 있는 곳
풍속은 아직도 우아함을 지니고 있다.
선생은 그곳에 누워 밖으로 나오지 않았어도
갓 쓰고 수레 탄 선비들이 모여들어 낙양모임이 결성되었다.

비록 많은 사람과 함께 즐긴다고 하나
그 가운데 홀로 즐기는 낙이 있다.
재능이 완전한데도 덕을 드러내지 않으니
귀한 것은 나를 알아주는 이 적은 것이라.

선생께서는 홀로 무슨 일을 하시는가?
온 세상이 나와서 좋은 정치하시길 바라고 있다.
아이들도 선생의 자(字)인 군실(君實)을 외우고
낮은 관리들도 사마광 그대를 안다네.

이 덕망을 가지고 어디로 돌아가려는지요
조물주께서 나[사마광]를 버리지 않으시리.
명성은 우리를 쫓아 다니는 것이어서
(당신 홀로 물러나 있게 하지 않을 것이니)
이 병은 하늘이 천형(天刑)을 주어 (죄수가 입는) 붉은 옷 입게
하신 것이라.

손뼉을 치며 웃네
선생께서 근래에 벙어리 흉내 내심을.

青山在屋上,　流水在屋下.
中有五畝園,　花竹秀而野.
花香襲杖履,　竹色侵杯斝.
樽酒樂餘春,　棋局消長夏.
洛陽古多士,　風俗猶爾雅.
先生臥不出,　冠蓋傾洛社.
雖云與衆樂,　中有獨樂者.
才全德不形,　所貴知我寡.
先生獨何事,　四海望陶冶.
兒童誦君實,　走卒知司馬.
持此欲安歸,　造物不我捨.
名聲逐吾輩,　此病天所赭.
撫掌笑先生,　年來效瘖啞.
(卷15)

주석

● **司馬君實**(사마군실) : 사마광(司馬光). 자(字)는 군실(君實), 호(號)는 우수(迂叟). 섬주(陝州) 속수(涑水)사람. 북송의 저명한 역사학자로, 『자치통감(資治通鑑)』을 편찬하였다. 영종(英宗), 인종(仁宗), 신종(神宗), 철종(哲宗)에 걸쳐 벼슬을 역임하였다. 희녕초(熙寧初)에 신법을 반대하여, 관직을 그만두고 15년 동안 낙양(洛陽)에 거주하며 독락원(獨樂園)을 지어 은거하였다. 동파는 당시 정치적으로 사마광과 같은 노선을 걸었고, 시를 지어 그를 찬미하였다.

● **獨樂園**(독락원) : 사마광이 낙양에 은거하였을 때 지은 정원.

● **斝**(가) : 고대의, 옥(玉)으로 만든 주둥이가 둥글고 다리가 셋 달린

술잔.

✿ 爾雅(이아) : 문화가 돈후하다. 옛 도를 지니고 있다. 고풍(古風)에 가깝다.

✿ 臥不出(와불출) : 은거하여 관직을 맡지 않다.

✿ 洛社(낙사) : 백거이(白居易)는 관직을 그만두고 낙양(洛陽)에 거주하며 향산(香山)에서 모임을 가졌는데, "낙사(洛社)"라고 한다. 여기서는 백거이(白居易)로써 사마광(司馬光)을 비유하였다.

✿ 四海望陶冶(사해망도야) : 천하가 모두 사마광이 나와서 관직을 맡아 백성들을 교화하기를 바라다.
陶冶(도야) : 질그릇을 굽거나 쇠붙이를 불리다. 인격, 품성 따위를 수양하다.

✿ 名聲逐吾輩, 此病天所赭(명성축오배, 차병천소자) : 사람이 성대한 이름을 누리는 것은 또한 하나의 병이니, 마치 하늘이 자의(赭衣)를 주어 자유롭지 않게 하는 것과 같다.
赭(자) : 붉은 색. 자의(赭衣)는 옛날 죄수가 입는 붉은 옷.

✿ 撫掌(무장) : 박수치다. 손바닥을 어루만지다.

✿ 年來效瘖啞(연래효음아) : 근래에 아무 상소도 하지 않고 벙어리 흉내를 내다. 사마광은 은거한 후 정치에 관해 얘기하지 않고, 스스로 "우수(迂叟)"라고 호(號)하였다.

해제 42세(熙寧10년, 1077년) 5월, 서주(徐州)에서 지었다. 당시 동파는 신법을 반대하였으므로, 시를 지어 낙양에서 은거하고 있는 사마광(司馬光)의 높은 이름을 숭앙하였다. 그러나 훗날 원풍 연간에 사마광이 기용된 후 신법을 모두 폐지해 버리자, 동파는 사마광의 시정방침에 이견을 내세워 불만을 표현하기도 하였다.

여기서는 독락원의 자연적인 배경과 사마광이 은거생활의 즐거움을 만끽함을 표현하면서, 그가 세상으로 나와서 정치에 관여하여 좋은 업적을 낼 수 있기를 희망하고 있다.

5. 양관사, 3수, 其三, 중추절의 달
陽關詞, 三首, 其三, 中秋月

저녁 구름 다 걷히자 맑고 싸늘한 기운 넘치는데
은하수는 소리도 없이 하늘에 옥 소반 같은 달을 굴린다.
이내 인생 이 밤은 길이 좋을 수는 없으니
밝은 달을 내년에는 또 어디서 보게 될까.

   暮雲收盡溢淸寒, 銀漢無聲轉玉盤.
   此生此夜不長好, 明月明年何處看.
   (卷15)

주석

✪ 陽關詞(양관사) : 고대 송별의 곡으로, 원래 성조를 논하지 않고, 단지 삼첩(三疊)을 논했다. 바로 말미의 구절을 중첩하여 세 번 노래하는 것이므로, 「양관삼첩(陽關三疊)」이라고 불렀다. 또 「위성곡(渭城曲)」이라고도 불렀는데, 왕유(王維)의 「송원이사안서(送元二使安西)」 시로 인해 이름을 얻었다. 동파의 이 「양관사(陽關詞), 중추월(中秋

月)」은 완전히 「위성곡(渭城曲)의 평측(平仄)에 따라 썼다.
- **銀漢**(은한) : 은하수.
- **玉盤**(옥반) : 옥 소반. 둥근 달을 가리킨다. 이백(李白), 「고랑의 달노래(古郞月行)」, "어렸을 때 달을 알지 못해, 백옥 소반이라고 불렀다(小時不識月, 呼作白玉盤)."
- **此生此夜不長好**(차생차야불장호) : 이 인생과 이 밤이 길이 좋을 수는 없고. 순간적이라는 의미이다.
- **明月明年何處看**(명월명년하처간) : 작자 자신이 떠돌이신세라는 의미가 함축되어 있다.

해제 42세(熙寧 10년, 1077년) 중추절에 서주(徐州)에서 지었다. 이해 동파는 서주지주로 부임하라는 명을 받고 4월에 부임하였다. 아우 소철(蘇轍)은 형을 모시고 서주에 가서 함께 백 여일을 머무르다가 중추절 후에 떠나갔다. 칠년 이래, 그들은 첫 번째로 함께 중추절을 보내게 된다. 이별이 임박하자 이별의 정서가 충만해진다. 동파는 「양관사」의 곡조로 이 시를 지었는데, 실제로 석별시임을 알 수 있다. 3, 4구는 인생의 보편적인 헤어지고 만나는 정을 띠고 있어 인구(人口)에 회자되고 있다.(徐)

동파는 훗날 59세(紹聖 元年)에, 혜주(惠州)에 유배되어, 이 시에 대해 다시 기록했다. "나는 18년 전 중추절에, 아우 자유와 팽성(彭城 : 徐州)에서 달을 볼 때 이 시를 지었다. 「양관(陽關)」으로 노래하였다."

이 시는 동파사집(東坡詞集)에도 보인다.

6. 한간의 말 열네 필
韓幹馬十四匹

두 필의 말이 나란히 달려 여덟 발굽 모여 가지런하고
두 필은 완연히 목 갈기와 꼬리털이 가지런하다.
한 말은 앞발로 땅 디디고 뒷다리 두 개 들어 발길질하고
한 말은 문득 뒷걸음질해 피하며 길이 울부짖는다.

수염이 허연 늙은 말먹이꾼이 말 타고 돌아보니
전생에 말이었는지 말(馬)과 말(語)이 통한다.
뒤의 여덟 필은 물마시고 어정어정 걸으며
작은 물이 흐르는 시냇물에 가 입을 대니 꿀떡꿀떡 물 마시는 소리 들리는 듯.

앞 말은 도랑물 건너가 숲을 나가는 학처럼 목을 빼고
뒷말은 건너가려다가 학처럼 고개 숙여 땅에서 주워 먹는 듯.
제일 끝의 한 말은 말 가운데 용마(龍馬)인데
소리치지도 움직이지도 않고 꼬리로 바람내더라.

한간(韓幹)이 그린 말은 진짜 말 같고
내가 지은 시는 그 그림을 보는 것 같다.
세상에는 말 관상을 잘 보는 백락(伯樂)이 없고 또 말 잘 그리는 한간(韓幹)도 없으니
이 시와 이 그림을 누가 보아줄까?

二馬幷驅攢八蹄, 二馬宛頸騣尾齊.
一馬任前雙擧後, 一馬却避長鳴嘶.
老髯奚官騎且顧, 前身作馬通馬語.
後有八匹飮且行, 微流赴吻若有聲.

前者旣濟出林鶴, 後者欲涉鶴俯啄.
最後一匹馬中龍, 不嘶不動尾搖風.
韓生畵馬眞是馬, 蘇子作詩如見畵.
世無伯樂亦無韓, 此詩此畵誰當看.
(卷15)

주석

◉ **韓幹**(한간) : 당(唐) 현종(玄宗) 때의 말을 그리는 명화가.

◉ **奚官**(해관) : 말을 기르는 관리. 당(唐) 현종(玄宗) 때에, 해족(奚族 : 東胡)사람을 써서 말을 기르고 훈련하게 했다. 해족사람은 대개 긴 수염을 길렀다.

◉ **最後一匹**(최후일필) : "후유팔마(後有八匹)" 가운데의 한 마리.

◉ **伯樂**(백락) : 사람이름. 춘추시대의 말의 관상을 잘 보는 사람. 한유(韓愈), 「잡설(雜說)」, "천리마는 항상 있되, 백락은 항상 있지 않다(千里馬常有, 而伯樂不常有)."

해제 42세(熙寧10년, 1077년) 3월에 서주(徐州)에서 지었다. 이는 한간(韓幹)의 말 그림을 보고 지은 제화시(題畵詩)로, 14필 말의 개별적 동작을 생동적으로 묘사하여 말의 형상특징을 드러내고 있다. 먼저 6필의 말의 동작을 묘사하고, 이어서 말먹이꾼이 말

(馬)의 말[언어]에 통한다고 하여 말먹이꾼과 말(馬)의 상호교감을 묘사하였다. 그 다음에 8필의 말이 꿀떡꿀떡 물을 마시는 소리를 연상해 내고 그 가운데 3필을 선택하여 개성적인 동작을 구체적으로 묘사하고 있다.

　13-14구에서 동파는 "한간이 그린 말은 진짜 말과 같고, 자신이 지은 시는 그림을 보는 것과 같다"고 하여, 한간의 그림솜씨와 자신의 시 짓는 솜씨가 사실적이요 생동적임을 밝히고 있다. 이처럼 그는 한간 그림의 핍진성을 표출하고, 아울러 그림을 묘사한 자신의 시의 핍진성에 대해서도 자부하고 있다. 이것은 그가 형사(形似 : 형태의 핍진함)의 기초를 중시하고 있으며, 아울러 시와 그림이 별개가 아니라 하나로 합일할 수 있는 가능성을 실제작품에서 보여준 것이다. 마지막 두 구에서는 당시 세상에서는 말의 능력을 인정해 주는 백락(伯樂)도 없고 한간같이 말을 그리는 능력이 빼어난 자도 없다고 하여, 이러한 현실에 대해 은근히 탄식을 하고 있다. 이는 묵시적으로 자신의 능력과 자질은 뛰어난데도 당쟁의 와중에서 고통을 느끼고 있음을 대변하고 있다고도 여겨진다.

7. 맹교의 시를 읽고, 2수, 其一
讀孟郊詩二首, 其一

밤에 맹교의 시를 읽으니
자잘한 글자가 소털처럼 가느다랗다.
차가운 등불이 뿌연 눈[眼]에 비추니
멋진 시구 때로 한 번 만난다.

외로운 꽃 같은 시구가 거칠고 무성한 시 속에 뛰어나고
고달픈 시어에 시경(詩經)과 이소(離騷)의 흔적이 풍겨난다.
물이 맑아 돌이 선명하고
물 복판에서 급류가 쏟아져 삿대질 할 수 없네.

처음에는 자잘한 고기를 먹는 것 같아
얻은 바가 읽는 수고로움을 보상 못하고
또 자잘한 게를 지지는 것 같아
종일 먹어도 빈 게 다리를 들고 있는 것 같다.

요컨대 가도처럼 청아하긴 하지만
한유같은 호걸에는 당하지 못하네.
인생은 아침이슬같이 짧은데
(이 시집을 읽느라) 밤낮으로 등불로 기름만 태우네.

어찌 괴롭게 두 귀를 가지고
이 차가운 가을벌레 같은 맹교의 시를 듣고 있으랴

차라리 모두 그만두고
허연 막걸리를 마시는 게 낫겠네.

> 夜讀孟郊詩,　細字如牛毛.
> 寒燈照昏花,　佳處時一遭.
> 孤芳擢荒穢,　苦語餘詩騷.
> 水清石鑿鑿,　湍激不受篙.
> 初如食小魚,　所得不償勞.
> 又似煮彭蚏,　竟日持空螯.
> 要當鬪僧清,　未足當韓豪.
> 人生如朝露,　日夜火消膏.
> 何苦將兩耳,　聽此寒蟲號.
> 不如且置之,　飮我玉色醪.
> (卷16)

주석

✿ 孟郊(맹교) : 당(唐)의 시인, 자(字)는 동야(東野).

✿ 昏花(혼화) : 어두운 꽃. 뿌연 눈[眼].

✿ 詩騷(시소) : 『시경(詩經)』과 「이소(離騷)」.

✿ 鑿鑿(착착) : 선명한 모양.

✿ 彭蚏(팽월) : 게와 비슷하나 작다.

✿ 僧(승) : 가도(賈島). 일찍이 스님이 되었는데, 이름이 무본(無本)이다. 그의 시는 맹교(孟郊)와 이름을 나란히 하였다.

✿ 韓(한) : 한유(韓愈)를 가리킨다.

✿ 要當鬪僧清, 未足當韓豪(요당투승청, 미족당한호) : 맹교(孟郊)의 시

六. 서주지주(徐州知州) 시절

는 단지 가도(賈島)의 청한(淸寒)한 시풍과 비교할 수 있지, 한유의 호걸스런 시풍에는 비교할 수 없다.
- **聽此寒蟲號**(청차한충호) : 동파는 시가에서 고통스런 시어[苦語]를 쓰는 것을 반대하였다.

해제 이 시는 43세(원풍원년, 1078년)에 지었다. 동파는 「제유자옥문(祭柳子玉文)」에서 "맹교는 차갑고, 가도는 깡말랐다(郊寒賈瘦)"라는 설을 제기하여, 맹교(孟郊)와 가도(賈島)의 시풍의 주요특징에 대해 핵심적으로 개괄을 하였다. 맹교는 차갑고 고통스러운[寒苦] 시어를 짓는 것을 좋아하였는데, 이는 동파가 좋아하지 않는 것으로서, 이 시에서 "차가운 가을벌레 같은 소리"라고 배척하였다. 이는 동파 본인의 미학취미와 감상심리를 반영하고 있다. 그러나 맹교시에 대한 평가는 그 실제를 지나치는 면이 있음을 면하지 못하고 있다. 그는 이 시의 其二에서 맹교시의 진지한 감정과 악부민가의 특색을 흡수한 것 등의 장점을 긍정적으로 보고 있기도 하다. 이 시의 현저한 특색은 박유(博喩)를 잘 활용한 것인데, 연속해서 4개의 비유를 하고 있다. 바로 "외로운 꽃 같은 시구(孤芳)", "물이 맑아(水淸)", 자잘한 고기를 먹는 것 같아(食小魚)", "자잘한 게를 지지는 것 같아(煮彭蟛)"로써, "멋진 시구 한 번 만난다(佳處時一遭)"를 형용하고 있다. 이는 작자의 풍부한 상상력과 웅대하고 분방한 풍격을 보이고 있다.(王王)

8. 속여인행
續麗人行, 幷引

이중모의 집에 주방의 그림이 있어, 하품하고 기지개 펴는 궁녀가 등지고 있는데, 극히 잘 그렸으니, 유희삼아 이 시를 짓는다.

　　李仲謀家有周昉畫背面欠伸內人,
　　極精戲作此詩.

깊은 궁중엔 사람은 뵈질 않고 봄낮만 길어
침향정(沉香亭) 북쪽에는 온갖 꽃향기 짙어라.
미인이 낮잠 자다 일어나 엷게 머리 빗고 세수하니
제비가 춤추고 꾀꼬리 울어대어 부질없이 애가 탄다.

화공(畫工)이 미인의 무궁한 뜻 그리려 하니
봄바람을 등지고 서서 막 잠깬 모습이라.
만일 그 미인을 머리 돌려 한 번 빙그레 웃게 한다면
양성(陽城)과 하채(下蔡)의 귀공자들 모두 넋을 잃으리라.

두릉(杜陵)의 배고픈 나그네 두보(杜甫)는 오랫동안 눈빛 서늘해져서
다리 저는 나귀 타고 해진 모자 쓰고 금 안장 말을 탄 귀공자들을 따른다.
꽃나무 건너 물가에 임해 미인을 흘깃 본 것이

그저 앞 얼굴 못 보고 등 뒤만 바라보았었구나.

마음에 취해 초가집에 돌아와서야
바야흐로 인간세상에서 서시(西施)같은 아리따운 여자가 있음을 믿었다.
그대는 보지 못했는가?
맹광이 남편에게 공경하길 밥상을 눈썹만큼이나 받들어 올렸다지
어찌 일찍이 얼굴을 등지고 돌아서 봄을 슬퍼해 울었던가.

深宮無人春日長, 沉香亭北百花香.
美人睡起薄梳洗, 燕舞鶯啼空斷腸.
畵工欲畵無窮意, 背立東風初破睡.
若敎回首各嫣然, 陽城下蔡俱風靡.
杜陵飢客眼長寒, 蹇驢破帽隨金鞍.
隔花臨水時一見, 只許腰肢背後看.
心醉歸來茅屋底, 方信人間有西子.
君不見
孟光擧案與眉齊, 何曾背面傷春啼.
(卷16)

주석

❋ 李仲謀(이중모) : 미상.

❋ 周昉(주방) : 자(字)는 경원(景元 : 일설에는 仲郞. 장안(長安)사람. 당대(唐代)의 화가로 귀족 부녀의 그림을 잘 그렸다.

❋ 內人(내인) : 궁녀. 당대(唐代) 교방(敎坊)의 가기(歌妓)를 지칭한다.

❂ 續麗人行(속여인행) : 두보(杜甫)의 「여인행(麗人行)」을 따라지은 것이다. 「여인행」은 두보가 지은 것으로, 양국충(楊國忠)의 형제자매 및 기타 귀족들이 곡강(曲江) 교외에 놀이 간 정경을 묘사하였다. 동파는 고의로 이 그림 가운데에서 "하품하고 기지개를 펴는 궁녀가 등지고 있는" 것을 두보의 시 가운데의 인물로 가정하여, 속편을 지었다. 시어에 조롱과 유머가 많다.

❂ 沈香亭(침향정) : 당(唐) 흥경궁내(興慶宮內 : 지금의 西安 興慶公園 內)에 있다. 현종(玄宗)이 진공(進供)받은 침향목(沈香木)으로 지었다. 현종은 일찍이 그의 귀비(貴妃) 양옥환(楊玉環)과 이곳에서 꽃을 감상하였는데, 이백(李白)을 불러 시를 짓게 했다.

❂ 薄梳洗(박소세) : 엷게 화장하다.

❂ 空斷腸(공단장) : 부질없이 애가 타다. 마음이 싱숭생숭하다.

❂ 初破睡(초파수) : 막 잠에서 깨다.

❂ 若敎回首各嫣然, 陽城下蔡俱風靡(약교회수각언연, 양성하채구풍미) : 송옥(宋玉), 「등도자호색부(登徒子好色賦)」, 그 동쪽 이웃 여자가 "빙그레 한 번 웃어, 양성과 하채의 귀공자들을 미혹시킨다(嫣然一笑, 惑陽城, 迷下蔡)."

嫣然(언연) : 상긋 웃다. 예쁘게 웃는 자태.

陽城(양성), 下蔡(하채) : 옛날 초(楚)나라 현(縣)의 명칭으로 귀족들을 봉한 곳이다.

❂ 風靡(풍미) : 경도(傾倒)되다. 여기서는 바람에 풀이 쏠리듯이 정신을 빼앗김을 의미한다.

❂ 杜陵飢客(두릉기객) : 두보(杜甫)를 가리킨다.

❂ 隔花臨水時一見, 只許腰肢背後看(격화림수시일견, 지허요지배후간) : 두보(杜甫), 「여인행(麗人行)」, "3월 3일에 하늘 기운 새로우니, 장안의 물가에 고운 여인 많네(三月三日天氣新, 長安水邊多麗人)", "등 뒤엔 무엇이 보이는가? 구슬 박은 허리 옷자락 온전히 몸매에 맞네

(背後何所見, 珠壓腰衱穩稱身)." 여기서는 두보가 곤궁하고 낙백(落魄)하여, 단지 우연히 한 번 고운 여인의 뒷모습을 볼 수 있었다는 것을 가리킬 뿐이다. 의미에 조롱이 포함되어 있고, 아울러 서문의 "하품하고 기지개 펴는 궁녀의 뒷모습"과 조응된다.

隔花臨水時一見(격화임수시일견) : 미인을 가까이서 보지 못하고 거리를 두고 본 것을 가리킴.

✪ 君不見孟光擧案與眉齊, 何曾背面傷春啼(군불견맹광거안여미제, 하증배면상춘제) : 이는 일반 가정의 부부가 서로 손님처럼 공경하는 것으로써, 궁녀 생활의 고민과 슬픔을 두드러지게 하고 있다. 고대의 어진 여인 맹광과 정신이 공허하여 봄의 시름에 잠긴 아름다운 여인과 대비하였다.

孟光(맹광) : 양홍(梁鴻)의 아내.

擧案齊眉(거안제미) : 밥상을 눈썹 높이만큼이나 받들어 옮김. 아내가 남편을 공경함이 대단함을 이름. 후한(後漢)의 양홍(梁鴻)과 그의 아내인 맹광과의 고사에서 온 말.

해제 43세(元豊元年, 1078년), 서주(徐州)에서 지었다. 이는 직접적으로는 얼굴을 등지고 하품하고 기지개를 하는 미인을 그린 주방(周昉)의 그림을 본데서 연유하며, 간접적으로는 곡강(曲江)의 교외에서 노니는 당대(唐代) 귀족부녀를 묘사한 두보(杜甫)의 「여인행(麗人行)」을 출발점으로 하여, 동파가 유희 삼아 지은 미인에 대한 시이다. 작자는 7, 8구에서 원래의 그림이 미인의 앞모습을 드러내지 않고 뒷모습만을 보이고 있다고 묘사하고, 그 미인을 머리 돌려 한 번 빙그레 웃게 한다면 귀공자들이 넋을 잃게 할 것이라고 하였다. 이것은 감춤의 미학이라고 할 수 있는데, 미인의 앞모습을 감춤으로써 역설적으로 그 미인의 미를 상상하게 하여 암암리에 그 미인형상을 더욱 부각시키고 있다.

9. 변재법사가 다시 상천축사로 돌아갔다는 이야기를 듣고, 시를 지어 희롱삼아 묻는다
聞辯才法師復歸上天竺, 以詩戱問

도인[변재법사]이 산을 떠나간 후
산색은 꺼진 재처럼 생기를 잃었네.
흰 구름은 웃음을 알지 못하고
푸른 소나무는 슬퍼하고 있었네.

홀연히 도인이 돌아왔다는 소식을 듣고서는
새가 지저귀고 산의 모습이 피었네.
머리 위로부터 오색의 보배로운 빛이 솟아나온 듯하고
법우(法雨)는 뜬 먼지를 씻어주네.

남쪽 북쪽 산을 생각해보니
꽃이 앞 뒤 누대에 피었네.
소리 내어 도인에게 물어보아
"선(禪)을 빌어 해학으로 농담하네만,

(예전에) 무엇을 듣고 산을 나갔으며
(지금) 무엇을 보고 돌아오셨소."
도인은 대답하지 않고 웃기만 하시니
이 뜻 어디에 있는가.

지난해는 본래 머물러 있지 않고

지금 또한 온 것이 아니네.
이 말은 결국 옳지 않으니
이제 흰 양매(楊梅)나 먹자꾸나.

　　　道人出山去,　山色如死灰.
　　　白雲不解笑,　青松有餘哀.
　　　忽聞道人歸,　鳥語山容開.
　　　神光出寶髻,　法雨洗浮埃.
　　　想見南北山,　花發前後臺.
　　　寄聲問道人,　借禪以爲談.
　　　何所聞而去,　何所見而回.
　　　道人笑不答,　此意安在哉.
　　　昔年本不住,　今者亦無來.
　　　此語竟非是,　且食白楊梅.
　　　(卷16)

주석

❈ 辯才(변재) : 이름은 원정(元淨), 자(字)는 무상(無象)으로, 오잠(於潛) 사람이다. 항주의 상천축사(上天竺寺) 주지로 17년간 있었다. 동파가 항주통판으로 있을 때, 일찍이 「증상천축변재사(贈上天竺辯才師)」시를 지었다. 후에 승(僧) 문첩(文捷)에게 배척당해 절을 떠났다. 문첩이 실패한 후, 변재(辯才)는 다시 상천축사의 주지가 되었다.

❈ 神光出寶髻, 法雨洗浮埃(신광출보계, 법우세부애) : 『능엄경(楞嚴經)』, "석가세존은 머리 위로부터 오색의 보배로운 빛이 솟아난다(世尊從肉髻中涌百寶光)." 『법화경(法華經)』에서는, "법우(法雨)"로서 부처가

설법하는 청정미묘(淸淨微妙)를 비유하여, 청정하여 만물을 적실 수 있다고 하였다.
- 詼(회) : 해학. 익살.
- 白楊梅(백양매) : 『항주도경(杭州圖經)』에서, 남산(南山)의 근서봉(近瑞峰)에 붉은 양매(楊梅)와 흰 양매가 있는데, 항주 사람은 흰 양매를 "성승매(聖僧梅)"라고 칭하였다고 한다.

해제 43세(원풍원년, 1078년)에 서주(徐州)에서 지었다. 변재(辯才)는 계율에 정통하고 선승(禪乘)에도 통하였다. 이 시는 전반부에서는 의인법과 대비법을 사용하여 변재의 덕행이 깊고 넓음을 찬미하였고, 후반부에서는 선어(禪語)를 써서 해학적으로 표현하였으니, 또한 선(禪)과 율(律)이 두 가지 이치가 없다는 것이다. 소자유(蘇子由)는 「변재법사탑명(辯才法師塔銘)」에서, "마음에는 정(定)과 혜(慧)를 구비하였고, 학문에는 선과 율을 구비하였다(心具定慧, 學具禪律)"고 하였다.(吳夏蕭)

10. 정호조를 보내며
送鄭戶曹

강물이 팽성루를 휘돌며 흐르고
산은 희마대를 둘러싸고 있는
예부터 호걸들 활약하던 이 고장
천년이 지나서도 슬픈 사연 남아 전하네.

(이 고장 출신의) 우뚝한 콧날의 유방은 하늘로 날아 올라가 버렸고
(이곳에 도읍했던) 겹눈동자의 항우도 재가 되어 없어졌으며
이곳 백문에선 여포가 조조에게 항복했었고
(당나라의) 큰 별 이광필은 임회 땅에서 죽었다네.

더 생각하면 남조 송무제 유유는
술상 차려놓고 이곳을 배회하였다지.
근래에 와선 이 땅에 인재들 활동 적막해져서
황폐한 밭에는 푸른 이끼만 더부룩하네.

강물은 백보홍에서 출렁이며 소리쳐 흐르고
산줄기는 구리산에 이르러 맴돌고 있어
산과 물이 서로 부딪히니
밤이면 소리가 휘몰아치는 바람에 우레 치듯 변하네.

호호탕탕하게 흐르는 청하 언덕가의

황루는 내가 세운 것이네.
가을에는 달이 성 모퉁이를 돌아서 지고
봄이면 산들바람이 술잔의 술을 찰랑이게 했었지.

그대가 늦게 좌석에 손님으로 낄 때면
구슬같이 영롱한 새로운 시가 쏟아져 나왔었지.
황루가 낙성되자 그대 떠나가게 되니
사람의 일은 진실로 어긋남이 많구려.

훗날 그대 돌아다니다가 여행에 지쳐
흰 머리로 귀거래사를 부르며 이 고향 찾아와서는
황루에 올라 길게 휘파람 불 때면 생각하겠지
'사군(동파를 가리킴)은 어디에 가 있을까'라고.

水繞彭城樓,　山圍戲馬臺.
古來豪傑地,　千載有餘哀.
隆準飛上天,　重瞳亦成灰.
白門下呂布,　大星隕臨淮.
尚想劉德輿,　置酒此徘徊.
爾來苦寂寞,　廢圃多蒼苔.
河從百步響,　山到九里回.
山水自相激,　夜聲轉風雷.
蕩蕩淸河壖,　黃樓我所開.
秋月墮城角,　春風搖酒杯.
遲君爲座客,　新詩出瓊瑰.
樓成君已去,　人事固多乖.

他年君倦游,　白首賦歸來.
登樓一長嘯,　使君安在哉.
(卷16)

주석

● 鄭戶曹(정호조) : 정근(鄭僅). 자(字)는 언능(彦能), 팽성(彭城)사람.

● 彭城樓(팽성루) : 서주(徐州) 팽성현(彭城縣)은 팽조(彭祖)로 인해 이름을 얻었다. 서주(徐州) 자성(子城) 동북쪽에 있다. 팽조는 전설에 전욱(顓頊)의 현손(玄孫)으로 은(殷)나라 때까지 살아있었다고 한다. 당시 이미 700여세라고 한다. 요(堯)임금은 그를 서주(徐州)에 봉하여, 대팽지국(大彭氏國)이라고 하였다. 어떤 판본에는, "팽조루(彭祖樓)"라고도 한다.

● 戲馬臺(희마대) : 서주성(徐州城) 남쪽에 있는데, 항우(項羽)가 지은 것이라고 한다.

● 隆準(융준) : 콧날이 높고 우뚝한 모습. 한(漢) 고조(高祖) 유방(劉邦)을 가리킨다. 『사기(史記)』, 「고조본기(高祖本紀)」에, "고조의 용모는 코가 높고 용안(龍顔)이다"라고 하였다. 그는 패풍읍(沛豐邑) 사람인데, 패풍읍은 서주(徐州)에 속한다.

● 重瞳(중동) : 겹눈동자 항우(項羽)를 가리킨다. 『사기(史記)』, 「항우본기(項羽本紀)」에, 그는 "눈동자가 두 개이며", "스스로 서초패왕(西楚霸王)이 되어서 9개의 군[九郡]의 왕 노릇을 하여, 팽성(彭城)에 도읍하였다"고 한다.

● 白門下呂布(백문하여포) : 『삼국지(三國志)・위지(魏志)』, 「여포전(呂布傳)」에, 여포(呂布)는 서주(徐州)를 지키고 있었는데, 조조(曹操)는 "스스로 여포를 정벌하여 그 성문 아래 이르러", 삼개월동안 포위하였다. "여포는 그 휘하들과 함께 백문루(白門樓)에 올랐다. 군대가 급

박하게 포위하자, 내려와 항복하였다." 후에 조조에 의해 목 졸라 살해되었다. 백문루(白門樓)는 하비성(下邳城)의 남문(南門)이다.

✪ **大星隕臨淮**(대성운임회) : 대성(大星)은 이광필(李光弼)을 가리킨다. 보응 원년(寶應元年)에 임회왕(臨淮王)에 봉해졌고, 광덕(廣德) 2년에 서주(徐州)에서 죽었다.

✪ **劉德輿**(유덕여) : 남조(南朝) 송 고조(宋高祖) 유유(劉裕).『송서(宋書)』,「무제본기(武帝本紀)」, "고조(高祖) 무황제(武皇帝)는 휘(諱)가 유(裕)이며, 자(字)는 덕여(德輿)이다. 어릴 때 이름은 기노(寄奴)이며, 팽성현(彭城縣) 수여리(綏輿里)사람이다."

✪ **河從百步響**(하종백보향) : 곧 백보홍(百步洪)으로, 동산현(銅山縣) 동남쪽에 있는데, 서주홍(徐州洪)이라고도 한다. 사수(泗水)는 이곳을 거쳐 지나간다. 홍(洪)은 돌방죽(石堰)이다.『한어대사전(漢語大詞典)』에 의하면, '홍(洪)'은 강이 갑자기 좁아지고 물살이 급한 곳을 말한다.

✪ **九里**(구리) : 구리산(九里山)으로, 서주(徐州)의 북쪽에 있다.

✪ **壖**(연) : 강가의 땅.

✪ **黃樓**(황루) : 서주성(徐州城) 동문 위에 있는 누각으로, 동파가 지은 것이다.

✪ **遲**(지) : 기다리다. 늦다.

✪ **他年君倦游**(타년군권유) 4구 : 훗날 정근(鄭僅)이 고향에 돌아와 반드시 누각에 올라 나[동파]를 생각할 것이다.

✪ **使君**(사군) : 원님. 태수. 한 대(漢代) 이후, 주군(州郡)의 장관(長官)에 대한 존칭. 여기서는 동파를 가리킨다.

해제 43세(원풍원년, 1078년), 동파가 정근(鄭僅)을 서주(徐州) 황루(黃樓)에서 전송하며 지은 시이다. 먼저 황루의 지리적 배경을 서술하고 이어서 폭넓은 안목으로 서주와 관련된 역사적 인물들을 회고한 후, 정근과 헤어지는 서글픔을 시간의 추이에 따라 토로하고 있다.

1-4구는 강과 산으로 조화롭게 둘러싸인 황루의 공간적 배경을 묘사하였는데, 4구에서 작자의 감정도 이입시키고 있다. 5-10구에서는 서주와 관련된 시간적 배경을 묘사하였다. 역사적 인물들인 한고조 유방(劉邦)과 항우(項羽), 조조(曹操)와 여포(呂布), 이광필(李光弼), 남조(南朝) 송 무제(宋武帝) 유유(劉裕) 등을 대비시키며 등장시키어 무게 있고 굳건한 기상을 노출시키며, 이곳과 관련된 일세를 풍미하던 인물들도 다 세상을 떠났다고 회고하고 있다.

11-12구는 시간을 현재로 돌이켜 과거의 혁혁한 역사영웅들의 땅이 황량한 밭으로 변한 현재의 모습을 상호 대비시키고 있다. 13-15구는 다시 현재의 공간적 배경을 묘사하여 황하와 산이 교차되는 자연 속에서 무언의 내적 합일의 장엄한 소리를 들을 수 있도록 묘사하고 있다.

17-18구는 강가 언덕에 서 있는 황루는 작자가 세운 것이라 밝히고 있다. 황루란 이름은 오행설에서 유래하는 것으로, 물의 상징은 흑색이고 물을 이기는 것은 흙이요 그 흙의 상징은 황색이다. 황하가 범람하여 물줄기를 바꾸어 서주성에 들이닥쳐 큰 홍수를 냈는데, 동파는 이 서주의 대홍수를 막아내고서, 그 공으로 받은 황제의 하사금으로 누대를 지어 황루라고 칭했다.

19-28구는 가을과 봄을 대구를 사용해 훌륭히 묘사하며, 본래의 의도인 정근과 헤어지는 슬픔을 파악하여 묘사하고 있다. 현재 황루가 낙성되자, 정근이 인생여로를 거쳐 훗날 늙어 이곳 고향에 돌아올 때면 작자는 그때쯤 다른 곳에 가 있으리라는 환로(宦路)에 떠도는 자신의 인생을 잘 예감하고 있다.

거시적 안목과 힘 있는 필치로 호걸의 고장 서주 황루의 시간적, 공간적 배경을 묘사한 송별시에 웅장하고 완약한 풍격과 동적인 분위기가 전편에 감돌고 있다.

11. 한가위 대보름 달밤에 자유에게 보내다, 3수
中秋月寄子由, 三首

11-1 其一

은근한 정 깊었던 작년 한가위 보름달
달빛이 너울너울 옛 성 동쪽을 비추는데
행색이 초췌한 작년의 그 사람 나는
지금 찢어진 창가에 아파 누워 있네.

달빛이 배회하며 나를 찾아
그윽하게 창문을 뚫고 비추어 주네.
저 달은 내가 아프다는 것을 어찌 알았을까
다만 떠들썩 노래하던 누각 이제 쓸쓸히 텅 빈 것만 보이네.

나는 베개를 어루만지고 서너 번 한 숨 쉬고서는
지팡이 짚고 일어나 달빛을 따라 나가네.
하늘의 바람은 나를 가여이 여기지 않아
나에게 불어 월궁에서 떨어지게 하네.

흰 이슬 가슴 속 깊이 파고들자
밤에 신음소리 가을벌레처럼 끙끙거리네.
앉아 이태백같은 호걸을
맹동야 같이 궁상스럽게 변화시켰네.

아! 남은 인생 얼마나 살게 될까
이 아름다운 한가위 달 어찌 자주 만날까.
물속의 찬 물고기도 나처럼 잠 못 이뤄
밤새도록 입만 벌름거리네.

殷勤去年月, 瀲灩古城東.
憔悴去年人, 臥病破窓中.
徘徊巧相覓, 窈窕穿房櫳.
月豈知我病, 但見歌樓空.
撫枕三嘆息, 扶杖起相從.
天風不相哀, 吹我落瓊宮.
白露入肺肝, 夜吟如秋蟲.
坐令太白豪, 化爲東野窮.
餘年知幾何, 佳月豈屢逢.
寒魚亦不睡, 竟夕相噞喁.
(卷17)

주석

❋ **去年月**(거년월) : 작년(熙寧10년) 중추절에 작자는 아우 소철(蘇轍)과 함께 서주(徐州)의 소요당(逍遙堂)에서 잤는데, 형제는 시사(詩詞)를 창화(唱和)하였다.

❋ **瀲灩**(염렴) : 물이 가득 차 넘치는 모양.

❋ **太白**(태백) : 이백(李白).

❋ **東野**(동야) : 맹교(孟郊).

❋ **噞喁**(엄옹) : 입 벌름거릴 엄. 입 벌름거릴 옹. 물속의 물고기가 물

위로 나와 공기를 호흡하는 모양.

해제 43세(원풍원년, 1078년)에 지었다. 한가위 대보름날에 아파서 누워 잠 못 들어 함을 묘사하고 있다. 더불어 작년 한가위에 동파는 아우 소철과 만나 같이 잔 것을 회상하고 있다.

11-2 其二

지난 육년간 매번 이 한가위 보름달을 보았건만
그 가운데 다섯 번을 우리 형제는 이별했었지.
그대가 작년 작별할 때 노래 부르니
온 좌석 사람들 듣고 처량히 목 메였지.

(그대가 있는) 남경은 진실로 번화하고 화려한지라
이 모임을 어찌 가벼이 포기하겠는가.
달빛 받아 온 세계가 은빛 넓은 호수 같고
천 길 높은 대궐에다 거울을 높이 건듯 밝다네.

삼경에 풍악소리 끝나고
사람 그림자 맑은 숲 그늘 사이로 요란히 흔들거리네.
북당 아래로 돌아오니
찬 달빛 이슬 맞은 잎 반짝이네.

술 불러내어 아내와 더불어 마시니
내 신세 생각해 아들에게 말하네.

어찌 알았으랴. 늙고 병든 뒤에
빈 잔으로 배[梨]와 밤[栗]만 대하고 있을 줄을.

다만 옛 황하 동쪽을 보니
달빛에 메밀꽃은 흰 눈을 헤쳐 놓은 것 같구나.
그대의 작년의 이별곡에 화답하려 하나
다시 가슴 저미어 심장 끊어질까 두렵구나.

六年逢此月,　　五年照離別.
歌君別時曲,　　滿座爲悽咽.
留都信繁麗,　　此會豈輕擲.
鎔銀百頃湖,　　挂鏡千尋闕.
三更歌吹罷,　　人影亂淸樾.
歸來北堂下,　　寒光翻露葉.
喚酒與婦飮,　　念我向兒說.
豈知衰病後,　　空盞對梨栗.
但見古河東,　　蕎麥花鋪雪.
欲和去年曲,　　復恐心斷絶.
(卷17)

주석

❋ **六年逢此月, 五年照離別**(육년봉차월, 오년조이별) : 동파의 자주(自注), "중추절에 달이 떴는데, 모두 6년이 되었다. 오직 작년에만, 아우 자유와 여기에서 만났다(中秋有月, 凡六年矣. 惟去歲與子由會于此)."

❋ **別時曲**(별시곡) : 소철(蘇轍)의 「수조가두(水調歌頭)・서주중추작(徐

州中秋作)」사(詞)를 가리킨다.

* **留都**(유도) : 남경(南京 : 應天府, 지금의 하남성 商丘)을 가리키는데, 유수사(留守司)가 설치되었으므로 그렇게 부른다. 소철(蘇轍)은 당시 남경(南京)에서 첨판(簽判)으로 재직하고 있었다.
* **去年曲**(거년곡) : 별시곡(別時曲), 바로 소철(蘇轍)의 「수조가두(水調歌頭)·서주중추작(徐州中秋作)」사(詞)를 가리킨다.

해제 작년 한가위에 아우 소철과 만났을 때를 회상하고, 지금 쓸쓸한 것을 묘사하고 있다.

12. 9월 9일 황루에서 짓다
九日黃樓作

작년 중양절 홍수는 기가 막혀 말할 수도 없었지
밤중에 서주 남성(南城)에는 천 군데나 물꼬가 터져
홍수로 성 아래가 뚫려 벼락 치는 소리를 내고
진흙이 성 꼭대기까지 가득 차서 흩뿌리는 비에 미끄러웠지.

명절인데도 국화주 가져다주는 사람 없이
해 저물어 돌아와 진흙 묻은 가죽신을 씻었었지.
어찌 알았으리요? 올해 다시금 중양절을 만나게 되어

국화꽃 마주하고 술잔 들고 마시게 됨을.

술맛이 좋지 못하고 예쁜 기생 아니라도 싫다 말게.
아무래도 진흙 속에서 삽질하던 작년보다는 낫다네.
황루가 새로 낙성되어 벽이 마르지 않았지만
청하의 수위 낮아지고 서리 하얗게 내린 시절이라.

아침에 일어나니 흰 안개가 가는 비와 같고
남산의 천 길 되는 높은 절은 보이지 않는다.
누각 앞에는 바다처럼 넓게 안개가 아득하고
누각 아래에는 까마귀 울음소리 같은 돛대의 소리 들린다.

엷은 추위가 사람을 병들게 함이 늙을수록 더욱 두렵고
뜨거운 술로 창자를 씻어 찬 기운을 누른다.
해가 뜨니 안개가 사그라져 어촌이 보이고
먼데 있는 물은 번쩍번쩍 산은 들쭉날쭉.

(좌석에는) 시인과 용맹한 선비가 용과 호랑이처럼 기세 좋게 어우러지고
초나라 춤과 오나라 노래가 거위와 오리처럼 시끄럽다.
한 잔 술로 권하니 그대는 사양하지 말게나.
오늘 이 경치 강남의 맑은 삽계에 배 띄우는 것과 어찌 다르랴.

> 去年重陽不可說, 南城夜半千漚發.
> 水穿城下作雷鳴, 泥滿城頭飛雨滑.
> 黃花白酒無人問, 日暮歸來洗靴襪.
> 豈知還復有今年, 把盞對花容一呷.

莫嫌酒薄紅粉陋,　終勝泥中千柄鍤.
黃樓新成壁未乾,　清河已落霜初殺.
朝來白霧如細雨,　南山不見千尋剎.
樓前便作海茫茫,　樓下空聞櫓鴉軋.
薄寒中人老可畏,　熱酒澆腸氣先壓.
煙消日出見漁村,　遠水鱗鱗山齾齾.
詩人猛士雜龍虎,　楚舞吳歌亂鵝鴨.
一杯相屬君勿辭,　此景何殊泛清霅.
(卷17)

주석

- 黃樓(황루) : 진관(秦觀),「황루부(黃樓賦)・인(引)」, "태수 소식(蘇軾)은 팽성(彭城)에 지주(知州)로 부임한 이듬해(元豊元年), 강물이 터진 것을 다스리자 백성은 다시 살아나게 되었다. 또 그 성을 수선하여 동문의 위에 황루를 지었다. 물(水)은 흙에 제압되는데, 흙의 색은 누르므로 황루(黃樓)라고 이름 지었다." 동파의「답범순보(答范淳甫)」시의 "유유황루임사수(惟有黃樓臨泗水)"구 아래 동파의 자주(自注), "군에 대청이 있는데, 세속에서는 패왕청이라고 불렀다. 전해오길 앉을 수 없다고 하였다. 나는 그것을 부수고 황루를 세웠다(郡有廳事, 俗謂之霸王廳, 相傳不可坐. 僕拆之以蓋黃樓)."

- 霜初殺(상초쇄, 상초살) : 서리가 처음 내리다.

- 齾齾(알알) : 산봉우리가 어긋나 있는 모양. 높고 낮은 산들이 벌여 있는 모양.

- 詩人猛士雜龍虎(시인맹사잡용호) : 동파의 자주(自注), "좌객이 30여 명이었는데, 대부분 이름 있는 선비였다(坐客三十餘人, 多知名人士)."

六. 서주지주(徐州知州) 시절

✪ **此景何殊泛淸霅**(차경하수범청삽) : 중양절 감상의 정취는 강남에 뒤지지 않는다.

霅(삽) : 삽계(霅溪). 동초계(東苕溪)와 서초계(西苕溪) 등의 물이 절강성 오흥(吳興)에서 합류한 후, 삽계(霅溪)라고 부르는데, 태호(太湖)로 흘러 들어간다.

해제 43세(원풍원년, 1078년)에 지었다. 수재를 이겨 낸 후의 기쁜 심정을 집중적으로 묘사하고 있다. 물난리가 지나갔고 황루(黃樓)가 새로 낙성되자, 이 때 중양절(重陽節)을 맞이하였다. 비록 간소한 주연이건만 지난해의 홍수난리에 비하면, 그 어찌 즐겁지 않으랴! 시의 가락도 흥겹다. 후에 그가 서주를 이임할 때 백성들은 헤어지기 섭섭하여 모여들어, "술잔을 씻고 말 앞에 절하며 말했었지, '태수께서 오래 사시길 기원합니다. 전년에 우리 고을 태수님께서 안 계셨더라면, 저희 아이들은 모두 물고기가 되어 버렸을 것입니다.'(洗盞拜馬前, 請壽使君公. 前年無使君, 魚鼈化兒童)"라고 말하였다.(<罷徐州, 往南京, 馬上走筆寄子由五首, 其二>) 백성들의 감격하는 심정과 작자의 흥겨워하는 정취가 시어 밖에 약동하고 있다.(王2)

13. 이사훈이 그린 '장강의 외딴 섬' 그림
李思訓畵長江絶島圖

산은 푸릇푸릇하고
물은 가없이 넓은데
대고산과 소고산이 강 중앙에 솟아있다.
벼랑은 가파르고 길은 끊어져 원숭이와 새마저 떠나갔고
오직 교목만이 하늘 찌르듯 높이 자랐다.

나그네의 배는 어디서 오는가.
사공의 뱃노래소리가 강 복판에서 높았다 낮았다 하며
모래사장 평평하고 바람 잔잔한데
고산(孤山)은 바라보이기만 하고 배는 이르지 못하고
고산은 오래도록 출렁거리는 배따라 둥실둥실 오르락내리락 한다.

높은 대고산과 소고산 봉우리는 두 쪽진 처녀처럼 안개 속에 솟아올라
새벽강물을 거울삼아 새로 말끔히 단장했다.
배탄 장사꾼아, 부질없이 허튼 소리 마소
소고(小姑:小孤山)는 전년에 강가의 돌 바위 팽랑에게 시집갔다오.

   山蒼蒼, 水茫茫, 大孤小孤江中央.
   崖崩路絶猿鳥去, 惟有喬木攙天長.

客舟何處來,　　櫂歌中流聲抑揚.
沙平風軟望不到, 孤山久與船低昂.
峨峨兩煙鬟,　　曉鏡開新粧.
舟中賈客莫漫狂, 小姑前年嫁彭郎.
(卷17)

주석

❋ 李思訓(이사훈) : 당대(唐代)의 저명한 산수화가로 북송(北宗) 산수화의 창시자이다.

❋ 大孤小孤(대고소고) : 대고산(大孤山)과 소고산(小孤山). 두 산이 강 가운데 솟아 있어 멀리 서로 마주하고 있다. 대고산(大孤山)은 지금의 강서성 구강(九江) 동남의 파양호(鄱陽湖) 가운데 있는데, 한 봉우리가 홀로 우뚝 서 있다. 소고산(小孤山)은 지금의 강서성 팽택현(彭澤縣) 북쪽, 안휘성 숙송현(宿松縣) 동남의 강물 가운데 있다.

❋ 攙(참) : 찌르다.

❋ 沙平風軟望不到(사평풍란망부도) : 「출영구초견회산, 시일지수주(出穎口初見淮山, 是日至壽州)」시에, "사평풍란망부도(波平風軟望不到)" 구가 보인다.

❋ 峨峨(아아) : 산이 높고 바위가 험한 모양.

❋ 峨峨兩煙鬟(아아량연환) : 이 구는 여자의 머리 상투로서 크고 작은 고산(孤山)의 물안개가 피어오르는 이어진 산봉우리를 비유하고 있다.
　鬟(환) : 부인네의 아래 뒤통수에 땋아서 틀어 올려 비녀를 꽂은 머리털.

❋ 鏡(경) : 강이나 호수 면을 거울로 비유하고 있다.

❋ 賈客(고객) : 상인. 장사꾼.

❋ 小姑(소고) : 소고산(小孤山)을 가리킨다.

❋ 彭郞(팽랑) : 팽랑기(彭浪磯)를 가리키는데, 소고산(小孤山)의 맞은편에 있다.
❋ 舟中賈客莫漫狂, 小姑前年嫁彭郞(주중고객막만광, 소고전년가팽랑) : 배 가운데의 상인들은 행동거지를 경망스럽게 하지 마라. 아름다운 소고(小姑)는 벌써 팽랑(彭郞)에게 시집갔다오. 여기서는 강산이 아름다워 사람들이 사랑하는 것을 금할 수 없다는 것을 형용하고 있다. 현지의 민간에는 팽랑이 소고의 남편이라는 전설이 있다.

해제 43세(元豊 元年, 1078년) 겨울, 서주에서 이사훈의 그림을 보고 지었다. 시에서 그림가운데 경치를 묘사하였고, 상상과 비유도 있다. 결구(結句)에 민간전설을 결합하여 해음(諧音)과 의인의 표현수법을 운용하여, 고산(孤山)을 소녀로 팽랑기(彭浪磯)를 소년으로 비유하여 교묘히 결연시킨 것은 해학적 취미가 넘쳐난다. 희롱의 말로서 강산은 그림과 같다는 찬미의 정이 저절로 나타나고 있다.(王王)

그림 가운데 동태를 충실히 묘사하여 이 그림에 대한 그의 예리한 통찰력과 풍부한 연상력을 보여주고 있다. 고산(孤山)과 나그네 배를 상대적으로 흔들리게 묘사하고 상상 속의 노랫소리는 배에 탄 사람을 상상하게 하여 그림을 살리고 있다. 그는 산수의 명승을 미인에게 비유하는데 능하다. 예로 미인 서시(西施)를 항주 서호에 비유하기도 했다. 고산에는 원래 "소고(小姑)가 팽랑(彭郞)에게 시집갔다"는 민간전설이 있는데, 시인은 시로 표현하여 정취를 얻고 있다.(徐)

이는 동파가 서주(徐州)에서 이사훈(李思訓)의 그림 '장강절도도(長江絶島圖)'를 보고 지은 제화시(題畵詩)이다. 그림 가운데 산과 강, 배와 배에 탄 사람이 어우러져 있다. 풍경에 치중하여 묘사하면서 작자의 자연친화적 경지를 드러내고 있다.
　1-4구는 푸른 산, 넓은 강물, 가파른 벼랑, 하늘을 찌를 듯 솟은 교목 등 그림 속의 풍경을 묘사하고 있다. 5-8구에서는 작자의 상상 속에 뱃사공의 노랫소리가 들려오고 있는 듯이 여겨진다. 곧 시각적 효과가 청각적 효과를 자극하여 생동감을 부각시키고 있다. 이어서 고산(孤山)과 배를 상대적으로 흔들리게 묘사하여 동태적인 풍모를 드러내고 있다. 이것은 작자가 이러한 체험을 하였기에 묘사가 가능하다고 보며, 이에는 또한 자연을 유람하고자 하는 욕구도 표현되어 있다. 9, 10구에서는 산을 처녀로 비유하여, 산이 새벽강물을 거울삼아 새로 단장하였다고 하였다. 그 신선한 이미지가 인상적이다.
　전반적으로 이 시는 그림에 대한 사실적 묘사를 기초로 하여 동파의 통찰력과 상상력, 의인법을 마음껏 발휘하고 있어 생동적인 효과를 주고 있다.

14. 운룡산에 올라
登雲龍山

술 취한 가운데 황모강(黃茅岡)을 걸어 오르니
온 언덕 위에 어지러운 돌이 무리 지은 양처럼 많다.
언덕 위에 취해 쓰러져 돌로 침상을 삼고
우러러보니 흰 구름 아득한 하늘에 흘러가는구나.

노래 소리 골짜기로 떨어지고 가을바람 소슬한데
행인은 머리 들고 동남쪽 바라보며
박수치고 크게 웃으며 나더러 미쳤다고 한다.

> 醉中走上黃茅岡,
> 滿岡亂石如羣羊.
> 岡頭醉倒石作牀,
> 仰看白雲天茫茫.
> 歌聲落谷秋風長,
> 路人擧首東南望,
> 拍手大笑使君狂.
> (卷17)

- 黃茅岡(황모강) : 『서주지(徐州志)』, "운룡산은 서주성(徐州城) 동산(東山)의 북쪽에 있는데, 황모강(黃茅岡)이라 한다."
  『명승지(名勝志)』, "황모강은 운룡산의 북쪽에 있다."

해제　취중에 언덕에 올라 돌로 침상을 삼고 누워서 하늘을 우러러보니 흰 구름이 아득히 흘러간다. 여기서 술은 자연과 자아의 융합에 있어서 매개체가 되며, 한적한 정취를 누리게 하고 있다. 이렇듯 일반적으로 음주자는 술에 취하게 되면 그 도도한 술기운과 함께 취한 모습을 드러내기 마련이다. 그러므로 술은 더욱 인간의 감추어진 면모와 개성을 적나라하게 표현시키게 한다.

15. 백보홍, 2수, 병서(幷敍)
百步洪, 二首, 幷敍

왕정국이 팽성에 있는 나를 방문했다. 하루는 작은 배를 노 저어 안장도(顏長道)와 함께, 반(盼), 영(英), 경(卿) 세 가기(歌妓)를 데리고 사주(泗水)를 유람했다. 북으로는 성녀산(聖女山)까지 오르고 남으로는 백보홍으로 내려오며, 피리불고 술 마시고 달빛을 받으며 돌아왔다. 나는 이때 일이 있어 가지 못하고 밤에 우의(羽衣)를 걸쳐 입고 황루(黃樓) 위에서 오랫동안 서서 그 광경을 보고 미소지었다. 생각건대 이태백이 죽은 후로 세간에는 이러한 즐거움이 없어진지 삼백여년이 되었다. 정국이 떠난 지 한 달이 지났는데, 다시 참료(參寥)스님과 백보홍 아래에서 배를 띠우고 이전의 놀이를 그리워하니, 이미 지나간 묵은 자취가 되어 한숨을 쉬며 탄식하였다. 그리하여 2수의 시를 지어, 한 수는 참료에게 주고, 다른 한 수는 정국에게 주었다. 또 안장도·서요문에게 보여주고 같이 짓자고 했다.

> 王定國訪余於彭城. 一日, 棹小舟, 與顏長道攜盼英卿三子, 游泗水, 北上聖女山, 南下百步洪, 吹笛飮酒, 乘月而歸. 余時以事不得往, 夜著羽衣, 佇立於黃樓上, 相視而笑, 以爲李太白死, 世間無此樂三百餘年矣. 定國旣去逾月, 復與參寥師放舟洪下, 追懷

曩游, 已爲陳迹, 喟然而歎. 故作二詩, 一以
遺參寥, 一以寄定國, 且示顔長道舒堯文邀
同賦云.

15-1 其一

긴 여울물 뚝 떨어져 용솟음치는 물결 생겨나니
경쾌한 배 남으로 달려감이 베틀 북 던지는 듯.
뱃사공이 절규하고 오리, 기러기가 위로 나르는데
좁은 물길에 널려있는 어지러운 돌 한 줄로 서로 부대낀다.

(급류가운데 가벼운 배가 빨리 달리는 것이)
토끼가 뛰는 것보고 매가 하늘에서 덮치듯
준마가 천길 높은 언덕에서 뛰어내리듯
거문고 줄 끊어져 기러기발 떠나듯 쏜살이 궁수의 손 벗어나듯
번개가 문틈을 지나고 구슬이 연잎에서 구르듯.

사방의 산이 현기증 나듯 빙빙 돌고 바람이 귀를 할퀴고
흐르는 물거품에 수천의 소용돌이가 생기는 것만 보인다.
험한 가운데 즐거움을 얻으니 비록 한 순간 유쾌하여도
강물의 신[河伯]이 가을 강물을 과시함과 무어 다르랴.

내 인생 천지조화의 기운을 타고 밤낮으로 흘러감이여
앉아서 깨달으니 잠깐 사이에 먼 신라 땅을 지나간 듯.
어지러운 쟁탈전에 술이 취해 꾼 꿈결 같은데

어찌 가시덤불에 구리낙타가 묻혀있는 것 믿으리.

깨어나니 짧은 시간에 천겁을 모르고 지내 왔구나
돌아보니 지나온 이 강물은 자못 여유스럽다.
그대 보게나, 강가 푸른 바위 위에
예로부터 삿대 걸치던 자욱 벌집처럼 빠끔빠끔 움푹 패였구나.

다만 이내 마음 머물 곳 없으니
조물주가 아무리 빠르다 해도 나를 어쩌리오.
배를 돌리고 말 타고 각자 돌아가니
(이상의) 많은 말로 떠든다고 대사께서 꾸짖으신다.

長洪斗落生跳波, 輕舟南下如投梭.
水師絶叫鳧雁起, 亂石一線爭磋磨.
有如兎走鷹隼落, 駿馬下注千丈坡.
斷絃離柱箭脫手, 飛電過隙珠飜荷.
四山眩轉風掠耳, 但見流沫生千渦.
嶮中得樂雖一快, 何異水伯夸秋河.
我生乘化日夜逝, 坐覺一念逾新羅.
紛紛爭奪醉夢裏, 豈信荊棘埋銅駝.
覺來俯仰失千劫, 回視此水殊委蛇.
君看岸邊蒼石上, 古來篙眼如蜂窠.
但應此心無所住, 造物雖駛如吾何.
回船上馬各歸去, 多言譊譊師所呵.
(卷17)

주석

❂ **百步洪**(백보홍) : 서주(徐州) 남쪽에 있다. '洪'은 강이 갑자기 좁아지고 물살이 급한 곳을 말한다.(『漢語大詞典5』, 1131쪽) 물을 막은 방죽이라고도 한다.

❂ **喟然**(위연) : 한숨을 쉬며 탄식하는 모양.

❂ **曩**(낭) : 접때. 앞서. 이전에.

❂ **何異**(하이) : 『소식시집(蘇軾詩集)』에는, "하의(何意)"라고 하였다.

❂ **水伯夸秋河**(수백과추하) : 『장자(莊子)』, 「추수(秋水)」, 가을이 되자 강물이 크게 불으니, 하백(河伯 : 강물의 신)은 매우 흐뭇하여 바다의 신에게 천하의 장관은 모두 자기에게 있다고 자랑했다.

❂ **乘化**(승화) : 천지조화의 기운을 타고.

❂ **一念**(일념) : 한 번 생각하는 사이에. 잠깐 사이에.

❂ **逾新羅**(유신라) : 신라국을 지나가다. 신라는 지금의 한국의 일부분.

❂ **豈信荊棘埋銅駝**(기신형극매동타) : 세상일의 변화가 신속하여 낙양궁문(洛陽宮門) 앞에 있는 구리 낙타가 끝내는 가시덤불에 묻히게 될 것을 어찌 알겠는가. 『진서(晉書)』, 「색정전(索靖傳)」, "색정은 선견지명이 있어 천하가 장차 어지러워질 것을 알았다. 낙양(洛陽) 궁문의 구리낙타를 가리키며 탄식하여 말하기를, '모름지기 네가 가시나무 가운데 있을 것이 보인다.'"

❂ **劫**(겁) : 긴 시간. 불교에서, 하늘과 땅이 한 번 개벽할 때부터 다음 개벽할 때까지의 동안을 이른다.

❂ **委蛇**(위이) : 느긋한 모양. 마음이 여유가 있고 침착한 모양.

❂ **但應此心無所住, 造物雖駛如吾何**(단응차심무소주, 조물수사여오하) : 단지 나의 마음은 멈출 바가 없으니, 자연계의 변화가 아무리 빨라도 나를 어떻게 할 수 없다.

造物(조물) : 조물주. 자연계.

● 譊(요) : 떠들다.

● 師(사) : 스님. 여기서는 참료스님. 송대(宋代)의 시승(詩僧), 이름은 도잠(道潛).

● 呵(가) : 꾸짖다.

해제   문장의 기세가 분등(奔騰)하고 있다. 물이 높은 곳에서 급류가 되어 내려오고, 작은 배는 베틀의 북이 달리는 듯하며, 양 언덕의 어지러운 돌들이 울퉁불퉁하여 단지 한 선의 물길만 남긴다. 뱃사공은 큰 소리를 지르고 놀란 오리와 기러기는 달아난다. 이어서 단숨에 6가지 형상을 빌어 흘러가는 배의 빠름과 세찬 물살을 돌출시키고 있다. 이러한 비유법을 "박유(博喩)"라고 부르는데, 이는 다양한 형상으로 사물의 상태나 특성을 형용하여 기세가 웅장한 예술적 효과를 거두고 있다.(王2)

43세(元豐 원년, 1078년)에 서주(徐州)에서 지었다. 동파가 '백보홍(百步洪)'이라는 물살이 센 여울물에서 배를 타고 하류로 급히 달려 내려가면서 지은 시이다. 여기서 '홍(洪)'은 강이 갑자기 좁아지고 물살이 급한 곳을 가리킨다.

전반부는 경(景)이 중심이고 후반부는 리(理)가 중심이다. 이에는 세밀한 관찰력이 밑받침된 동태적 경관묘사가 일품이다. 특히 좁은 물길을 배로 재빠르게 내려감을 "① 토끼가 뛰는 것을 보고 매가 하늘에서 날아 덮치듯, ② 천길 언덕에서 준마(駿馬)가 달려 내려 떨어 질듯, ③ 끊긴 줄이 기러기발을 떠나듯, ④ 쏜살이 궁수의 손에서 벗어나듯, ⑤ 나르는 번개가 문틈을 지나듯, ⑥ 구슬이 연잎에서 구르듯" 등의 6가지 형상으로 연속적으로 비유한 예는 참신하여 전례를 찾기 어렵다. 여기서 ①의 경우, 전종서(錢鍾書)

는 a. '토끼가 뛰고', b. '매가 하늘에서 날아 덮치듯' 이라는 두 가지 형상으로 보고 있다. 그리하여 전체적으로 7가시 형상의 비유를 했다고 하였다. 이 또한 가능한 방법이다. 그러나 왕수조(王水照)(『蘇軾』, 45쪽)는 ①을 한 개의 형상으로 보아 전체적으로 6가지 형상으로 비유한 것이라고 하였다. 필자도 이에 의거하여, ①이 개별적인 형상이 아닌 동시진행형상으로 판단하여 한 가지 형상으로 보고 있다.

또한 "이 인생 천지조화의 기운을 타고 밤낮으로 흘러감이여"구에서는 자신의 인생이 자연에 동화되어 흘러감을 표명하고 있다. 마지막 2구에서 동파는 위험을 모르고 험한 곳을 지난 후의 안도감과 여유 있게 힘하게 지나온 행적을 뒤돌아보는 모습도 보여주고 있다. 이 시는 순간적인 형상의 포착이 뛰어나고, 긴박감이 잘 표현되고 있다. 또한 빠른 물살(景), 험한 가운데의 락(樂)과 지나온 강물을 돌아본 후의 여유(情), 이 속에서 인생이 천지조화의 기운을 타고 흘러 감(理)이 조응되고 있다.

왕사한(汪師韓)은 이 시에 대해 다음과 같이 평하여, 탁월한 비유, 분방한 기세, 끝까지 다하는 필력(筆力), 기(氣)를 기름, 기발(奇拔)한 시구를 얻음 등을 표현하였다.

"비유(譬喩)를 사용하여 문장에 넣는 것 이것은 소식(蘇軾)의 장기(長技)이다. 이 시에서 급한 물결과 가벼운 배를 묘사하여 그 기세가 번갈아 나오고, 필력이 여지를 없앴으니, 또한 참으로 험한 가운데서 즐거움을 얻은 것이다. 후폭(後幅)에서는 기(氣)를 길러 홀가분하였는데, 오히려 때로 기발한 시구가 보인다.(用譬喩入文, 是軾所長. 此篇摹寫急浪輕舟, 氣勢迭出, 筆力破餘地, 亦眞是險中得樂也. 後幅養其氣以安舒, 猶時見警策.)"(汪師韓, 『蘇詩選評箋釋』, 권2)

16. 석탄
石炭, 幷引

팽성에는 예전에 석탄이 없었다. 원풍 원년 12월, 처음으로 사람을 파견하여 주(州)의 서남쪽 백토진의 북쪽에서 석탄을 캐어서, 그것으로 철을 달구어 무기를 만드니, 평소보다 굳고 예리해졌다고 한다.

> 彭城舊無石炭. 元豊元年十二月, 始遣人訪獲於州之西南白土鎭之北, 以冶鐵作兵, 犀利勝常云.

그대는 보지 못했던가?
전년에 진눈깨비 내려 행인의 왕래가 끊어졌음을
성안의 주민 매서운 바람에 정강이뼈 찢어질 정도로 추웠지.
이불을 가지고 젖은 땔나무 반 묶음으로 바꾸려고
해 저물자 남의 집 문을 두드려도 아무 데서도 바꿀 수 없었지.

어찌 알았으리요? 산중에 내버린 보배가 있음을.
검은 돌 같은 것이 수두룩하니 바로 만대의 수레에 실을 석탄이라.
기름이 줄줄 흐르고 액이 나오는 것을 아는 사람 하나 없구나.
휙 비린 가스냄새 바람 부니 제멋대로 불려 흩어진다.

땅 표면에 돌출한 것 발견되었는데 그 양이 무한정 하여
만사람 덩실덩실 춤추고 천 사람이 보고 있다.
석탄에다 진흙 넣고 물 뿌리면 더욱 반질반질 빛나는데
그것은 옥(玉)과 금을 녹일 정도로 화력이 강하더라.

남산의 밤나무 숲이 땔나무 벌목으로 인해 고갈되려 하고
북산의 딱딱한 쇳돌은 제련하는데 얼마나 수고로운가?
이 석탄을 이용해 그대 위해 백 번 단련하여 칼을 만들면
모름지기 큰고래 잘라 만 조각 낼 수 있으리라.

　　君不見
　　前年雨雪行人斷,　城中居民風裂骭.
　　濕薪半束抱衾裯,　日暮敲門無處換.
　　豈料山中有遺寶,　磊落如磬萬車炭.
　　流膏迸液無人知,　陣陣腥風自吹散.
　　根苗一發浩無際,　萬人鼓舞千人看.
　　投泥潑水愈光明,　爍玉流金見精悍.
　　南山栗林漸可息,　北山頑鑛何勞鍛.
　　爲君鑄作百鍊刀,　要斬長鯨爲萬段.
　　(卷17)

 주석

◉ 流膏迸液無人知, 陣陣腥風自吹散(유고병액무인지, 진진성풍자취산)
　: 석탄의 매장량이 많음을 묘사하고 있다.

◉ 投泥潑水愈光明, 爍玉流金見精悍(투니발수유광명, 삭옥유금견정한)

: 석탄의 질이 우수함을 묘사하고 있다.

해제   43세(원풍원년, 1078년)에 지었다. 이 시에서는 백성의 생활적 측면에서 석탄을 찬미하였다. 작자는 재작년 진눈깨비가 내릴 때 성안에 사는 주민이 겪은 매서운 추위와, 석탄을 개발할 때 "만 사람이 덩실덩실 춤추고 천 사람이 보는" 기쁨을 대비시켰다. 지난날에는 이불로 반 다발의 젖은 땔나무를 바꾸려 해도 바꿀 곳이 없었다. 이제는 첫째, 석탄의 매장량이 풍부하고, 둘째, 제련한 석탄의 질이 좋아 쇠와 금을 녹일 정도여서 백성의 추위문제를 완전히 해결시켰다. 끝 2구에서는 석탄으로 쇠를 녹여서 병기를 제작할 수 있다고 했는데, 그 묘사한 기세가 웅장하고 생동적이다.

이렇듯 작자는 서주 부근에 사람을 파견해 석탄 산지를 조사하고 개발하도록 하여 백성들이 추위의 위협에 시달리는 것을 해결해 주었다.(王2)

17. 참료스님을 보내며
送參寥師

스님께서는 고(苦)와 공(空)을 배워
온갖 상념이 사라져 이미 싸늘한 재처럼 욕심하나 없네.
칼끝에는 작은 구멍 있어 획하는 바람 소리 나고

볶은 곡식에는 새로운 이삭 나오지 않네.

스님께서는 어이하여 우리 문장가를 따라
시어가 울창하고 빛남을 다투는가.
그대의 새로운 시는 옥가루 같아
표현된 시어가 맑고 빼어나네.

한퇴지가 장욱(張旭)의 초서를 논하여
만사를 물리치지 않고
우수와 불평의 모든 기운을
한결같이 붓이 달리는 대로 맡긴다고 했지.

저 스님은 자못 괴이하다
자신의 몸을 옛 터의 마른 우물처럼 하찮게 보고
(만사 다투지 않고) 쓰러지듯 담박한 태도로 임하니
누구와 더불어 호방하고 씩씩한 기력 내리오.

곰곰이 생각하면 그렇지 않으니
참으로 공교로워 허깨비와 그림자가 아니네.
시어를 묘하게 잘 쓰고자 하면
텅 빔(空)과 고요함(靜)을 싫어하지 말아야 할 것이네.

고요한 까닭에 모든 움직임을 마치게 할 수 있고
텅 빈 까닭에 만 가지 경지를 다 받아들일 수 있네.
세상살이를 겪고 인간세상 달려가면서
자기 몸이 구름 감도는 고개 위에 누움을 보네.

짠맛과 신맛이 여러 훌륭한 시 속에 섞였으되

그 가운데 지극한 맛이 있어 오래도록 여운을 남기네.
시와 불법(佛法)은 서로 어긋나지 않으니
이 말이 옳은 지는 다시 스님께 여쭈어봐야겠네.

上人學苦空, 百念已灰冷.
劍頭惟一映, 焦穀無新穎.
胡爲逐吾輩, 文字爭蔚炳.
新詩如玉屑, 出語便清警.
退之論草書, 萬事未嘗屛.
憂愁不平氣, 一寓筆所騁.
頗怪浮屠人, 視身如丘井.
頹然寄淡泊, 誰與發豪猛.
細思乃不然, 眞巧非幻影.
欲令詩語妙, 無厭空且靜.
靜故了羣動, 空故納萬境.
閱世走人間, 觀身臥雲嶺.
鹹酸雜衆好, 中有至味永.
詩法不相妨, 此語更當請.
(卷17)

주석

❋ 參寥(참료) : 승 도잠(僧 道潛). 자(字)는 참료(參寥). 오잠인(於潛人). 시문에 능하다. 당시에 여항(餘杭)으로부터 서주(徐州)로 와서 동파를 탐방하였다.

❋ 劍頭惟一映(검두유일혈) : 『장자(莊子)』, 「칙양(則陽)」, "혜왕이 대답

했다. 피리를 불면 높고 큰 소리가 납니다만 칼자루 끝의 구멍을 불면 획하고 삭은 소리밖에 안 납니다(惠子曰, 夫吹筦也, 猶有嗃也. 吹劍首者, 呋而已矣)."

劍首(검수) : 검(劍)의 환두(環頭)를 가리키는데, 작은 구멍이 있다.
呋(혈) : 의성어. 획. 바람이 지나가는 소리.

✪ 玉屑(옥설) : 문장이 뛰어남을 비유한다.
✪ 退之論草書(퇴지논초서) 4구 : 장욱(張旭)의 초서를 말한다.
✪ 頗怪浮屠人(파괴부도인) 4구 : 고한(高閑)의 초서를 말한다. 한유(韓愈)는 우수와 불평의 모든 기운을 한결같이 붓이 달리는 대로 맡긴다고 하여 장욱(張旭)의 초서를 높였다. 그러나 고한(高閑)에 대해서는 완곡하게 비평하고 있다. 동파는 이와는 달리, 고한처럼 '담박'한 가운데로부터 시와 붓글씨의 도를 추구해야 한다고 인식하고 있다.

浮屠人(부도인) : 스님.

✪ 鹹酸雜衆好, 中有至味永(함산잡중호, 중유지미영) : 동파의 「한유와 유종원의 시를 평하다(評韓柳詩)」, "유종원의 시는 도연명 시의 아래와 위응물 시의 위에 있다. 한유의 시는 호방하고 기험(奇險)한 점에서는 유종원의 시보다 낫지만, 온려(溫麗)하고 정심(靖深 : 고요하고 깊이 있음)한 점에 있어서는 유종원의 시에 미치지 못한다. 고담(枯澹 : 메마르고 담담함)한 것을 소중히 여기는 것은 그런 시가 바깥쪽은 메마르면서도 안쪽은 기름지고, 담담한 것 같으면서도 사실은 아름답기 때문인데, 도연명과 유종원의 시 같은 것이 그러하다. 만약에 안쪽과 겉쪽이 다 고담(枯澹)하다면 또 무슨 말할 값어치가 있겠는가. 부처님이 이르길, "사람이 꿀을 먹는 것 같이 안쪽과 겉쪽이 다 달다(如人食蜜, 中邊皆甛)."고 했다. 사람이 오미(五味)를 먹는 데는 그 달고 쓰고 한 것은 다들 알지만 그 안쪽과 겉쪽의 서로 다른 느낌을 분별해 낼 수 있는 사람은 백 명에 한둘도 없다(柳子厚詩, 在陶淵明下, 韋蘇州上. 退之豪放奇險則過之, 而溫麗靖深不及也. 所貴乎枯澹者, 謂

其外枯而中膏, 似澹而實美, 淵明子厚之流是也. 若中邊皆枯澹, 亦何足道. 佛云, "如人食蜜, 中邊皆恬." 人食五味, 知其甘苦者皆是, 能分別其中邊者, 百無一二也)." 이는 하나의 시평(詩評)이다.

작자는 이 단평(短評) 가운데서 한유(韓愈)와 위응물(韋應物)의 시를 안받침으로 삼아 도연명(陶淵明)과 유종원(柳宗元)의 시풍을 돌출적으로 평가, 감상하고 있다. 도연명과 유종원의 시풍을 "바깥쪽은 메마르면서도 안쪽은 기름지고, 담담한 것 같으면서도 사실은 아름답다"고 기리고 있고, "안쪽과 겉쪽이 다 고담(枯澹)한" 것은 배척한다. 끝으로 "사람이 다섯 가지 맛을 먹는 것"을 비유하여, "바깥쪽은 메마르면서도 안쪽은 기름진" 시풍을 알아주는 것이 어렵다고 탄식하고 있다. 짧은 백여 자 가운데 순서가 정연하여, 비교하는 가운데 올릴 것은 올리고 깎을 것은 깎아 정곡을 찔러 정당하게 평하였으니, 확실히 일반적인 시평이 미칠 바가 아니다.

❂ 詩法不相妨(시법불상방) : 시와 불법(佛法 : 禪)은 서로 어긋나지 않는다.

해제 43세(元豊 원년, 1078년)에 지었다. 이 시는 송나라 사람이 선(禪)으로써 시를 평한 한 가지 예로, 동파의 문예사상의 한 방면을 표현하고 있다.

1. 1-8구 : 참료스님은 불도(佛道)를 배워 백가지 상념이 모두 멸하였는데 어떻게 훌륭한 시를 지었을까.
2. 9-16구 : 장욱(張旭)(9-11구)과 고한(高閑)의 초서(13-16구)를 대비시켜, 장욱의 초서는 붓 달림이 불평스럽고, 고한의 초서는 담박함을 부쳤다.
3. 17-28구 : 시가와 불법(佛法)이 배치되지 않는 관점을 제기하고, 텅 빔과 고요함에 통일시키고, 아울러 이로 말미암아 '담박함'과 '지극한 맛', 그리고 '묘함'의 경계를 얻고 있다.(王1)

18. 대두사에서 달빛 아래 걸으며 인(人)자 운(韻)을 얻다
臺頭寺步月得人字

바람 불어 하늘 은하수에 옅은 구름도 몰아낸 후
나막신을 신고 뜰을 거니니 달이 나를 따라온다.
촉촉이 스며드는 향로의 향 연기 피어나는 밤이요
하늘하늘 꽃 그림자가 움직이려 하는 봄이라.

아련히 짐작컨대 임금계신 구중궁궐에도 이 맑은 경치는 같으리라
생각건대 융단 깐 수레 달리며 밤 먼지 일으키리라.
머리 돌려 회상하면 옛 놀던 추억 참으로 꿈과 같은데
이제는 흰 머리 늙은이 되어 두건을 맘껏 재껴 썼다.

   風吹河漢掃微雲, 步屐中庭月趁人.
   浥浥爐香初泛夜, 離離花影欲搖春.
   遙知金闕同清景, 想見氈車輾暗塵.
   回首舊游眞是夢, 一簪華髮岸綸巾.
  (卷18)

● 步月(보월) : 달빛 아래 걷다.

- **得人字**(득인자) : 여럿이 시를 지을 때 글자를 써 놓고 그중 한 자[人字]를 집어 그 운을 따르다.
- **月趁人**(월진인) : 달이 사람을 따라오다.
- **浥浥**(읍읍) : 향기가 그윽한 모양.
- **離離**(리리) : 하늘하늘. (기장이나 수수 등의) 이삭이 번성한 모양. 벼 이삭이나 과일 등이 익어 아래로 처진 모양.
- **金闕**(금궐) : 서울(수도)을 가리킨다. 임금 계신 곳.
- **岸綸巾**(안관건) : 태도가 쇄탈하여 구속되지 않는 것을 표현하고 있다.
  綸巾(관건) : 옛날에 청색 실로 만든 두건. 제갈공명이 사용하였기 때문에 '제갈건(諸葛巾)'이라고도 함.
  岸(안) : 모자를 뒤로 젖혀 이마를 드러내다.

해제 44세(元豊2년, 1079년)에 지었다. 달밤의 경치를 묘사하고 수도에서 관직에 있던 시기를 회상하고 있다.

19. 달빛 밝은 봄밤에 손님과 살구꽃 아래에서 술을 마시다
月夜與客飮杏花下

살구꽃은 주렴으로 날아들어 남은 봄을 흩뜨리고
밝은 달은 문에 비쳐 들어 은자를 찾아든다.

옷자락 걷고 달빛 밟으며 꽃 그림자 밟고 거닐자니
환하기가 흐르는 물이 푸른 개구리밥을 적시는 듯.

꽃 사이에 술자리 펴니 맑은 향기 피어나고
다투어 긴 가지 끌어당기니 향기로운 꽃잎 눈처럼 우수수 떨어진다.
산성(山城)의 술은 시원찮아 자시라 할 순 없으니
그대여 술잔 속의 달빛을 마시게나.

퉁소소리 끊기고 달빛 밝은데
달 지고 나면 술잔 텅 빌까 오직 그것이 걱정이라.
내일 아침 땅을 말아 올리는 꽃샘바람이 사납게 불면
다만 떨어지다 남은 붉은 꽃잎이 푸른 잎에 걸려 있는 것만이 보이리.

杏花飛簾散餘春, 明月入戶尋幽人.
褰衣步月踏花影, 炯如流水涵靑蘋.
花間置酒淸香發, 爭挽長條落香雪.
山城酒薄不堪飮, 勸君且吸杯中月.
洞簫聲斷月明中, 惟憂月落酒杯空.
明朝捲地春風惡, 但見綠葉棲殘紅.
(卷18)

❋ 炯(형) : 밝은 모양.

해제 44세(元豐 2년, 1079년)에 지었다. "나는 서주(徐州)에 있었는데, 왕자립(王子立), 왕자민(王子敏)(王適, 왕홀(王遹)형제)가 모두 관사에서 묶었다. 촉인(蜀人) 장사후(張師厚)가 찾아왔고, 두 왕씨는 바야흐로 나이가 젊었는데, 살구꽃 아래에서 술 마시고 퉁소를 불었다. 이듬해 나는 황주에 유배되어, 달을 마주하여 혼자 술을 마셨다.(僕在徐州, 王子立子敏皆館於官舍, 而蜀人張師厚來過, 二王方年少, 吹洞簫飲酒杏花下. 明年, 余謫黃州, 對月獨飲)"(『東坡志林』, 卷1, 「憶王子立」)

동파시는 전고가 많은 것을 특색으로 하는데, 이 시는 순전히 직접 묘사하였으나 도리어 신선하다.

20. 설재
雪齋

그대는 보지 못했던가.
아미산 서쪽 눈이 천리
북쪽으로 성도(成都) 바라보니 우물 아래 같은 것을.
봄바람이 백일이나 불어도 눈이 녹지 않으니
오월에 행인은 꽁꽁 언 개미 같아라.

분분히 시장사람들 쟁탈하는 가운데
누가 법언(法言)이 찬공(贊公)과 같음을 믿으리.

인간 세상의 뜨거운 번뇌 녹일 곳 없어
짐짓 서재(西齋)에 눈 봉우리 만들었네.

나는 꿈속에 일엽편주 타고 오나라 월나라에 들었는데
긴 행랑 조용한 뜨락에는 등불이 달같이 빛난다.
문 열어도 사람과 소는 보이지 않고
오직 빈 뜨락에 산 가득 눈이 덮인 것만 보이네.

君不見
峨眉山西雪千里, 北望成都如井底.
春風百日吹不消, 五月行人如凍蟻.
紛紛市人爭奪中, 誰信言公似贊公.
人間熱惱無處洗, 故向西齋作雪峯.
我夢扁舟入吳越, 長廊靜院燈如月.
開門不見人與牛, 惟見空庭滿山雪.
(卷18)

주석

● 雪齋(설재) : 동파의 자주(自注), "항주의 스님 법언이 서재 가운데 설산을 만들었다(杭僧法言, 作雪山於齋中)." 『서호유람지(西湖遊覽志)』, "법언이 동헌을 지었는데, 소자첨이 설재라고 제하였다(法言作東軒, 蘇子瞻題曰雪齋)." 법언(法言)은 자(字)가 무택(無擇), 항주(杭州) 법혜원(法惠院)의 스님. 동파는 서주(徐州)로 온 다음에 군(郡)의 종사(從事) 필경유(畢景儒)에게 명해 그 이름을 전서(篆書)로 쓰라 하고, 아울러 자작시를 지어 부쳤다.

❁ 言公似贊公(언공사찬공) : 누가 믿겠는가. 법언(法言)이 찬공(贊公) 같음을. 소동파와 법언(法言)의 관계는 두보(杜甫)와 찬공(贊公)과 같다. 贊公(찬공) : 당(唐) 대운사(大雲寺) 스님으로, 두보(杜甫)와 교의(交誼)가 있었다.

해제   처음 4구는 고향 아미산의 천리적설(千里積雪)을 묘사하였다. 중간의 4구는 법언이 "인간 세상의 뜨거운 번뇌 녹일 곳 없어" 설재를 지었다고 묘사하였는데, 이것은 바로 작자의 느낌이다. 끝으로 꿈의 경지를 희롱하는 말로 맺었다. 장법(章法)이 변화하고 조리가 정연하다.(吳夏蕭)

21. 서주지주를 마치고 남경으로 갈 때, 말위에서 붓을 달려 자유에게 부치다, 五首, 其一
罷徐州, 往南京, 馬上走筆寄子由, 五首, 其一

(내가 떠난다고 하여)
여러 관리와 백성들 나를 잡아끌지 말고
송별하는 주악소리 너무 슬피 오열하지 말게나.
내 인생은 이 세상에 부쳐 있을 뿐이니
어찌 이번 이별만이 있겠는가.

이별은 가는 곳마다 있는 법이요
비애와 번뇌는 사랑 때문에 생기는 것.
나는 본래 은덕 있는 사람이 아닌데
여러분은 누구를 위해 이 눈물을 흘리는가.

어지러이 아이들 장난처럼 나를 잡아 끌어
떠나려는 말채찍과 발 디디는 등자가 떨어질 지경.
길가에 서 있는 한 쌍의 석상(石像)아
이전에 몇 번이나 태수가 떠나는 것을 보았던가.

그대가 알았다면 응당 이 행동을 가소롭게 보아
갓끈을 떨어뜨릴 정도로 손뼉 치며 웃으리라.

吏民莫扳援, 歌管莫淒咽.
吾生如寄耳, 寧獨爲此別.
別離隨處有, 悲惱緣愛結.
而我本無恩, 此涕誰爲設.
紛紛等兒戲, 鞭鐙遭割截.
道邊雙石人, 幾見太守發.
有知當解笑, 撫掌冠纓絶.
(卷18)

해제 44세(元豐 2년, 1079년)에 지었다. 동파가 서주지주(徐州知州)의 임기를 마치고 떠나려고 함에 현지의 관리와 백성들이 떠나는 자신을 만류할 때 느낀 이별의 정서를 표현한 시이다. 기윤(紀昀)은 "이 시는 기국(氣局)이 혼연(渾然)히 이루어졌고, 문체 또한 극히 자연스럽고 구성지다(此首氣局渾成, 文情亦極宛轉)."
(紀昀 批點, 『蘇文忠公詩集』, 권18)고 평하고 있다.

3-6구에서 "내 인생은 이 세상에 부쳐 있을 뿐이니, 어찌 단지 이번의 이별만이 있으리오? 이별은 가는 곳마다 있는 법이니, 비애와 번뇌는 사랑 때문에 생기는 것"이라 하였는데, 여기서 그는 도처에 이별이 있다는 인식을 하고 있다. 그리고 비애와 번뇌는 사랑 때문에 생기는 것이라고 하였다. 그는 이렇게 이별의 당위성과 비애의 원인을 냉정히 포착하고 있다. 그리하여 이별의 평상성(平常性)을 파악하여 이별의 슬픔에 함몰되지 않고 있다.

또한 그는 자신을 잡아끄는 관리와 백성들 및 오열하는 송별의 주악소리에 대하여 담담히 대처하고 있다. 그렇지만 자신이 이 곳 서주의 지주(知州)로 근무하다가 백성, 관리들에게 잘 대해 준 것이 없다고 겸손히 생각한다. 그런데도 이렇게까지 예의와 정성을 다하여 떠남을 만류하는 현지 관리 및 백성들에 대해 내심 고마움을 느끼고 있을 것이다. 그 다음에 태수가 이임하는 광경을 오랫동안 익히 보고 있었을 길가의 석상(石像)을 등장시켜, 이 석상은 이러한 거창한 이별상황을 보고 웃을 것이라고 하였다.

여기서도 동파는 이별의 평상성을 인식하고, 이별의 슬픔을 절제하는 등 감정을 조절하고 있다.

七. 호주지주(湖州知州) 시절과
오대시안(烏臺詩案)

1. 배 가운데서 밤에 일어나
舟中夜起

미풍이 쏴아 줄풀과 부들에 불어
비 오는가 하여 배의 문 열고 밖을 보니 달빛이 호수에 가득하다.
뱃사공과 물새는 다 함께 꿈속에 잠겨 있고
큰 물고기는 놀라 숨는 게 달아나는 여우같구나.

밤이 깊어 사람과 만물 서로 상관 않는데
나만 홀로 내 몸과 그림자가 서로 희롱한다.
어둠 속에 조수 물결이 물가에 이는 소리는 차가운 지렁이소리 같고
서쪽에 지는 달이 버드나무에 걸리자 거미줄에 매달린 거미가 보인다.

내 인생 홀연 근심걱정으로 지나간 세월 속에서
맑은 경치는 눈에 스치듯 잠깐 뿐이다.
닭 울고 종소리 퍼지자 자던 새들 날아 흩어지니
(뱃사공은) 뱃머리에서 북을 치며 다시 서로 고함지른다.

> 微風蕭蕭吹菰蒲,　開門看雨月滿湖.
> 舟人水鳥兩同夢,　大魚驚竄如奔狐.
> 夜深人物不相管,　我獨形影相嬉娛.
> 暗潮生渚弔寒蚓,　落月挂柳看懸蛛.

此生忽忽憂患裏, 清境過眼能須臾.
雞鳴鐘動百鳥散, 船頭擊鼓還相呼.
(卷18)

주석

● 能須臾(능수유) : 능히 얼마나 되겠는가? 잠깐 뿐이다.

해제

44세(元豊 2년, 1079년) 3월, 동파는 서주지주로부터 호주지주로 임명받았는데, 이 시는 호주로 부임하는 도중에 지었다. 작자는 전체 시에서 밤의 고요함을 묘사하였다. 첫 두 연에서는 착각법(錯覺法)을 사용하여 미풍이 쏴하는 소리를 비오는 소리로 의심했으니 그 고요함이 절로 드러난다. 3, 4구와 5, 6구는 각기 정(靜)과 동(動)을 번갈아 묘사하여 서로 비추어 동(動)으로써 정(靜)을 묘사하고 있다. 7, 8구는 조수의 소리와 지렁이 소리, 지는 달과 거미줄에 매달린 거미 등의 괴이한 비유를 사용하여 고요한 가운데 움직이는 물체가 마치 움직이지 않는 것 같다. 9, 10구는 분망한 관리의 길로써 이 얻기 어려운 고요함을 두드러지게 하고 있다. 끝 두 구에서는 또 만물이 소생하는 동작을 사용하여 만물이 고요한 달밤을 묘사하고 있다. 경치는 실로 일반적이지만, 모두 몽롱한 분위기를 휘감고 있어, 일상적이면서도 환상적인 고요한 정경을 구성하고 있다.(王王)

달빛 비추는 밤부터 새벽까지 호수를 배타고 지나가며 물가의 밤경치를 묘사한 시이다. 시간적인 추이에 따라 청각적, 시각적인 세밀한 관찰을 통해 배위에서의 물고기, 달그림자, 조수 물결, 버드나무에 매달린 거미 등 자연의 여러 형상들을 관찰하고 있다. 깊은 밤이라 뱃사공과 물새도 잠자는데 작자는 깨어나 배가 지나감에 물고기가 놀래 달아나는 것을 마치 여우같다고 비유하고 있다. 적막한 호수에 작자 홀로 달그림자와 희롱하는 데서는 적막함을 더해준다.

"내 인생 홀연 근심걱정으로 지나가는 세월 속에서, 맑은 경치는 눈에 스치듯 잠깐 뿐이다"라는 것은 인생이 근심걱정 속에 빨리도 지나가는데, 좋은 경치는 너무나도 아쉬움을 남기며 순간적으로 지나가고 있다는 것이다. 보편적인 우리네 인생은 우환 속에 빨리 지나가고 좋은 일은 순간적이다. 이 해 7월 탄핵을 받아 감옥에 들어가 죽음 직전에까지 경험하게 되는 뒷날의 행적을 예감하고 있는 듯하다. 이는 자연을 통해 보편적인 일상생활에서 느낄 수 있는 자아성찰을 표현한 것이라고 할 수 있다.

2. 단오절에 여러 절을 유람하고 선(禪)자 운을 얻다
端午遍遊諸寺得禪字

가마 타고 가는 대로 맡겨 두었다가
명승지를 만나면 그 자리에 머물고 노닌다.
향불을 태우고 그윽이 걸음을 옮기고
차를 마시며 깨끗한 자리를 편다.

가랑비는 그쳤다가 다시 내리니

작은 창 밖 경치 그윽하니 더욱 아름다워라.
분산(盆山)에서는 태양이 보이지 않을만큼
초목은 마냥 퍼렇다.

홀연히 가장 높은 탑[비영탑]을 오르니
시야에 대천세계(大千世界 : 온세계)가 다 들어온다.
변봉(卞峰)은 성곽을 비추고
태호(太湖)는 구름 덮인 하늘에 훤히 떴다.

깊고 고요한 적막이 즐겁고
탕탕히 넓은 것 대하니 또한 마음이 편하다.
그윽한 경치 다 찾지도 못했는데
마을에서는 저녁연기가 모락모락 아롱거린다.

돌아와 지내 온 경로를 기록하려 하니
정신이 말똥말똥 맑아 눈이 감기지 않는다.
스님 또한 잠들지 못하고
외로운 등불과 함께 밤에 참선의 경지에 들어간다.

```
肩輿任所適,   遇勝輒流連.
焚香引幽步,   酌茗開淨筵.
微雨止還作,   小窓幽更妍.
盆山不見日,   草木自蒼然.
忽登最高塔,   眼界窮大千.
卞峰照城郭,   震澤浮雲天.
深沉飫可喜,   曠蕩亦所便.
幽尋未云畢,   墟落生晩煙.
```

歸來記所歷,　耿耿淸不眠.
道人亦未寢,　孤燈同夜禪.
(卷18)

주석

⊛ **得禪字**(득선자) : 여러 사람이 시를 지을 때 글자를 써 놓고 한 자를 집어 그 운(韻)을 따르다. 여기서는 "선(禪)"자의 운(韻)을 따르는 것이다.

⊛ **肩輿**(견여) : 어깨로 매는 가마.

⊛ **流連**(유련) : 놀음에 빠져 돌아가는 것을 잊다.

⊛ **微雨止還作, 小窓幽更妍. 盆山不見日, 草木自蒼然**(미우지환작, 소창유갱연. 분산불견인, 초목자창연) : 『동파제발(東坡題跋)』卷3,「자기오흥시(自記吳興詩)」, "내가 오흥의 지주로 있을 때에「비영사를 유람하며」라는 시가 있었는데, 그 시에, '가랑비는 그쳤다가 다시 내리니, 작은 창 밖 경치 그윽하니 더욱 아름다워라. 분산(盆山)에서는 태양이 보이지 않는데, 초목은 저절로 퍼렇다.'라고 하였다. 오월지방에 가보지 않으면 이런 경치를 볼 수 없다(僕爲吳興, 有飛英寺詩云, '微雨止還作, 小窓幽更妍. 盆山不見日, 草木自蒼然.' 非至吳越, 不見此景也)."

⊛ **最高塔**(최고탑) : 비영사(飛英寺)는 호주부서(湖州府署) 북쪽에 있는데, 절 가운데 비영탑(飛英塔)이 있었다. 당말(唐末)에 지었다.

⊛ **大千**(대천) : 불가어(佛家語). 대천세계(大千世界). 광대무변의 세계. 삼천대천세계(三千大天世界)의 딴 이름.

⊛ **卞峰**(변봉) : 변산(卞山). 변산(弁山)이라고도 부른다. 절강성 오흥현(吳興縣) 서북쪽에 있다.

⊛ **震澤**(진택) : 태호(太湖).

❂ **深沉旣可喜, 曠蕩亦所便**(심침기가희, 광탕역소편) : "심침(深沉)"은 "미우(微雨)" 4구를 이었고, "광탕(曠蕩)"은 "홀등(忽登)"4구를 이었다.

❂ **耿耿**(경경) : 정신이 반짝반짝하다. 말똥말똥.

❂ **道人**(도인) : 참료(參寥) 스님. 당시 그는 진관(秦觀)과 함께 호주(湖州)에 있었다.

해제　44세(원풍2년, 1079년) 5월에 지었다. 그해 4월에 작자는 호주지주(湖州知州)에 임용되었다. 작자가 단오절에 여러 절을 유람하며 명승지를 찾아 돌아다니는 탐승(探勝)의 기록이다. 가마가 가는 대로 맡겨 두고 명승지를 만나면 머물러 노닐며 구경을 하는 것을 기록한 제1-4구에서 인위를 가하지 않고 발이 가는 대로 맡기는 풍모가 돋보인다. 가장 높은 탑에 올라 널리 사방의 경치를 보니 마음이 편한 느낌을 받고 있다.

3. 왕랑 형제 및 아들 소매가 성을 돌아 연꽃을 감상하고, 현산정에 올랐다가 저녁에 비영사로 들어갔는데, 운을 나누어 '月明星稀' 네 글자를 얻다, 其四
與王郎昆仲及兒子邁, 遶城觀荷花, 登峴山亭, 晚入飛英寺, 分韻得 '月明星稀' 四字, 其四

관리와 백성들 나의 게으름을 연민하여
싸움과 송사 나날이 적어졌다.
일 없으면 술마실 지언정
밤이 아닌데 돌아가겠는가?

다시 비영사를 찾아 노닐며
이 한 치의 해(日)를 다 보낸다.
종을 치니 발걸음 소리 모이고
스님들이 바빠서 옷을 거꾸로 입었다.

나는 시절 없이 와서
지팡이와 신으로 삽작문을 밀친다.
나를 사군(使君)으로 보지 말라
외양은 비슷하나 내면은 이미 관리가 아니라네.

　　　　吏民憐我懶, 鬪訟日已稀.
　　　　能爲無事飮, 可作不夜歸.
　　　　復尋飛英游, 盡此一寸暉.

撞鐘履聲集,　顚倒雲山衣.
我來無時節,　杖屨自推扉.
莫作使君看,　外似中己非.
(卷19)

- 昆仲(곤중) : 형제.
- 顚倒雲山衣(전도운산의) : 스님들은 (바빠서) 옷을 거꾸로 입었다.
  雲山衣(운산의) : 스님들의 옷.

해제　작자가 자연과 친화하고 자신이 지주(知州)가 아니라 백성의 하나라고 하여 백성에 접근한 것을 읊고 있다.

4. 나는 사건으로 어사대 감옥에 붙들려 갔는데, 옥리에게 조금 욕을 보았다. 스스로 헤아려보니 감당할 수 없어, 옥중에서 죽는다면 아우 자유와 한번 작별인사를 할 수가 없을 것이다. 그러므로 두 수의 시를 지어 옥졸 양성에게 주어 자유에게 남긴다, 2수, 其一
予以事繫御史臺獄, 獄吏稍見侵, 自度不能堪, 死獄中, 不得一別子由, 故作二詩授獄卒梁成, 以遺子由, 二首, 其一

천자께서는 하늘같아 만물이 봄을 맞고 있는데
나는 어리석은 신하로 우매하여 스스로 망신당했다.
백년 인생 채우지 못하고 먼저 빚을 갚고 가려하니
남은 열 식구 돌아갈 곳 없어 더욱 남의 누만 끼치겠지.

이곳 청산에 내 뼈야 묻을 수 있을 것이나
내 죽은 훗날 비오는 밤에 아우만 홀로 가슴아파하리.
그대와 더불어 이 세상에서 형제가 되었으니
또 내생에 이 세상에서 다 맺지 못한 인연을 맺자꾸나.

聖主如天萬物春, 小臣愚暗自亡身.
百年未滿先償債, 十口無歸更累人.
是處青山可埋骨, 他時夜雨獨傷神.
與君今世爲兄弟, 又結來生未了因.

(卷19)

 주석

✪ 子由(자유) : 동파의 아우 소철(蘇轍)의 자(字).
✪ 御史臺(어사대) : 중앙의 감찰기구.
✪ 侵(침) : 학대.
✪ 詩題(시제) : 어떤 판본에는, "옥중기자유(獄中寄子由)"라고도 한다.
✪ 聖主(성주) : 천자.
✪ 百年未滿(백년미만) : 당시 동파는 44세였다.
✪ 十口(십구) : 동파의 열 식구 가족.
✪ 他時(타시) : 훗날.
✪ 夜雨(야우) : 비 내리는 밤에 아우 소철과 함께 침상을 마주하고 밤비 소리를 듣자던 옛날 약속.「辛丑十月十九日, 旣與子由別於鄭州西門之外, 馬上賦詩一篇寄之」시의 주석 참조.

해제 44세(元豐 2년, 1079년), 동파는 일부 시문으로 인해, 정적(政敵)에 의해 "문자로 현실을 풍자하였고(譏諷文字)", "조정을 우롱하였으며(愚弄朝廷)", 황제를 비난하였다(指斥乘輿 : '乘輿'는 황제를 가리킴)고 하여, 탄핵을 받았다. 7월 28일 호주의 관서에서 체포되어 변경(汴京)으로 소환되고, 8월 18일 어사대의 감옥에 들어갔다. 이것이 바로 저명한 "오대시안(烏臺詩案)"이다.

이 시는 옥중에서 지은 시이다. 동파는 당시 죽음을 면할 수 없다고 여겨 이 시를 지어 아우 소철(蘇轍)과 결별했다. 시에서 후사를 부탁하고, 동파의 가족들이 아우에게 누를 끼치게 되는 미안한 뜻을 묘사하고 있다. 또한 "비 내리는 밤에 아우 소철과 함께 침상을 마주하고 밤비소리를 듣자던[夜雨對床] 옛날 약속을 추억하며, 처량함에 가득찬 뜻을 묘사하고 있다. 마지막 연에서의 "그대와 더불어 이 세상에서 형제가 되었으니, 또 내생에 이 세상에서 다하지 못한 인연을 맺자꾸나"라고 하였으니, 그들 형제간의 깊은 감정이 가슴을 적시게 한다.(王王)

5. 12월 28일, 황제의 은혜를 입고 검교수부원외랑황주단련부사(檢校水部員外郞黃州團練副使)를 책수(責授)받아, 다시 앞 시의 운(韻)을 쓰다, 二首, 其一 十二月二十八日, 蒙恩責授檢校水部員外郞黃州團練副使, 復用前韻二首, 其一

백여 일 만에 감옥에서 나오니 마침 봄이라
남은 생애의 즐거운 일 모두 이 몸에 관계된 일이리.
문을 나서 배회하니 바람이 내 얼굴에 불어오고
말달려 여럿이 잇달아 가는 길에 까치 날며 깍깍 지저귀네.

문득 술잔을 대하니 모두가 아득한 꿈만 같고
시험 삼아 붓 잡아 시 지으니 이미 신들린 것 같아라.
이번 재앙에 하필 내 허물을 캘 필요 있겠는가?
예로부터 벼슬살이 하다보면 그런 것이지 어찌 다른 까닭 있으리오?

> 百日歸期恰及春, 餘年樂事最關身.
> 出門便旋風吹面, 走馬聯翩鵲啅人.
> 却對酒杯渾似夢, 試拈詩筆已如神.
> 此災何必深追咎, 竊祿從來豈有因.
> (卷19)

 주석

- ⊙ 檢校(검교) : 정식관리 외의 일종의 겸직으로 실제의 직책이 없다.
- ⊙ 百日(백일) : 동파는 8월 18일 감옥에 들어가, 12월 28일 출옥하였으니, 도합 133일이다. 백일은 어림수이다.
- ⊙ 最關身(최관신) : 가장 내 몸에 관계된 일.
- ⊙ 便旋(편선) : 배회하다. 일설에는, 재빠르다, 가뿐하다.
- ⊙ 聯翩(연편) : 여럿이 잇달아 가다. 연이어 계속하다. 그치지 않다.
- ⊙ 啅(조) : 지저귀다.
- ⊙ 竊祿(절록) : 녹을 도둑질하다. 관직을 의거해 공 없이 녹을 먹음, 벼슬살이의 겸칭(謙稱).

해제 동파의 필화사건인 오대시안(烏臺詩案)은 여러 사람의 구원요청을 거쳐, 마지막으로 퇴직해 있던 왕안석(王安石)이 "어찌 성세(盛世)에 재사(才士)를 죽이는 일이 있으리오"라는 한 마디 말로 결판이 났다. 동파는 가볍게 처벌되어 황주단련부사(黃州團練副使), 본주안치(本州安置)로 폄적되었는데, 이는 유배에 가까운 것이다. 이 시는 44세(元豊 2년, 1079년) 12월 28일 출옥할 때 지었다. 첫 4구는 출옥시의 경쾌하고 기쁜 심정을 묘사하고 있다. 후반부에서는 백일 이상의 감옥살이도 결코 작자의 호기(豪氣)를 없애지 못했다고 했다. 비록 문자로 화를 일으켰으나, 또 스스로 "시험 삼아 시 지으니 이미 신들린 것 같아라"라고 긍지를 가져, 백번 죽어도 후회하지 않는 강인한 정신을 표현하고 있다. 청대의 기윤(紀昀)은 "자성(自省)의 뜻이 적다(少自省之意)"라고 평하였는데, 이는 동파의 위인과 흥회를 이해하지 못한 것이다.(王王)

부 록

소동파 연보(蘇東坡 年譜)
소동파(蘇東坡)의 관직이동표(官職移動表)
소동파시 작품 색인

소동파 연보(蘇東坡 年譜)

❖ 北宋 仁宗(1022~1063)

- 1세 景祐3년, 1036　12월 19일 (현재 四川省의) 眉山縣 紗穀行에서 蘇軾(號는 東坡居士) 출생. 부친은 蘇洵, 모친은 程氏.
- 3세 寶元1년, 1038　兄 景先 죽음.
- 4세 寶元2년, 1039　아우 蘇轍 출생.
- 8세 慶曆3년, 1043　小學에 들어가 眉山縣 天慶觀의 道士 張易簡에게 배움.
- 10세 慶曆5년, 1045　부친 蘇洵 宦學(관리 생활 견습)여행을 떠나 모친에게서 배움.
- 12세 慶曆7년, 1047　祖父 蘇序 돌아가심. 부친 宦學에서 돌아오심.
- 19세 至和1년, 1054　眉州 靑神縣人 鄕貢進士 王方의 딸 王弗(당시 16세)과 결혼.
- 20세 至和2년, 1055　부친 蘇洵이 成都를 유람하여, 張方平을 배알하니, 張方平이 一見에 國士로 예우.
- 21세 嘉祐1년, 1056　3월, 부친 蘇洵을 따라 아우 蘇轍과 함께 京師 (수도 開封)에 감. 5월, 京師에 도착. 8월, 아우 蘇轍과 함께 開封府試에 합격.
- 22세 嘉祐2년, 1057　정월, 禮部試에 급제. 歐陽修, 梅摯, 王珪, 范鎭, 梅堯臣이 시험관임. 3월, 殿試에 進士及第. 5

	월, 모친상으로 귀향.
• 24세 嘉祐4년, 1059	모친의 服喪을 마치고, 10월, 부친 蘇洵을 모시고 아우 소철과 함께 開封을 향해 蜀을 출발. 12월 8일 荊州에 도착.
• 25세 嘉祐5년, 1060	정월 5일, 荊州를 출발, 2월 15일, 京師에 도착, 河南省 福昌縣 主簿로 제수받았으나 부임하지 않음.
• 26세 嘉祐6년, 1061	制科에 응시하여, 蘇軾은 제3등, 아우 蘇轍은 제4등으로 급제. 大理評事, 鳳翔府簽判. 11월, 부친 및 아우 蘇轍과 첫 이별. 12월 14일 鳳翔府에 도착. 16일, 孔子廟의 石鼓를 참관.
• 27세 嘉祐7년, 1062	鳳翔에 재직.
• 28세 嘉祐8년, 1063	鳳翔에 재직. 大理寺丞에 임명받음.

❖ 英宗(1063~1067)

• 30세 治平2년, 1065	정월, 조정에 귀환. 登聞鼓院의 判官에 임명. 直史館에 임명. 5월, 아내 王弗 죽음.
• 31세 治平3년, 1066	부친 蘇洵이 『太常因革禮』100권의 편찬을 마치고, 4월에 서거. 이로 인해 喪具를 이끌고 6월에 향리로 향함.
• 32세 治平4년, 1067	4월 향리에 도착. 8월 선친을 眉州에서 장사지냄.

❖ 神宗(1067~1085)

• 33세 熙寧1년, 1068	7월 부친의 服喪을 마침. 첫 부인 王弗의 從妹 王閏之(당시 21세)와 결혼. 가족을 이끌고 아우 소철과 開封으로 향함.

- 34세 熙寧2년, 1069   정월 長安에 갔다가, 2월 開封으로 돌아옴. 王安石과 정견이 충돌, 監官告院이 됨. 5월 왕안석의 과거시험 개혁에 반대의견 표명. 12월 「上神宗皇帝書」 제출.
- 35세 熙寧3년, 1070   차남 迨 출생. 「再上神宗皇帝書」를 제출하여 신법반대.
- 36세 熙寧4년, 1071   지방으로의 전출을 요청하여, 6월에 杭州通判을 임명받아, 10월 着任.
- 37세 熙寧5년, 1072   6월, 望湖樓에 오름. 12월 湖州로 여행. 三男 過 출생.
- 38세 熙寧6년, 1073   杭州通判에 在任.
- 39세 熙寧7년, 1074   9월 密州知州 임명받음. 11월 着任. 朝雲을 侍妾으로 맞음.
- 42세 熙寧10년, 1077   徐州知州 임명받음.
- 43세 元豊1년, 1078   徐州에 재직. 8월 11일, 黃樓(徐州城의 동문에 쌓은 누각) 낙성.
- 44세 元豊2년, 1079   3월 湖州知州에 임명됨. 4월 20일 湖州에 着任. 8월 18일 어사대의 감옥에 수감. 12월 黃州로의 유배를 명령받음.
- 45세 元豊3년, 1080   2월 黃州에 着任. 定惠院에 거주. 5월 29일 臨皐亭으로 移居. 6월 아우 소철과 武昌에 유람. 8월 6일 아들 邁와 적벽 유람. 9월 홀로 적벽 유람.
- 46세 元豊4년, 1081   정월 20일 岐亭에 가 봉상 시절의 벗 陳慥를 만남(황주에서의 4년간 진조는 7번 오고, 소식은 3번 가서 만남). 2월 馬夢得의 호의로 황무지를 경작, 그곳을 東坡라고 이름지음.

- 47세 元豊5년, 1082　2월 東坡의 옆에 雪堂을 지음. 7월에 적벽을 유람하고 「赤壁賦」를 지음. 10월 다시 적벽을 유람하고 「後赤壁賦」를 지음.
- 48세 元豊6년, 1083　5월 南堂 낙성. 10월 12일 밤에 馬夢得과 承天寺 유람.
- 49세 元豊7년, 1084　3월 汝州團練副使의 명 받음. 4월 황주를 떠남. 10월 19일 상서를 올려 常州 거주를 요청.
- 50세 元豊8년, 1085　다시 상서를 올려 常州 거주를 요청. 汝州團練副使 常州居住를 명받음. 6월 朝奉郎에 복직, 登州知州에 임명. 10월 登州 着任. 禮部郎中으로 召還의 명 받음.

❖ 哲宗(1085～1100)

- 51세 元祐1년, 1086　閏2월 中書舍人에 임명됨. 9월 翰林學士知制誥로 옮김.
- 52세 元祐2년, 1087　翰林學士로 재직.
- 53세 元祐3년, 1088　翰林學士로 재직.
- 54세 元祐4년, 1089　상주하여 지방관으로 전출을 요청. 3월 杭州知州에 임명되고, 7월에 着任.
- 55세 元祐5년, 1090　항주 西湖에 제방을 축조(蘇堤).
- 56세 元祐6년, 1091　2월 翰林學士承旨로 召還의 명 받음. 7월 지방관으로 전출을 요청하여 허락을 얻음. 8월 潁州知州에 임명되어 潁州에 着任.
- 57세 元祐7년, 1092　2월 揚州知州에 임명됨. 8월 兵部尙書로 소환됨. 11월 禮部尙書 端明殿學士兼翰林侍讀學士가 됨.

- 58세 元祐8년, 1093	禮部尙書에 재직. 8월 아내 王閏之가 죽음. 9월 定州知州에 임명됨. 定州에 着任.
- 59세 紹聖1년, 1094	6월 惠州(建昌軍司馬惠州安置)로의 유배 명령을 받음. 셋째 아들 過와 朝雲을 데리고 大庾嶺을 넘어, 10월 2일 혜주에 도착, 合江樓에 寓居, 18일 嘉祐寺로 이사.
- 60세 紹聖2년, 1095	惠州에 있었음. 3월 19일 合江樓로 이사.
- 61세 紹聖3년, 1096	惠州에 있었음. 4월 20일 嘉祐寺로 이사. 7월 朝雲이 죽어, 8월에 조운을 豐湖의 棲禪寺 동남쪽 松林에 매장.
- 62세 紹聖4년, 1097	2월 14일 白鶴峰 新居로 옮김. 4월 17일 瓊州別駕 昌化軍安置의 명을 받음. 막내아들 過를 데리고 海南島로 출발, 7월 配所 도착.
- 63세 紹聖5년, 1098	海南島 儋州에 있었음.
- 63세 元符1년, 1098	儋州에 있었음. 5월 桄榔庵 새 거주지 완성. 9월 天慶觀 유람.
- 64세 元符2년, 1099	儋州에 있었음.
- 65세 元符3년, 1100	5월 廉州安置를 명 받음. 8월 舒州團練副使, 永州居住를 명 받음. 11월 朝奉郎에 복직, 提擧成都玉局觀에 임명, 거주 자유.

❖ 徽宗(1100~1125)

- 66세 建中靖國1년, 1101	5월 여행 도중 병에 걸려, 常州에서 누음. 6월 常州에서 上奏하여 致仕함. 7월 28일 別世.
- 崇寧1년, 1102	閏6월 汝州 小峨眉山에 장사지냄. 아우 蘇轍이 형의 墓誌銘을 지음.

소동파(蘇東坡)의 관직이동표(官職移動表)

	貶謫時期	地方官時期	中央官時期
1期: 科學應試期 및 仕宦前期		鳳翔簽判 (첫 부임지: 26~29) 杭州通判(36~39) 密州知州(39~41) 徐州知州(42~44) 湖州知州(44)	科擧合格(21, 22, 26歲) 母喪歸鄕(22~24) 判登聞鼓院(30) 直史官(30) 父喪歸鄕(31~33) 監官告院(34~36) 權開封府推官(36) 地方官自請(36) 烏臺詩案(入獄)(44)
2期: 黃州流配期	黃州團練副使(45~49) 汝州團練副使의 命(49) 赴任途中(49~50) 隱居目的의 常州居住認可 常州 宜興 到着(50)		

	貶謫時期	地方官時期	中央官時期
3期:仕宦後期		登州知州(50)	禮部郞中(50)
			起居舍人(50)
			中書舍人(51)
			翰林學士知制誥(51)
			翰林學士(52~54)
			地方官自請(54)
		杭州知州(54~56)	
			翰林學士承旨(56)
			地方官自請(56)
		潁州知州(56~57)	
		揚州知州(57)	
			兵部尙書(57)
			禮部尙書端明殿學士兼翰林侍讀學士(57~58)
			禮部尙書(58)
		定州知州(58~59)	
		英州知州 命(59)	
		惠州安置 命(59)	
4期:惠州,海南島流配期 및 北歸	惠州安置(59~62)		
	瓊州別駕昌化郡安置命(62)		
	儋州貶謫(62~65)		
	廉州安置 命(65)		
	廉州到着(65)		
	舒州團練副使, 永州居住 命(65)		
		朝奉郞, 提擧成都玉局觀, 居住自由(65)	
		常州到着, 致仕(66)	
		別世(66)	

소동파시 작품 색인

- 江上看山 ··· 38
- 江上値雪, 效歐陽體, 限不以鹽玉鶴鷺絮蝶飛舞之類爲比, 仍不使皓白潔素等字, 次子由韻 ··· 44
- 過永樂, 文長老已卒 ·· 282
- 龜山 ·· 163
- 歐陽少師令賦所蓄石屛 ··· 147
- 九月二十日微雪懷子由弟, 二首, 其一 ··· 90
- 九日黃樓作 ·· 371
- 屈原塔 ·· 48
- 吉祥寺賞牡丹 ··· 188
- 吉祥寺僧求閣名 ·· 189
- 端午遍遊諸寺得禪字 ·· 405
- 唐道人言, 天目山上俯視雷雨, 每大雷電, 但聞雲中如嬰兒聲, 殊不聞雷震也 ··· 253
- 臺頭寺步月得人字 ··· 393
- 讀孟郊詩二首, 其一 ··· 352
- 登雲龍山 ·· 378
- 臘日遊孤山訪惠勤惠思二僧 ·· 177
- 鄜塢 ·· 85
- 驪山, 三絶句 ·· 128

- 驪山, 三絶句, 其二 ································· 129
- 驪山, 三絶句, 其一 ································· 128
- 留題仙都觀 ·· 40
- 六和寺冲師閘山溪爲水軒 ······················ 207
- 李思訓畫長江絶島圖 ····························· 375
- 立秋日禱雨宿靈隱寺, 同周徐二令 ·········· 255
- 望海樓晚景五絶 ································· 199
- 望海樓晚景五絶, 其三 ··························· 201
- 望海樓晚景五絶, 其二 ··························· 200
- 望海樓晚景五絶, 其一 ··························· 199
- 無錫道中賦水車 ································· 280
- 聞辯才法師復歸上天竺, 以詩戲問 ············ 359
- 薄薄酒二首, 其二 ································· 322
- 薄薄酒二首, 其一 ································· 318
- 薄薄酒二首, 幷引 ································· 317
- 百步洪, 二首, 其一 ······························ 381
- 梵天寺見僧守詮小詩, 淸婉可愛, 次韻 ······ 202
- 法惠寺橫翠閣 ····································· 219
- 別東武流杯 ·· 330
- 病中聞子由得告不赴商州, 三首 ·············· 92
- 病中聞子由得告不赴商州, 三首, 其三 ······ 93
- 病中聞子由得告不赴商州, 三首, 其一 ······ 92
- 病中遊祖塔院 ····································· 257
- 鳳翔八觀, 幷敍 ································· 69
- 扶風天和寺 ·· 113
- 司馬君實獨樂園 ································· 343

- 泗州僧伽塔 ··· 160
- 山村, 五絶 ··· 230
- 山村, 五絶, 其四 ··· 232
- 山村, 五絶, 其三 ··· 232
- 山村, 五絶, 其二 ··· 231
- 山村, 五絶, 其一 ··· 230
- 常潤道中, 有懷錢塘, 寄述古, 五首, 其二 ····································· 278
- 書雙竹湛師房二首 ··· 267
- 書雙竹湛師房二首, 其二 ·· 268
- 書雙竹湛師房二首, 其一 ·· 267
- 西齋 ·· 301
- 書焦山綸長老壁 ·· 276
- 書韓幹牧馬圖 ·· 337
- 石鼻城 ·· 87
- 席上代人贈別, 三首 ·· 251
- 席上代人贈別, 三首, 其二 ·· 252
- 席上代人贈別, 三首, 其一 ·· 251
- 石蒼舒醉墨堂 ·· 131
- 石炭, 幷引 ··· 386
- 仙都山鹿 ·· 42
- 雪齋 ·· 396
- 雪後書北臺壁二首 ·· 295
- 雪後書北臺壁二首, 其一 ·· 295
- 雪後書北臺壁二首, 其二 ·· 296
- 歲晚, 相與饋問爲饋歲, 酒食相邀呼爲別歲, 至除夜達旦不眠爲守歲. 蜀 之風俗如是. 余官於岐下, 歲暮思歸而不可得, 故爲此三詩, 以寄子由,

其三, 守歲 …………………………………………………… 100
- 歲晚, 相與饋問爲饋歲, 酒食相邀呼爲別歲, 至除夜達旦不眠爲守歲. 蜀
  之風俗如是. 余官於岐下, 歲暮思歸而不可得, 故爲此三詩, 以寄子由,
  其二, 別歲 …………………………………………………… 98
- 歲晚, 相與饋問爲饋歲, 酒食相邀呼爲別歲, 至除夜達旦不眠爲守歲. 蜀
  之風俗如是. 余官於岐下, 歲暮思歸而不可得, 故爲此三詩, 以寄子由,
  其一, 饋歲 …………………………………………………… 95
- 歲晚, 相與饋問爲饋歲, 酒食相邀呼爲別歲, 至除夜達旦不眠爲守歲. 蜀
  之風俗如是. 余官於岐下, 歲暮思歸而不可得, 故爲此三詩, 以寄子由.
  ……………………………………………………………………… 95
- 續麗人行, 幷引 ………………………………………………… 355
- 送參寥師 ……………………………………………………… 388
- 送岑著作 ……………………………………………………… 186
- 送鄭戶曹 ……………………………………………………… 362
- 秀州報本禪院鄉僧文長老方丈 ………………………………… 216
- 宿海會寺 ……………………………………………………… 265
- 述古聞之, 明日卽至, 坐上復用前韻, 同賦 …………………… 239
- 僧淸順新作垂雲亭 ……………………………………………… 248
- 是日宿水陸寺, 寄北山淸順僧, 二首 …………………………… 204
- 是日宿水陸寺, 寄北山淸順僧, 二首, 其二 …………………… 205
- 是日宿水陸寺, 寄北山淸順僧, 二首, 其一 …………………… 204
- 新城道中, 二首 ………………………………………………… 226
- 新城道中, 二首, 其二 ………………………………………… 228
- 新城道中, 二首, 其一 ………………………………………… 226
- 辛丑十月十九日, 旣與子由別於鄭州西門之外, 馬上賦詩一篇寄之 … 63
- 十二月十四日夜, 微雪, 明日早, 往南溪, 小酌至晚 …………… 115

- 十二月二十八日, 蒙恩責授檢校水部員外郎黃州團練副使, 復用前韻二首, 其一 ··· 413
- 夜泊牛口 ··· 36
- 夜至永樂文長老院, 文時臥病退院 ····························· 271
- 夜行觀星 ··· 58
- 陽關詞, 三首, 其三, 中秋月 ······································ 347
- 於潛女 ·· 245
- 於潛令刁同年野翁亭 ·· 240
- 於潛僧綠筠軒 ·· 243
- 與王郎昆仲及兒子邁, 遶城觀荷花, 登峴山亭, 晚入飛英寺, 分韻得'月明星稀' 四字, 其四 ································· 409
- 予以事繫御史臺獄, 獄吏稍見侵, 自度不能堪, 死獄中, 不得一別子由, 故作二詩授獄卒梁成, 以遺子由, 二首, 其一 ·············· 411
- 潁州初別子由, 二首 ··· 150
- 潁州初別子由, 二首, 其二 ·· 153
- 潁州初別子由, 二首, 其一 ·· 150
- 吳中田婦歎 ·· 209
- 王復秀才所居雙檜, 二首, 其二 ·································· 217
- 王維吳道子畫 - 鳳翔八觀, 八首, 其三 ························ 70
- 月夜與客飮杏花下 ·· 394
- 遊金山寺 ··· 165
- 遊靈隱高峯塔 ·· 285
- 有美堂暴雨 ·· 258
- 遊三游洞 ··· 52
- 六月二十七日望湖樓醉書五絶 ··································· 195
- 六月二十七日望湖樓醉書五絶, 其五 ·························· 197

- 六月二十七日望湖樓醉書五絕, 其二 ········· 196
- 六月二十七日望湖樓醉書五絕, 其一 ········· 195
- 飮湖上初晴後雨, 二首 ······················· 222
- 飮湖上初晴後雨, 二首, 其二 ················ 223
- 飮湖上初晴後雨, 二首, 其一 ················ 222
- 浰陽早發 ······································ 56
- 自金山放船至焦山 ··························· 170
- 自普照遊二庵 ································· 224
- 題寶雞縣斯飛閣 ······························ 106
- 祭常山回小獵 ································· 307
- 除夜大雪, 留潍州, 元日早晴, 遂行, 中途雪復作 ····· 335
- 除夜野宿常州城外二首 ······················ 273
- 除夜野宿常州城外二首, 其二 ··············· 274
- 除夜野宿常州城外二首, 其一 ··············· 273
- 舟中夜起 ····································· 403
- 中秋月寄子由, 三首 ························· 367
- 中秋月寄子由, 三首, 其二 ·················· 369
- 中秋月寄子由, 三首, 其一 ·················· 367
- 贈別 ·· 236
- 贈寫眞何充秀才 ······························ 289
- 贈孫莘老七絕 ································· 213
- 贈孫莘老七絕, 其三 ························· 215
- 贈孫莘老七絕, 其二 ························· 214
- 贈孫莘老七絕, 其一 ························· 213
- 眞興寺閣 - 鳳翔八觀, 八首, 其六 ·········· 76
- 次韻代留別 ··································· 238

부 록 431

- 次韻柳子玉過陳絶糧, 二首, 其二 ……………………………… 145
- 次韻楊褒早春 ……………………………………………………… 137
- 次韻子由岐下詩, 21首, 其七, 魚 ……………………………… 88
- 次韻子由論書 ……………………………………………………… 117
- 次韻子由除日見寄 ………………………………………………… 79
- 靑牛嶺高絶處有小寺, 人迹罕到 ……………………………… 288
- 初發嘉州 …………………………………………………………… 33
- 出都來陳, 所乘船上有題小詩八首, 不知何人, 有感於余心者, 聊爲和之 ……………………………………………………… 143
- 出都來陳, 所乘船上有題小詩八首, 不知何人, 有感於余心者, 聊爲和之, 其八 ………………………………………………… 144
- 出都來陳, 所乘船上有題小詩八首, 不知何人, 有感於余心者, 聊爲和之, 其二 ………………………………………………… 143
- 出潁口初見淮山, 是日至壽州 ………………………………… 158
- 七月五日, 二首 …………………………………………………… 325
- 七月五日, 二首, 其二 …………………………………………… 327
- 七月五日, 二首, 其一 …………………………………………… 325
- 太白山下早行, 至橫渠鎭, 書崇壽院壁 ………………………… 83
- 罷徐州, 往南京, 馬上走筆寄子由, 五首, 其一 ……………… 398
- 八月十五日看潮五絶 …………………………………………… 261
- 八月十五日看潮五絶, 其四 …………………………………… 262
- 八月十五日看潮五絶, 其三 …………………………………… 261
- 八月十五日看潮五絶, 其五 …………………………………… 263
- 韓幹馬十四匹 …………………………………………………… 349
- 荊州十首, 其十 …………………………………………………… 53
- 湖上夜歸 ………………………………………………………… 233

- 和孔密州五絶, 其三, 東欄梨花 · 342
- 和董傳留別 · 125
- 和文與可洋川園池, 三十首 · 309
- 和文與可洋川園池, 三十首, 其十三, 吏隱亭 · 311
- 和文與可洋川園池, 三十首, 其十八, 溪光亭 · 312
- 和文與可洋川園池, 三十首, 其二十九, 南園 · 315
- 和文與可洋川園池, 三十首, 其二十四, 篔簹谷 · 314
- 和文與可洋川園池, 三十首, 其一, 湖橋 · 309
- 和文與可洋川園池, 三十首, 其八, 望雲樓 · 310
- 和述古冬日牡丹四首, 其一 · 269
- 和子由苦寒見寄 · 122
- 和子由踏靑 · 102
- 和子由聞子瞻將如終南太平宮溪堂讀書 · 108
- 和子由, 四首, 其二, 送春 · 299
- 和子由蠶市 · 104
- 和子由澠池懷舊 · 66
- 和晁同年九日見寄 · 328
- 和蔡準郞中見邀遊西湖, 三首 · 191
- 和蔡準郞中見邀遊西湖, 三首, 其二 · 193
- 和蔡準郞中見邀遊西湖, 三首, 其一 · 191
- 黃牛廟 · 51
- 懷西湖寄晁美叔同年 · 303
- 戲子由 · 181
- 戲贈 · 208

主要參考文獻

- (淸) 王文誥 輯註, 孔凡禮 點校, 『蘇軾詩集(全8冊)』, 1982 第1版, 1987 2刷.
- 孔凡禮 點校, 『蘇軾文集(全六冊)』, 中華書局, 1986, 第1版, 1990 2刷.
- 孔凡禮, 劉尙榮 選注, 『蘇軾詩詞選』, 中華書局, 2005.
- 金學主 譯著, 『宋詩選』, 明文堂, 2003.
- 기태완 선역, 『宋詩選』, 도서출판 보고사, 2009.
- 柳種睦 譯註, 『蘇軾詩集(1)』, 서울대학교출판부, 2005.
- 繆鉞, 霍松林, 周振甫, 吳調公 撰寫, 『名家鑑賞宋詩大觀』, 上海辭書出版社, 1988.
- 徐續 選注, 『蘇軾詩選』, 三聯書店香港分店, 1986.
- 徐永年, 曹慕樊 主編, 西南師範大學 中文系 古典文學敎硏室 選注, 『東坡選集』, 四川人民出版社, 1987.
- 蘇東坡 著, 曹圭百 譯註, 『蘇東坡詞選』, 文學과 知性社, 2007.
- 蘇東坡 著, 曹圭百 譯註, 『譯註 蘇東坡散文選』, 白山出版社, 2005.
- 吳鷺山, 夏承燾, 蕭湄 合編, 『蘇軾詩選註』, 百花文藝出版社, 1982.
- 王水照 選注, 『蘇軾選集』, 上海古籍出版社, 1984 第1版, 1999 3刷.
- 王水照 著, 曹圭百 譯, 『中國의 文豪 蘇東坡』, 月印, 2001. 4.
- 王水照, 王宜瑗 選注, 『蘇軾詩詞選注』, 上海古籍出版社, 1990.

- 劉乃昌 選注, 『蘇軾選集』, 齊魯書社, 2005.
- 李炳漢 譯, 『宋詩』, 探求堂, 1988.
- 林語堂 著, 陳英姬 譯, 『쾌활한 천재 - 蘇東坡評傳』, (주) 지식산업사, 2001.
- 曹圭百, 「蘇軾詩研究」, 성균관대 중문과 박사논문, 1996.
- 曾棗莊, 曾濤 選注, 『三蘇選集』, 黑龍江人民出版社, 1993.
- 陳邇冬 選注, 『蘇軾詩選』, 人民文學出版社, 1957 第1版, 1984 第2版, 1990 印刷.

저자 소개

❖ 저자 **蘇東坡**

 소동파(蘇東坡 : 1036-1101)는 본명이 소식(蘇軾)이며, 부친 소순(蘇洵), 아우 소철(蘇轍)과 더불어 "삼소(三蘇)"라 불린다. 그는 중국 북송시대의 정치가, 예술가로서도 유명하지만, 천재적 자유정신과 재주, 꾸준한 노력, 그리고 역경을 이겨내는 정신으로 훌륭한 문학작품을 창작해낸 대문호로서 더욱 알려졌다.

 자유정신과 이성적 사유, 그리고 개성을 중시했던 북송의 문화와 문학정신, 시대정신이 그에게 역력히 구현되어 있다. 문학의 경우, 그는 시, 사(詞), 산문, 부(賦) 등 여러 장르에 모두 뛰어나 각기 시대의 최고봉이다.

 또한 그는 경학(經學)·고고학·음식 만들기·술의 제조·차(茶)의 품평·서예·그림, 그리고 예술감식 등 다방면에 걸쳐 뛰어난 당대 최고의 지성인이었다.

역자 소개

❖ 역자 **조규백**(曺圭百)

한국외국어대 중국어과를 졸업하고, 성균관대 중문과에서 석사·박사학위를 받았다. 대만대학(臺灣大學) 중문과 방문학인, 중국 복단대학(復旦大學) 중문과 박사후연구원(한국학술진흥재단 지원), 중국 사천대학(四川大學) 고적연구소(古籍研究所) 연구학자, 중국 남경대학(南京大學) 연구학자를 역임했다. 민족문화추진회 국역연수원을 졸업했으며, 제주대, 제주산업정보대학의 강사와 제주관광대학의 교수를 역임했다. 현재는 한국외국어대, 성균관대, 숭실대에서 학부생과 교육대학원의 강의를 맡고 있다.

저역서로『중국의 문호 소동파』(역주),『소동파산문선』(역주),『소동파사선(蘇東坡詞選)』(역주),『제주관광중국어회화(상하)』(공저),『史記世家(하)』(공역),『천자문주해(前) - 아들을 위한 천자문』등이 있다. 논문으로는「蘇軾詩研究」(박사논문),「『詩經·鄭風』愛情詩 小考」,「출사와 은퇴 간의 갈등과 그 해소 - 蘇軾詩의 한 단면」,「陶淵明詩에의 동일화 양상과 陶詩의 창조적 수용 - 蘇軾詩의 한 단면」,「蘇軾詩에 나타난 현실세계와의 괴리와 그 해소」등 다수가 있다.

■ E-mail : sudongpo@hanmail.net

蘇東坡詩選集(上)
텅 비니 만 가지 경지가 다 담기네

1판 1쇄 인쇄 2010년 5월 25일
1판 1쇄 발행 2010년 6월 5일

역주자 | 曺 圭 百
펴낸이 | 하 운 근
펴낸곳 | 學古房

주　　소 | 서울시 은평구 대조동 213-5 우편번호 122-838
전　　화 | (02)353-9907 편집부(02)356-9903
팩　　스 | (02)386-8308
전자우편 | hakgobang@chol.com
등록번호 | 제311-1994-000001호

ISBN 978-89-6071-165-5 94820
　　　 978-89-6071-160-0 (세트)

값 : 22,000원

※파본은 교환해 드립니다.